Música Clássica Para leigos

O mundo da música clássica se torna um pouco menos misterioso quando os nomes e as funções de todos os instrumentos musicais, e uma linha do tempo básica da própria música, são conhecidos. Esta Folha de Cola o ajuda a falar sobre a música clássica com confiança.

CONHEÇA A ORQUESTRA CLÁSSICA

Vamos conhecer a orquestra clássica. É a grande noite. Você chega à sala do concerto, mas, minha nossa, há quase 100 pessoas no palco! Eis o que elas estão tocando:

- **Violino:** O instrumento é feito de madeira; o arco, de crina de cavalo e as quatro cordas, de metal. O som é doce, melódico e divino. Os violinistas são divididos em duas seções, primeiros e segundos violinos, cada uma com partituras diferentes.
- **Viola:** Levemente maior que um violino, uma viola toca notas ligeiramente mais graves, com um som mais rouco ou gutural do que o de um violino.
- **Violoncelo:** O músico toca o violoncelo sentado, com o instrumento entre as pernas. Ele cria um som lindo, rico e melódico.
- **Contrabaixo:** Enorme, maior do que a altura média de um ser humano, o contrabaixo toca as notas mais graves entre todos os instrumentos de cordas, fornecendo a base do som da orquestra. O músico toca o contrabaixo sentado em um banquinho alto ou em pé.
- **Flauta:** O bocal da flauta é soprado como quando se sopra em uma garrafa, e ela produz um som doce e claro.
- **Oboé:** Esse instrumento é tocado quando se sopra em uma palheta ligada ao corpo em formato de cone. Ele produz um dos sons mais bonitos do mundo: claro, vibrante, doce, lamentoso e encorpado.
- **Clarinete:** Esse instrumento de sopro, escuro e tubular, cria um som encorpado e redondo, muito puro, sem a provocação do som do oboé.
- **Fagote:** Parece um cano, mas soa como um sonho. As notas agudas soam roucas e até sobrenaturais. As notas médias soam deliciosas, encorpadas, suaves. As notas graves podem ser muito poderosas.
- **Trompa:** O instrumento de sopro dos metais de som mais nobre tem um tom encorpado, redondo e sombrio, o que é ótimo para chamadas majestosas de caça.
- **Trompete:** Instrumento orquestral mais poderoso e de som mais agudo entre os metais, o trompete executa corridas e saltos impressionantes

Música Clássica *Para leigos*

- **Trombone:** Instrumento de sopro grave poderoso com uma vara móvel para mudar notas, o trombone é essencial para desfiles, bem como para sinfonias.
- **Tuba:** O mais grave dos instrumentos de sopro entre os metais, produz uma parede de sons graves e altos.
- **Percussão:** Espera-se que o músico tenha domínio de uma grande variedade de instrumentos diferentes: tímpano (os grandes tambores), bumbo, caixa (para marchas), pratos (para bater), xilofone (tocado com baquetas) e outras excentricidades.

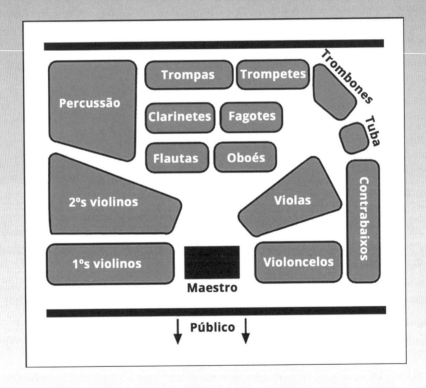

Música Clássica

Para **leigos**

Música Clássica

para leigos

Tradução da 2ª Edição

por David Pogue e Scott Speck

ALTA BOOKS
EDITORA
Rio de Janeiro, 2019

Música Clássica Para Leigos® - Tradução da 2ª Edição
Copyright © 2019 da Starlin Alta Editora e Consultoria Eireli. ISBN: 978-85-508-0873-4

Translated from original Classical Music For Dummies®, Copyright © 2015 by John Wiley & Sons, Inc. ISBN 978-1-119-04975-3. This translation is published and sold by permission of John Wiley & Sons, Inc., the owner of all rights to publish and sell the same. PORTUGUESE language edition published by Starlin Alta Editora e Consultoria Eireli, Copyright © 2019 by Starlin Alta Editora e Consultoria Eireli.

Todos os direitos estão reservados e protegidos por Lei. Nenhuma parte deste livro, sem autorização prévia por escrito da editora, poderá ser reproduzida ou transmitida. A violação dos Direitos Autorais é crime estabelecido na Lei nº 9.610/98 e com punição de acordo com o artigo 184 do Código Penal.

A editora não se responsabiliza pelo conteúdo da obra, formulada exclusivamente pelo(s) autor(es).

Marcas Registradas: Todos os termos mencionados e reconhecidos como Marca Registrada e/ou Comercial são de responsabilidade de seus proprietários. A editora informa não estar associada a nenhum produto e/ou fornecedor apresentado no livro.

Impresso no Brasil — 1ª Edição, 2019 — Edição revisada conforme o Acordo Ortográfico da Língua Portuguesa de 2009.

Obra disponível para venda corporativa e/ou personalizada. Para mais informações, fale com projetos@altabooks.com.br

Produção Editorial Editora Alta Books Gerência Editorial Anderson Vieira	Produtor Editorial Thiê Alves	Marketing Editorial marketing@altabooks.com.br Editor de Aquisição José Rugeri j.rugeri@altabooks.com.br	Vendas Atacado e Varejo Daniele Fonseca Viviane Paiva comercial@altabooks.com.br	Ouvidoria ouvidoria@altabooks.com.br
Equipe Editorial	Adriano Barros Bianca Teodoro Ian Verçosa Illysabelle Trajano	Juliana de Oliveira Kelry Oliveira Kevin Kretzu Keyciane Botelho	Larissa Lima Leandro Lacerda Maria de Lourdes Borges Paulo Gomes	Thales Silva Thauan Gomes
Tradução Samantha Batista	**Copidesque** Alessandro Thomé	**Revisão Gramatical** Carolina Gaio Wendy Campos	**Revisão Técnica** Marco Aurélio Koentopp Professor de Harmonia, Arranjo e Orquestração na Unespar/Embap	**Diagramação** Joyce Matos

Erratas e arquivos de apoio: No site da editora relatamos, com a devida correção, qualquer erro encontrado em nossos livros, bem como disponibilizamos arquivos de apoio se aplicáveis à obra em questão.

Acesse o site www.altabooks.com.br e procure pelo título do livro desejado para ter acesso às erratas, aos arquivos de apoio e/ou a outros conteúdos aplicáveis à obra.

Suporte Técnico: A obra é comercializada na forma em que está, sem direito a suporte técnico ou orientação pessoal/exclusiva ao leitor.

A editora não se responsabiliza pela manutenção, atualização e idioma dos sites referidos pelos autores nesta obra.

Dados Internacionais de Catalogação na Publicação (CIP) de acordo com ISBD

```
P746m    Pogue, David
             Música Clássica Para Leigos / David Pogue, Scott Speck ; traduzido
         por Samantha Batista. - Rio de Janeiro : Alta Books, 2019.
             376 p. : il. ; 17cm x 24cm. - (Para Leigos)

             Tradução de: Classical Music For Dummies
             Inclui índice e anexo.
             ISBN: 978-85-508-0873-4

             1. Música. 2. Música Clássica. I. Speck, Scott. II. Batista, Samantha. III.
         Título. IV. Série.
                                                          CDD 786.2
         2019-820                                         CDU 78.089.7
```

Elaborado por Vagner Rodolfo da Silva - CRB-8/9410

Rua Viúva Cláudio, 291 — Bairro Industrial do Jacaré
CEP: 20.970-031 — Rio de Janeiro (RJ)
Tels.: (21) 3278-8069 / 3278-8419
www.altabooks.com.br — altabooks@altabooks.com.br
www.facebook.com/altabooks — www.instagram.com/altabooks

Sobre os Autores

David Pogue é graduado e doutor em música pela Universidade de Yale e pelo conservatório Shenandoah, respectivamente. Trabalhou dez anos na Broadway como maestro, orquestrador e programador de sintetizador.

Recentemente, fundou a Yahoo Tech (*yahootech.com*), um trabalho para o qual se preparou ao londo dos 13 anos que escreveu para a coluna de tecnologia do *New York Times.*

Também é colunista da *Scientific American*, a correspondente da "CBS News Sunday Morning", vencedora de dois prêmios Emmy, e apresentador de várias minisséries NOVA na PBS. É autor ou coautor de 75 livros, incluindo 30 em sua própria série "Missing Manual", seis da "For Dummies" (incluindo Macs, Magic e Opera), dois romances (um para pré-adolescentes) e *Pogue's Basics*, um best-seller do *New York Times.*

Mora em Connecticut com sua esposa, Nicki, e três filhos maravilhosos. Há links para seus artigos e vídeos em `www.davidpogue.com` [conteúdo em inglês]. Ele gosta de receber feedback sobre seus livros pelo e-mail david@pogueman.com.

Scott Speck regeu as maiores obras-primas musicais, incluindo sinfonias, concertos, óperas, oratórios e balés, em centenas de performances pelo mundo. Apresentou-se na Royal Opera House de Londres, em Covent Garden; na Paris Opera; no Tchaikovsky Hall, de Moscou; no Kennedy Center, em Washington; na War Memorial Opera House, de San Francisco, e no Music Center, de Los Angeles. Recentemente, regeu as orquestras sinfônicas de Chicago, Baltimore, Houston, Paris, Moscow, Beijing, Oregon, Buffalo, Honolulu, e muitas outras.

Speck é comentarista regular da National Public Radio, da BBC, na Australian Broadcasting Corporation e da Voice of Russia, de alcance global. Apresentou--se em conferências TED e no Aspen Ideas Festival. Escreveu para diversas revistas e periódicos.

Nascido em Boston, Speck graduou-se *summa cum laude* pela Universidade de Yale, onde fundou e dirigiu a Orquestra de Câmara Berkeley, que se apresenta até hoje. Foi premiado com uma Fulbright Scholarship para Berlin, onde fundou uma orquestra chamada Concerto Grosso Berlin. Recebeu seu título de mestre com as maiores honras pela Universidade do Sul da Califórnia. Foi regente membro da Escola de Música de Aspen e estudou no Tanglewood Music Center.

Speck é fluente em alemão e francês, é formado em italiano, fala espanhol e tem conhecimentos de leitura em russo.

Scott Speck é encontrado em `www.scottspeck.org`; no Facebook, em `www.facebook.com/ConductorScottSpeck`, e no Twitter @ScottSpeck1.

Dedicatória

Este livro é dedicado a nossas famílias. Vocês sabem quem são!

Agradecimentos dos Autores

Esta edição foi possível graças aos esforços de nossa serena e extremamente talentosa agente, Linda Brandon, o editor de desenvolvimento, Chad Sievers, e nossa diligente editora de texto, Ashley Petry. Agradecimentos também a Brian Noble por sua revisão técnica.

Michael Wartofsky criou magistralmente, e em tempo recorde, as partituras de exemplo geradas no Finale. Michael A. Lewanski Jr. forneceu pesquisas contínuas, bem como os primeiros rascunhos de nossa linha do tempo histórica e do glossário. E Gene Jarvis, Mark Barville e Caroline Camp ofereceram conselhos e informações. O apoio moral foi nobremente concedido sem custos por nossas famílias e amigos.

Sumário Resumido

Introdução 1

Parte 1: Conhecendo a Música Clássica 5
CAPÍTULO 1: Abrindo a Ostra da Música Clássica. 7
CAPÍTULO 2: Toda a História da Música em 80 Páginas 13
CAPÍTULO 3: Identificando uma Sonata 91

Parte 2: Ouça! 111
CAPÍTULO 4: Guia Fácil de Sobrevivência para Concertos de Dave & Scott™. 113
CAPÍTULO 5: Para Seu Prazer de Escutar 137
INTERVALO: Dando uma Volta pelos Bastidores 159

Parte 3: Um Guia de Campo para a Orquestra 175
CAPÍTULO 6: Teclas & CIA. 177
CAPÍTULO 7: As Cordas. 189
CAPÍTULO 8: Assoprando como o Vento 207
CAPÍTULO 9: Os Melhores (e Piores) Metais. 221
CAPÍTULO 10: Os Maiores Sucessos da Percussão 235

Parte 4: Espiando o Cérebro do Compositor 247
CAPÍTULO 11: O Temido Capítulo de Teoria Musical 249
CAPÍTULO 12: Mais uma Vez, com Sentimento:
        Tempo, Dinâmica e Orquestração 289

Parte 5: A Parte dos Dez 297
CAPÍTULO 13: Os Dez Equívocos Mais Comuns sobre Música Clássica 299
CAPÍTULO 14: Os Dez Melhores Termos Musicais para Festas 305
CAPÍTULO 15: As Dez Melhores Piadas de Música Clássica 311
CAPÍTULO 16: Dez Maneiras de Ter Mais Música em Sua Vida 317

Parte 6: Os Apêndices 325
APÊNDICE A: Começando uma Coleção de Música Clássica. 327
APÊNDICE B: Linha do Tempo da Música Clássica 333
APÊNDICE C: Glossário 341

Índice. 349

Sumário

INTRODUÇÃO 1
  Sobre Este Livro 1
  Penso que... 2
  Ícones Usados Neste Livro 2
  Além Deste Livro 3
  De Lá para Cá, Daqui para Lá 4

PARTE 1: CONHECENDO A MÚSICA CLÁSSICA 5

CAPÍTULO 1: Abrindo a Ostra da Música Clássica 7
  O que Realmente É Música Clássica 8
  Descobrindo Se Você Gosta 8
  Sete Hábitos de Compositores Altamente Profícuos 9
    A música vem do coração 9
    Uma estrutura que pode ser sentida 9
    São criativos e originais 10
    Expressam uma emoção relevante 10
    Chamam atenção com variedade e ritmo 11
    A música é fácil de lembrar 11
    Emocionam com suas criações 12

CAPÍTULO 2: Toda a História da Música em 80 Páginas 13
  Como a Música Clássica Começou 13
  Cantando o Dia Todo: A Idade Média 14
    Canto gregoriano 14
    Um monge chamado Guido 15
    Missa dispensada! 15
  Nascido de Novo: O Renascimento 16
    O madrigal levanta voo 17
    A ópera chega ao horário nobre 17
  Emocionando: A Era Barroca 17
    Notas rebeldes sobre rodas 18
    Reis, igrejas e outros esbanjadores 18
    Antonio Vivaldi 19
    George Frideric Handel 21
    Johann Sebastian Bach 24
  Apertando o Corpete: O Estilo Clássico 26
    Joseph Haydn 26
    Wolfgang Amadeus Mozart 28
    Ludwig van Beethoven: O homem que mudou tudo 33
    Schubert e seu Lieder 37

Sumário   xi

Felix Mendelssohn 40
Caindo de Amores: Românticos Incuráveis 43
Carl Maria von Weber. 43
Hector Berlioz 44
Frédéric Chopin. 47
Robert Schumann. 50
Johannes Brahms 52
As estrelas: Paganini e Liszt. 54
Liszt segue a liderança de Paganini. 55
Richard Wagner. 56
Strauss e Mahler 57
Saudando a Bandeira: O Nacionalismo na Música Clássica 61
Bedřich Smetana. 62
Antonín Dvořák 63
Edvard Grieg 65
Jean Sibelius. 67
Carl Nielsen 68
Glinka e O Grupo dos Cinco 69
Peter Tchaikovsky 71
Sergei Rachmaninoff. 74
Ouvindo a Música do Século XX e Além 75
Debussy e Ravel. 76
Igor Stravinsky 78
Sergei Prokofiev. 81
Dmitri Shostakovich 82
A Segunda Escola de Viena 84
Os norte-americanos 86

CAPÍTULO 3: Identificando uma Sonata. 91
Sinfonias 91
Primeiro movimento: Rápido e vivo. 92
Segundo movimento: Lento e lírico. 93
Terceiro movimento: Dançante 93
Final: Alegre 94
Sonatas e Sonatinas 95
Concertos 95
Estrutura do concerto 96
A cadenza. 97
Danças e Suítes 98
Serenatas e Divertimentos 99
Temas e Variações 100
Fantasias e Rapsódias. 101
Poemas Sinfônicos 102
Lieder (E Seguidor) 103
O líder do Lieder 103
Formas das canções. 104
Oratórios e Outras Obras para Coral 104
Óperas, Operetas e Árias. 105

xii   **Música Clássica Para Leigos**

Aberturas e Prelúdios. 106
Balés e Bailarinas. 106
Quartetos de Cordas e Outras Combinações 108
Para que Você Precisa de uma Forma?. 109

PARTE 2: OUÇA! 111

CAPÍTULO 4: Guia Fácil de Sobrevivência para Concertos de Dave & Scott™ 113

Preparando-se... Ou Não 114
Sabendo Quando Chegar ao Concerto. 114
Posso Usar uma Tanga para A Sagração da Primavera? 115
O Guia Gastronômico para Jantar Antes do Concerto. 116
Descobrindo Onde Se Sentar e Como Conseguir
   os Melhores Ingressos. 117
Aplaudir ou Não Aplaudir: Eis a Questão .119
   Por que ninguém aplaude. 119
   Mais sobre a política insana de "não aplaudir" 120
Quem Levar e Quem Deixar em Casa com o Cachorro. 121
Reconhecendo a Quais Concertos Ir ou Evitar em um Encontro. .121
Espiando o Programa do Concerto 123
   O formato de concerto típico 123
   A música 125
   Um tipo de programa diferente 126
Apresentando o Spalla. 129
   Afinando 129
   Girando, puxando e empurrando 129
Entra o Maestro. 131
   Entendendo a interpretação. 131
   Fatiando o tempo 133
   Lendo a descrição do trabalho. 134

CAPÍTULO 5: Para Seu Prazer de Escutar 137

1 Handel: Música Aquática Suíte Nº 2: Alla Hornpipe. 138
2 Bach: Cravo Bem Temperado, Livro 2:
   Prelúdio e Fuga em Dó Maior 139
3 Mozart: Concerto para Piano nº 22 em Mi bemol,
   Terceiro Movimento 141
4 Beethoven: Sinfonia nº 5, Primeiro Movimento 145
   Exposição 145
   Desenvolvimento. 146
   Recapitulação. 147
   Coda 148
5 Brahms: Sinfonia nº 4, Terceiro Movimento 148
6 Dvořák: Serenata para Cordas, Quarto Movimento. 151
7 Tchaikovsky: Sinfonia nº 6, Quarto Movimento. 152
8 Debussy: La Mer: Dialogue du Vent et de la Mer 154

Sumário   xiii

9 Stravinsky: A Sagração da Primavera:
Abertura para o Fim do Jogo do Rapto 156
Introdução 157
Danses des adolescentes (Danças das Adolescentes). 157
Jeu de rapt (Jogo do Rapto) 158

INTERVALO: **Dando uma Volta pelos Bastidores** 159
Vivendo em um Aquário Orquestral 160
O que Fiz por Amor. 160
Uma história quase verdadeira 161
Audições manipuladas. 163
A lista. 163
A prescrição médica 163
Arriscando 164
Um encontro inesperado 165
O retorno 165
No palco 166
Por trás da tela 166
A espera 167
A consequência 168
A Vida de um Músico de Orquestra, ou O
que Acontece na Sala de Ensaios?. 169
Vendendo o Produto 170
Entendendo Exigências Contratuais 172
O Relacionamento Estranho e Arriscado da Orquestra
e Seu Maestro 173
Por que Vale a Pena Sofrer por uma Carreira em Orquestra 174

PARTE 3: UM GUIA DE CAMPO PARA A ORQUESTRA . . . 175

CAPÍTULO 6: **Teclas & CIA** 177
O Piano 177
Olhando dentro do piano 178
Dando nomes às notas 178
Encontrando uma oitava 179
Tocando as teclas pretas. 180
Olhando dentro do piano 180
Pisando nos pedais. 182
Ouvindo o piano 182
O Cravo 183
Ganhando a medalha de ouro Barroca 183
Ouvindo o cravo 185
O Órgão. 185
Puxando os registros 186
Ouvindo o órgão 187
O Sintetizador 187

xiv   **Música Clássica Para Leigos**

CAPÍTULO 7: As Cordas 189

O Violino 190
Dando arcadas 191
Afinando 191
Tocando o violino 192
Vibrando a corda. 193
A insuportável leveza da arcada. 193
Puxando as cordas 194
Ouvindo o violino 195
Outros Instrumentos de Cordas. 196
A viola 196
O violoncelo 198
O contrabaixo 199
A harpa 201
O violão. 203

CAPÍTULO 8: Assoprando como o Vento. 207

A Flauta 208
Criando música com o ar. 209
Ouvindo a flauta 209
O Flautim (Piccolo). 210
O Oboé 211
Tocando o oboé 213
Ouvindo o oboé. 213
O Corne-inglês 214
O Clarinete 214
Instrumentos de transposição 215
Ouvindo o clarinete 216
O Saxofone. 217
O Fagote 218

CAPÍTULO 9: Os Melhores (e Piores) Metais 221

Produzindo Sons em um Instrumento dos Metais 222
A Trompa 223
Caçando as notas: A trompa natural .224
Adicionando válvulas: A trompa moderna e traiçoeira 224
Ouvindo a trompa. 225
O Trompete 226
Tonguing. 227
Usando surdinas. 227
Ouvindo o trompete. 227
O Trombone. 228
Deslizando 229
Ouvindo o trombone 230
A Tuba 231
Um bando de tubas 231
Ouvindo a tuba 232
Irritações dos Inclinados aos Metais 232

Sumário   XV

CAPÍTULO 10: **Os Maiores Sucessos da Percussão** 235

O Tímpano 236
Que rufem os tambores! 237
Ouvindo os tímpanos 238
O Bumbo 238
Os Pratos 238
A Caixa 239
O Xilofone 240
Instrumentos Similares ao Xilofone 241
Mais Instrumentos Legais para Bater 241
O triângulo 241
O pandeiro 243
O tantã e o gongo 244
As castanholas 244
O chicote 245
A campana 245
A matraca 246

PARTE 4: ESPIANDO O CÉREBRO DO COMPOSITOR....247

CAPÍTULO 11: **O Temido Capítulo de Teoria Musical** 249

Eu Tenho Ritmo: O Motor da Música 250
Dividindo o tempo 250
Sentindo a pulso 251
Lendo à primeira vista 252
Alongando as notas 253
Encurtando as notas 254
Adicionando um ponto 255
Fazendo a prova final 256
Entendendo o Tom: Beethoven a 5.000 rpm 258
Realizando um experimento pela melhoria da humanidade ...258
Focando 12 tons 259
Anotando os tons 261
O Método 99,9999% para Determinar o
Tom de Dave & Scott 269
Entendendo por que temos tons 270
Saltando nos Intervalos 271
A segunda maior 271
A terça maior 272
A quarta 273
A quinta 274
A sexta maior 274
A sétima maior 275
A oitava 275
Diferenciando intervalos maiores e menores 276
A segunda menor 276
A terça menor 277
A quinta menor (não!) — Também conhecida como trítono ..278

A sexta menor 278
A sétima menor 279
Subindo a Escala 280
Montando uma Melodia. 281
Bidimensional: Peça e Harmonia 282
Acordes maiores, menores e insignificantes 283
Amigos e relações: Progressões harmônicas. 284
Amigos, romanos e progressões de acordes. 285
Ouvindo as velhinhas 286
Coloque no Liquidificador e Bata Bem 286
Seu Diploma de Teoria Musical. 288

CAPÍTULO 12: Mais uma Vez, com Sentimento: Tempo, Dinâmica e Orquestração 289

Conheça a Dupla Dinâmica: Fraco e Forte 290
Querida, encolhi o AltoFraco™ .291
Usando grampos de cabelo italianos 292
Entrando na questão do gosto sonoro. 292
Tendo Chiliques de Tempo 293
Diferenciando a Flauta da Pauta: A Orquestração Facilitada 294
Tocando com cores sonoras. 294
Notando as orquestrações 294
Quem é o orquestrador?. 294

PARTE 5: A PARTE DOS DEZ. 297

CAPÍTULO 13: Os Dez Equívocos Mais Comuns sobre Música Clássica 299

A Música Clássica É Chata 299
A Música Clássica É para Esnobes 300
Todos os Concertos de Música Moderna São
Difíceis de Escutar. 300
Ninguém Mais Escreve Música Clássica 301
Você Precisa Se Arrumar para Ir a uma Sinfonia. 301
Se Você Nunca Ouviu Falar do Artista Convidado,
Ele Não Deve Ser Bom. 302
Músicos Profissionais Têm Vida Fácil. 302
Os Melhores Lugares São na Frente 303
Aplaudir entre os Movimentos É Ilegal, Imoral e Engorda. 303
A Música Clássica Não Pode Mudar Sua Vida 304

CAPÍTULO 14: Os Dez Melhores Termos Musicais para Festas 305

Atonal. 306
Cadenza 306
Concerto 307
Contraponto 307
Crescendo. 307

Sumário   xvii

Exposição 307
Entonação. 308
Orquestração 308
Repertório. 308
Rubato 308
Tempo 308
Usando Seu Domínio Recém-descoberto. 309

CAPÍTULO 15: As Dez Melhores Piadas de Música Clássica . . .311

Mestre de Todos 311
A Filarmônica Divina 312
Encontros de Metais. 312
O Finado Maestro 313
Os Baixos Dão um Tempo 313
Violista Sem-teto 314
O Túmulo de Ludwig. 314
Um Violista Chorão 314
A Vingança dos Músicos. 314
Uma Última Piada de Viola 315

CAPÍTULO 16: Dez Maneiras de Ter Mais Música em Sua Vida 317

Envolva-se com Sua Orquestra. 317
Participe de uma Turnê de Música Clássica 318
Conheça os Artistas — Seja uma Tiete 318
Abasteça-se de Gravações Gratuitas ou Baratas. 319
Faça Amigos Musicais na Internet 320
Assine um Serviço de Música Ilimitada .320
Escute Sua Estação Clássica Local 321
Assista a Filmes de Música Clássica 322
Estude os Clássicos. 323
Faça Sua Própria Música 324

PARTE 6: OS APÊNDICES 325

APÊNDICE A: Começando uma Coleção de Música Clássica. .327

Lista 1: Velhas Favoritas 327
Lista 2: LEVE no Medidor de Gostos 328
Lista 3: MÉDIO no Medidor de Gostos .329
Lista 4: MÉDIO-QUENTE no Medidor de Gostos 330
Lista 5: QUENTE no Medidor de Gostos 331

APÊNDICE B: Linha do Tempo da Música Clássica 333

APÊNDICE C: Glossário 341

ÍNDICE 349

Introdução

A o abrir este livro, você saltou para o universo assustador, misterioso e impressionante da música clássica, em que 100 pessoas vestidas como garçons do século XVIII enchem o palco, fazem algumas coisas bem estranhas com pedaços de metal e madeira e preenchem o ar com sons esquisitos e exóticos.

Já podemos sentir o arrepio passando pela espinha, mas não tenha medo. Sabendo disso ou não, você experienciou a música clássica a vida toda: em filmes e videogames, TV, rádio e em elevadores por aí. Apostamos que você já conhece mais do que o suficiente para começar.

Sobre Este Livro

Sabemos que você é uma pessoa muito inteligente. Afinal de contas, selecionou este livro de uma prateleira (ou site) cheia de livros de música altamente qualificados.

Nesta sociedade vasta, complexa e sobrecarregada de informações, espera-se que possamos conversar sobre 1.006.932.408,7 assuntos diferentes. (O 0,7 é para danças de quadrilha, que não chegam a ser exatamente um assunto completo.) Então é natural que até o maior dos gênios não saiba de *tudo*. Acontece que você, Ó, Leitor, ainda está nos estágios iniciais do escopo da genialidade da música clássica.

É por isso que usamos as palavras "Para Leigos" com uma piscadela. Sejamos francos, este livro é para pessoas inteligentes, que querem saber mais sobre um novo assunto. E, para nós, é a chance de compartilhar com você o que amamos.

Se nunca tocou um instrumento ou cantou uma canção, *Música Clássica Para Leigos, Tradução da 2ª Edição*, pode lhe dar a compreensão básica de que precisa. Se procura uma referência fácil de ler para quando escutar uma gravação ou for a um concerto, este livro a fornece. Se quer uma base completa sobre o assunto, o livro também lhe dá. Mesmo se já for bem versado em música clássica (e um número surpreendente de nossos leitores é), poderá descobrir algo em cada capítulo para aumentar ainda mais seu prazer. Este livro pretende levá-lo a um novo nível, não importando em qual esteja agora. Ficamos emocionados ao saber que *professores* usaram nosso livro como leitura em aulas sobre história da música, teoria, composição, orquestração ou apreciação. Sim, com certeza isso também funciona!

Penso que...

Nós, seus autores de confiança, fizemos algumas suposições sobre você.

» Você tem um ritmo cardíaco saudável e ativo.

» Esse ritmo às vezes se acelera quando escuta uma frase crescente de música clássica, seja em uma gravação, filme, show, vídeo ou comercial na TV.

» Você suspeita de que uma compreensão um pouco maior sobre a música que faz seu coração acelerar pode adicionar alegria e satisfação imensurável a sua vida.

» Você adoraria melhorar essa compreensão com um guia leve, alegre e fácil de ler.

Se estivermos certos sobre qualquer uma das suposições (e raramente estamos errados), este livro é para você. Ele aprofundará seus conhecimentos sobre música, vai deixá-lo confortável em uma discussão e o ajudará a entender sua estrutura. E embora este livro não seja uma alternativa adequada para um graduando em música, é muito mais divertido e custa uns R$90 mil a menos.

Acredite se quiser, você tem uma grande *vantagem* sobre muitos dos fanáticos por música clássica do mundo, pois entra nesse incrível reino artístico livre de precondicionamentos ou preconceitos musicais. Você entra na sala de concertos com uma mente aberta, como uma página em branco e uma tela vazia, sobre a qual grandes compositores podem pintar suas paisagens emocionais.

Essa condição é o que muitos aficionados por música normalmente esquecem: na música clássica, o intelecto deve dar espaço à emoção. Mais do que muitas outras artes, a música clássica pretende atrair diretamente os sentidos. Neste livro lhe mostramos como ativá-los e desbloquear sua capacidade de experienciar uma das melhores viagens da vida.

Ícones Usados Neste Livro

Ao longo do livro, os ícones lhe dão dicas sobre certos tópicos. Eles indicam materiais que podem lhe interessar ou que você pode querer pular. Permita que sejam seus guias.

DICA

Esse ícone indica um atalho, técnica ou sugestão útil que o ajuda a aproveitar mais sua vida musical clássica.

Esse ícone avisa o que consideramos informações importantes, que você deveria guardar na memória.

 Para que seu cérebro não seja destruído por um ataque surpresa, colocamos esse ícone ao lado de tópicos avançados e terminologias especiais.

 Esse ícone marca uma oportunidade para levantar, ir até um teclado ou um aparelho de som e fazer um pequeno experimento.

 Se acessar o site da Alta Books e procurar pelo título do livro, encontrará nove trechos das melhores músicas do mundo. Sempre que mencionarmos uma delas, esse ícone o avisará.

 A música existe há mais tempo do que a maioria das sociedades. Esse ícone lhe mostra o início de tendências e rituais que ainda existem hoje. Essas informações não são essenciais para compreender a música clássica, mas, com certeza, são muito interessantes.

Além Deste Livro

Além do livro que você está segurando, fornecemos alguns brindes online para seu proveito. Por exemplo, dê uma olhada na Folha de Cola no site da Alta Books [procure pelo nome do livro]. Nela você encontrará uma descrição rápida dos instrumentos de uma orquestra sinfônica típica e seu posicionamento no palco, bem como uma linha do tempo da música clássica para uma referência rápida para quando você for novamente a um concerto.

E, o melhor de tudo, fornecemos exemplos musicais em forma de links para gravações online no site da Alta Books (procure pelo título do livro). Essas gravações são seu ingresso para o mundo da música clássica, uma introdução indolor a todos os diferentes estilos e períodos. À medida que descrevemos algumas das grandes obras-primas, você poderá escutá-las imediatamente. Essas gravações diferenciam o livro *Música Clássica Para Leigos* de todos os outros que estão na prateleira.

De Lá para Cá, Daqui para Lá

Planejamos este livro para ser lido a partir de qualquer parte. Mas lhe damos seis áreas entre as quais escolher para ajudá-lo a descobrir o que mais lhe interessa:

>> A Parte 1 apresenta o mundo da música clássica, incluindo uma breve história e descrições dos pacotes comuns em que a música clássica aparece: *sinfonias*, *quartetos de corda*, e assim por diante.

>> A Parte 2 o leva à sala de concertos para experienciar a real composição musical, e para uma turnê dos bastidores do mundo profissional da música clássica.

>> A Parte 3 é um guia de todos os instrumentos que formam uma orquestra.

>> A Parte 4 examina a música clássica mais detalhadamente, explicando as pequenas partes criativas que a formam.

>> As Partes 5 e 6 o levam ainda mais fundo na música clássica e o ajudam a obter mais informações.

Não é necessário terminar uma parte, ou mesmo um capítulo, antes de começar outra. Use o Sumário ou o Índice como ponto de partida, se quiser. Ou, se estiver em um clima romântico, coloque alguns clássicos sensuais para tocar, aconchegue-se com a pessoa amada e comece pela capa do livro. (Você pode querer pular a página de direitos autorais, porque ela acaba rapidinho com o clima romântico.)

1

Conhecendo a Música Clássica

NESTA PARTE . . .

Perceba que você escutou música erudita a vida toda: em elevadores, filmes, comerciais de TV, videogames e praticamente em todos os lugares.

Descubra o que diferencia música medíocre das grandes obras-primas musicais da humanidade.

Explore os diferentes tipos de música erudita existentes, de sinfonias a sonatas.

Conheça todos os personagens amáveis (e nem tanto) que criaram coletivamente a história da música erudita.

NESTE CAPÍTULO

» Entendendo o que há de tão bom na música clássica

» Identificando os sete hábitos de compositores altamente profícuos

» Acesse os áudios no site da Alta Books [procure pelo título do livro]

Capítulo **1**

Abrindo a Ostra da Música Clássica

O mundo da música clássica é um lugar em que reina o idealismo, o bem vence o mal e o amor conquista tudo, em que você sempre tem uma segunda chance, tudo dá certo no final e é possível ter tudo.

A música clássica é uma das poucas artes vivas. Ela continua a existir por ser constantemente recriada, ao vivo, em frente a um público. Diferente das artes visuais, a música clássica nos envolve em tempo real e ganha vida na nossa frente. Diferente da literatura ou do teatro, é compreendida igualmente por falantes de qualquer língua, ou que não dominam nenhuma. Diferente da dança, não é preciso ficar bem em um collant para se apresentar.

A música clássica é um lugar a ser frequentado por puro prazer, conforto, inspiração, transcendência espiritual e — se nossas sugestões forem seguidas — por menos de 50 reais.

O que Realmente É Música Clássica

Para os propósitos deste livro, *música clássica* é a música composta no hemisfério ocidental durante as últimas centenas de anos (sem incluir a música pop e folk recentes). É a música geralmente composta para uma orquestra ou combinação de instrumentos orquestrais, teclados, violões ou voz.

PARA VIRTUOSOS

Até muito recentemente (pelo menos em termos geológicos), as pessoas não faziam muita distinção entre música "popular" e "clássica". Nos anos de 1700 e 1800 era tudo *música*, e as pessoas adoravam. Elas iam às últimas apresentações de uma sinfonia, concerto, ciclo de canções ou ópera como vão hoje a um show em uma arena, estádio, clube, cafeteria ou bar: para se divertir! Eram atraídas pela possibilidade de ver suas estrelas favoritas, papear com seus amigos e ouvir suas músicas preferidas. Vestiam roupas casuais, levavam comida e bebida, e até vibravam durante o show, se tivessem vontade. A música clássica *era* música popular.

O fato é que a música clássica ainda é tão divertida quanto sempre foi. Mas atualmente está muito menos *familiar*. Só isso. Depois de se familiarizar com esse tipo de arte, ela se torna incrivelmente divertida.

Descobrindo Se Você Gosta

Nem toda obra de música clássica o deixará emocionado de imediato. E não há problema quanto a isso.

Primeiro, algumas obras são, como dizemos eufemisticamente na área da música clássica, mais "acessíveis" do que outras. Ou seja, algumas têm melodias lindas, que você consegue murmurar instantaneamente, enquanto outras, em uma primeira audição, soam mais como gansos sendo sugados pela turbina de um avião.

Veja do que você mais gosta nesse momento. Não há respostas certas ou erradas, a música clássica deve ser divertida de se escutar. A ideia é descobrir o que é mais divertido para você.

CONFIRA

Toque o primeiro minuto, mais ou menos, de cada faixa de áudio no site da Alta Books [procure pelo título do livro]. Cada faixa é uma obra-prima musical de um estilo diferente. A lista de faixas inclui obras do estilo barroco (aproximadamente de meados de 1600 a meados de 1700), clássico (meados de 1700 a meados de 1800), estilo romântico inicial (primeira metade de 1800), estilo romântico tardio (segunda metade de 1800) e do estilo mais moderno e geralmente de som enganadoramente caótico (do século XX até agora).

Uma obra o atrai mais do que todas as outras? Se sim, comece sua exploração da música clássica mergulhando em outros trabalhos desse estilo ou por esse compositor.

Se gostar de todas elas, fantástico! Nosso trabalho ficou muito mais fácil.

Sete Hábitos de Compositores Altamente Profícuos

Apesar da incrível variedade de estilos dentro do mundo da música clássica, certas qualidades substanciais são o que a tornam maravilhosa. Estas seções examinam sete delas.

A música vem do coração

CONFIRA

Compositores exímios não tentam impressionar com floreios falsos. Eles exprimem o que compõem. Dê uma olhada em Peter Tchaikovsky: esse cara passou metade da vida com tormentos emocionais, e — uau! — sua música transmite exatamente isso. [Escute a Faixa 7 no site da Alta Books — procure pelo título do livro — e entenderá do que estamos falando.]

Wolfgang Amadeus Mozart foi um compositor incrivelmente irreverente: melodias simplesmente fluíam de sua cabeça sem esforço algum, e suas obras refletem essa facilidade. Igor Stravinsky foi um indivíduo estritamente disciplinado, calculista e complexo, e o mesmo vale para sua música. Embora suas personalidades fossem incrivelmente diversas, esses compositores escreveram músicas ótimas de uma maneira verdadeira para si mesmos.

Uma estrutura que pode ser sentida

Obras musicais excelentes têm uma estrutura, uma arquitetura musical. Pode não ser possível perceber conscientemente a estrutura enquanto escutamos uma boa obra, mas, ainda assim, é possível sentir instintivamente como esse trabalho foi reunido. Talvez as obras sigam um dos padrões musicais clássicos abrangentes (com nomes como *forma sonata* ou *forma rondó*, sobre os quais é possível ler no Capítulo 3). Talvez haja apenas uma ideia musical no começo que volta no final. Em qualquer caso, seria complicado citar uma ótima obra musical que não tenha uma estrutura coerente.

Estudos recentes da Universidade da Califórnia mostram que alunos que escutaram Mozart antes de uma prova realmente tiveram notas maiores do que os outros. (É claro que achamos que esses alunos teriam tirado notas ainda mais altas se tivessem realmente *estudado* antes da prova.) Quando escutamos uma obra de Mozart, nosso cérebro aparentemente cria um conjunto lógico de compartimentos que processam essa forma. Esses compartimentos são, então, úteis para processar outros tipos de informações. A música clássica realmente nos *deixa* mais inteligentes.

São criativos e originais

Escutamos repetidamente que alguns desses grandes compositores, até aqueles cujos trabalhos soam calmos e muito acessíveis, eram incompreendidos em seu tempo. Nem todo mundo conseguia se identificar com as composições de Ludwig van Beethoven, Johannes Brahms, Gustav Mahler, Richard Strauss, Claude Debussy, Stravinsky ou Charles Ives quando essas obras foram compostas. (Na verdade, esse é o eufemismo do ano. O público se revoltou na *Sagração da Primavera*, de Stravinsky, destruindo o teatro e correndo em direção às saídas.)

O motivo desse repúdio é a *falta de familiaridade.* As formas musicais, ou ideias expressadas nelas, eram completamente novas. E, ainda assim, isso é exatamente o que as torna tão boas. Compositores exímios têm ideias próprias.

Você já assistiu à peça ou ao filme clássico *Amadeus?* O compositor Antonio Salieri é seu "anfitrião". Ele é retratado como um dos compositores medíocres mais famosos — viveu na época de Mozart e foi completamente ofuscado por ele. Salieri não era um compositor ruim. Na verdade, era muito bom. Mas não era um dos *melhores* compositores do mundo porque seu trabalho não era *original.* O que escrevia parecia exatamente o que todo mundo compunha na época.

Expressam uma emoção relevante

Ótimos compositores têm algo importante a dizer. Eles têm uma emoção tão urgente, que clama para ser expressada. As maiores obras musicais (de *qualquer* estilo, do rock ao rap e aos principais sucessos atuais) aproveitam-se da habilidade dessa arte para expressar o inexprimível.

Quando Beethoven descobriu que estava ficando surdo, foi tomado por uma frustração incrível, esmagadora e agonizante. Sua música mostra esse sentimento. Ele exprime sua frustração claramente — tão articuladamente, em um sentido musical — em cada nota de suas composições! A música de Beethoven era *intensa.*

Mas isso não quer dizer que ótimos compositores devem ser intensos. Joseph Haydn, por exemplo, exibia uma grande alegria em quase tudo o que escrevia. Como todos os compositores exímios, *ele* também tinha algo a dizer.

10   PARTE 1 **Conhecendo a Música Clássica**

Chamam atenção com variedade e ritmo

Compositores exímios sabem como reter sua atenção. Suas músicas são completamente interessantes.

Uma técnica que alcança esse efeito é a variedade. Se o compositor enche sua música com uma variedade de ideias musicais ou dinâmicas (intensidade e suavidade), ou melodias, harmonias, terá muito mais propensão em mantê-lo interessado. Assim, uma boa obra musical é como um ótimo filme. Uma explosão logo no começo chama sua atenção, certo? Mas você já assistiu a um filme com uma explosão por minuto durante duas horas? Já notou como cada explosão fica cada vez menos interessante, até que você finalmente nem as nota mais? A variedade é necessária: algo contrastante e diferente entre as explosões.

Em um filme, uma explosão pode ser eletrizante se abordada corretamente, com o acúmulo de suspense. Compositores exímios também sabem usar o ritmo dramático. Sua música parece criar suspense à medida que se aproxima do clímax. O *Bolero*, de Maurice Ravel (que ficou famoso na geração passada pelo filme *Mulher Nota 10*), é um exemplo surpreendente. A obra musical inteira é um grande *crescendo* (cada vez mais alto). O suspense se acumula por 15 minutos, e o clímax é devastador. Nós a recomendamos.

A música é fácil de lembrar

No mundo da música pop atual, a palavra *gancho* se refere ao elemento repetido e cativante em uma obra musical. As músicas dos Beatles são tão cativantes porque quase todas têm um gancho. Pense em "Help", "A Hard Day's Night" ou "She Loves You" ("Yeah, Yeah, Yeah!"). O fascínio não é uma qualidade cientificamente mensurável, mas ainda é possível reconhecer um gancho quando o escutamos.

Na música clássica, aplica-se o mesmo conceito. Um gancho o ajuda a lembrar e identificar uma obra musical. As composições de Mozart, Tchaikovsky, Frederic Chopin, Sergei Rachmaninoff, Georges Bizet, Antonin Dvořák, George Gershwin, Edvard Grieg e Franz Schubert têm uma abundância de ganchos: tantos ganchos, na verdade, que vários deles foram roubados para as melodias de músicas de rock atuais. Por exemplo, a velha música "Could It Be Magic?", de Barry Manilow, é um prelúdio de piano de Chopin com letra adicionada — Barry não escreveu a música original. E "Midnight Blue" é cantada com a melodia da sonata *Patética*, de Beethoven. A música dos compositores mais profícuos é cheia de elementos que grudam na sua mente.

Emocionam com suas criações

O hábito mais importante dos compositores altamente profícuos é sua habilidade de mudar sua vida. Já saiu de uma sala de cinema ou de teatro e, de repente, viu que o mundo lá fora estava diferente? Sabe quando o mundo real logo depois de um filme parece ter uma sensação de perigo, tristeza, felicidade ou simplesmente de fascinação, que não tinha antes?

Uma grande obra-prima musical lhe permite ter uma apreciação maior do potencial da humanidade, melhora sua espiritualidade ou só o deixa de bom humor. Nada é mais triunfante do que o final da Sinfonia nº 2 de Mahler: depois de escutá-la, você se sente como se houvesse renascido, estivesse revigorado e, de certa forma, mais preparado para encarar o mundo.

> **NESTE CAPÍTULO**
>
> » Culpando os monges
>
> » Reconhecendo os românticos incuráveis, e os barrocos e clássicos
>
> » Olhando a galeria dos grandes compositores que nunca morreram
>
> » Acesse os áudios no site da Alta Books [procure pelo título do livro]

Capítulo **2**

Toda a História da Música em 80 Páginas

Todo grande compositor já foi um ser humano com vida e que respirava, com uma personalidade única, histórico familiar e rotina de higiene pessoal. Conhecer a vida dos grandes compositores torna o ato de ouvir suas músicas 100 vezes mais significativo e interessante.

Com pouquíssimo esforço e uma empilhadeira barata, você pode pôr as mãos em 800 páginas muito boas e abrangentes da história da música. Porém, pretendemos fazer com que toda a história da música da civilização ocidental caiba em 75. E sem usar uma fonte menor. Às vezes surpreendemos até a nós mesmos.

Como a Música Clássica Começou

A música existe desde os primórdios da humanidade. Seres humanos primitivos se expressavam vocalmente, e os sons que saíam geralmente eram musicais. (No entanto, esses primeiros registros não estão disponíveis no iTunes.)

PARA VIRTUOSOS

Ao longo dos milênios, a música ficou mais complexa. O homem inventou instrumentos musicais para produzir os sons que não conseguia cantar. Tubos e apitos reproduziam os sons dos pássaros e do vento, tambores amplificavam o som da batida de um coração. Escalas musicais foram padronizadas. Uniões se formaram. Nasceu a música clássica.

As primeiras canções provavelmente foram religiosas. Os seres humanos, admirados e amedrontados pelo mundo à sua volta, cantavam orações e faziam oferendas aos elementos. Quando o vento uivava, uivavam de volta; quando o céu chovia, cantavam na chuva. Eles também usaram a música para se vangloriar de suas conquistas, agradecer por uma boa caçada e resolver brigas mal resolvidas.

O ritmo apareceu cedo na história da música para ecoar as batidas regulares do caminhar, correr e bater com pedras nas cabeças uns dos outros. As danças foram inventadas para acalmar os deuses, e a música era tocada para as danças.

Nesses primeiros anos, a música era transmitida oralmente. De fato, em algumas culturas orientais, a música ainda sobrevive dessa forma. Apenas nos últimos mil anos, mais ou menos, as pessoas pensaram em escrever música.

Cantando o Dia Todo: A Idade Média

O período conhecido como Idade Média foi uma era de pragas, pestilência e autoflagelação, mas, tirando isso, era uma época muito animada. Dentro dos monastérios europeus, os monges estavam ocupados desenvolvendo uma das maiores realizações da música. Não, não, não era a Lady Gaga, era a *partitura*. Eis o que você precisa saber sobre a Idade Média musical.

Canto gregoriano

Um milênio de loucura de composição musical se passou antes que alguém tivesse a noção de escrever música no papel. Mas, por volta do ano 600 d. C., o Papa Gregório I ("o Grande") criou um sistema para explicar as escalas musicais usadas nas igrejas na época. Ele ganhou o crédito por dar nomes tão imaginativos às notas musicais: A, B, C e D — os mesmos usados em inglês, alemão, grego e algumas outras línguas ainda hoje!

Do Papa Gregório obtivemos o nome para o *canto gregoriano*: uma melodia simples e sinuosa cantada em uníssono, com letra em latim, por um bando de caras em roupões marrons. O Papa Greg teria perdido seu chapeuzinho pontudo de papa se soubesse que, mais tarde, no século XX, o canto gregoriano viraria um sucesso no mundo inteiro quando uma gravação chamada *Chant* — cantada por irmãos até então desconhecidos de um monastério da Espanha — chegaria ao topo das paradas de sucesso.

Esse retorno teve um motivo: o canto gregoriano tem uma profundidade espiritual verdadeira. Se você fechar os olhos e escutar o canto gregoriano, todas as suas preocupações parecerão sumir. Sua respiração fica mais longa e profunda. Seu metabolismo desacelera. No fim, você ganha peso e fica redondo como um porco.

Mas nós desviamos do assunto.

Um monge chamado Guido

Guido de Arezzo (a-RET-zo) foi um monge genial que inventou várias inovações musicais, como cantar "dó, ré, mi, fá..." para as notas da escala. (Você deve se lembrar de Julie Andrews tocando uma homenagem a Guido em *A Noviça Rebelde*, quando ela cantou: "Doe, a deer, a female deer; ray, a drop of golden sun...") Esse sistema de cantar sílabas padrão em certas notas da escala, uma habilidade de centenas de anos praticada por cantores de ópera e estudantes de música pelo mundo todo, é chamada de *solfejo*.

Guido de Arezzo também inventou um novo sistema de notação musical usando uma versão rudimentar da pauta musical que usamos hoje (veja o Capítulo 11).

É difícil imaginar o que teria acontecido ao mundo da música sem as inovações de Guido de Arezzo, mas, felizmente, não precisamos. Guido existiu, sua pauta musical ainda é utilizada, e até hoje estudiosos de todo o mundo têm o prazer de pronunciar o nome mais engraçado da história da música (com a possível exceção de Engelbert Humperdinck).

Missa dispensada!

Os monges não foram os únicos que influenciaram o curso da história da música, mas também seu sistema de adoração, especialmente a missa católica. Alguns dos melhores corais e trabalhos orquestrais já escritos foram missas.

A missa católica obteve seu nome das palavras que fechavam as missas antigamente: *Ite, missa est* (tradução aproximada: "Sumam, vocês estão dispensados!"). Toda missa e obra musical baseadas na missa católica têm o mesmo conjunto de letras. Mesmo que você não seja católico, provavelmente já ouviu essas palavras antes: *Kyrie eleison* ("Senhor, tende piedade" — outra obra antiga que reencarnou como um sucesso disco); *Gloria in excelsis Deo* ("Glória a Deus nas alturas" — familiar em muitas canções de Natal); *Credo* ("Eu creio"); *Sanctus, Sanctus, Sanctus* ("Santo, Santo, Santo" — outra favorita do Natal) e *Agnus Dei* ("Cordeiro de Deus"). Se escutar uma missa católica de praticamente qualquer período desde o Renascimento até hoje, ouvirá essas palavras.

CAPÍTULO 2 **Toda a História da Música em 80 Páginas** 15

Nascido de Novo: O Renascimento

Cerca de 400 anos depois da morte de Guido e sua tropa de monges, a sociedade entrou na fase conhecida hoje como *Renascimento*. As artes prosperaram durante o Renascimento, financiadas por amantes da arte ricos e pela realeza, isenta de impostos.

Um dos compositores italianos mais famosos do Renascimento foi Giovanni da Palestrina (1525–1594), retratado na Figura 2-1. Favorito do papa (um genuíno cachorrinho do papa), Palestrina era conhecido por suas músicas escritas somente para voz, sem acompanhamento musical. Diferente do canto gregoriano, a música de Palestrina não era apenas uma melodia cantada *em uníssono* (quando todos cantam as mesmas notas ao mesmo tempo). Em vez disso, ele explorava harmonias incríveis, que resultavam de cantar várias melodias independentes ao mesmo tempo. E foi assim que Palestrina ajudou a construir a rampa para a longa estrada até Gladys Knight & the Pips.

Palestrina foi um grande compositor de missas e outras músicas religiosas. Mas, por volta da mesma época, compositores buscavam letras que pudessem colocar em suas músicas além da igreja. Longas passagens de ótimos poetas romanos, escrituras não religiosas — até mesmo o *Inferno* de Dante — foram transformadas em música. Aqui estão algumas das maneiras como eles tornavam palavras música.

FIGURA 2-1: Giovanni da Palestrina, um dos grandes compositores do Renascimento.

Fonte: Creative Commons

O madrigal levanta voo

A forma musical mais popular dessas canções era o *madrigal*, uma peça para, pelo menos, três vozes, normalmente sem acompanhamento. Durante o Renascimento, famílias ou grupos de amigos se reuniam e cantavam esses madrigais, com cada pessoa em uma linha vocal diferente dando cotoveladas umas nas outras quando erravam as notas.

Os madrigais eram divertidos de cantar porque normalmente envolviam uma técnica inteligente conhecida como *pintura musical*. Sempre que as letras incluíam uma palavra particularmente descritiva, o compositor escrevia uma melodia que retratava a palavra literalmente. Na palavra *suspiro*, por exemplo, o compositor fazia com que a linha vocal começasse em uma nota bem alta na faixa de alcance do cantor e, então, a fazia cair exaustivamente para uma nota mais grave. Na palavra *correr*, *voar* ou até mesmo *feliz*, o compositor escrevia uma rajada de notas rápidas. Felizmente para os pintores musicais, letras como "Vem aqui com seu tigrão" e "Vai, malandra" ainda estavam a séculos de distância.

A ópera chega ao horário nobre

O compositor Claudio Monteverdi (1567–1643) viveu durante o auge do Renascimento italiano. Monteverdi adicionou mais melodias cantaroláveis e acompanhamento instrumental à forma já popular do madrigal.

Monteverdi também foi um dos inventores dos dramas musicais, também conhecidos como *ópera*. Como tantos aspectos do Renascimento, a ópera foi uma tentativa de recriar as glórias da Grécia antiga. No caso, o modelo era o teatro grego, apresentado em anfiteatros externos com um acompanhamento de instrumentos de sopro e cordas. Monteverdi e seus amigos se esforçaram para recriar essa forma em seu tempo, e a música nunca mais foi a mesma. Infelizmente, Monteverdi nunca recebeu um centavo dos royalties.

Emocionando: A Era Barroca

Monteverdi e seus seguidores abriram caminho para um novo período na história da música, conhecido atualmente como Barroco.

As próximas seções examinam alguns aspectos da era barroca (de meados de 1600 a meados de 1700), uma época de arte e música floridas e passionais. Os tipos criativos do período barroco encheram suas obras de pequenas espirais e arabescos chiques, como é possível ver na Figura 2-2.

CAPÍTULO 2 **Toda a História da Música em 80 Páginas** 17

FIGURA 2-2: O florido estilo barroco.

Fonte: Creative Commons

Notas rebeldes sobre rodas

Quando escutamos música barroca, ficamos surpresos em descobrir que ela foi considerada extremamente passional. Hoje, soa relativamente bem comportada. Mas, na época, todas aquelas melodias floridas, subindo e descendo por todos os lugares, eram consideradas músicas selvagens. Os compositores experimentaram todos os diferentes tipos de estruturas musicais, quebrando as regras de como a música deveria se mover de uma seção para outra.

A *pintura musical*, tão popular nos madrigais do Renascimento, encontrou seu lugar na música barroca, e cresceu. Antes um cantor podia ter cantado algumas notas caindo exaustas para ilustrar a palavra *suspiro*. Mas agora um compositor usaria as mesmas notas exaustas em uma composição instrumental que não *precisava* de voz. O público sabia que o padrão de notas caindo representava um suspiro, mesmo que ninguém cantasse isso. A pintura musical sem palavras se tornou um dos elementos passionais mais básicos na música barroca.

Reis, igrejas e outros esbanjadores

Se você fosse um músico jovem na Europa há 300 anos, um conselheiro de carreiras da época o teria aconselhado a buscar trabalho em uma de três áreas: uma corte nobre, na casa de um homem rico ou na igreja cristã.

Todos esses grandes compositores antigos, cujos nomes você já conhece, tinham trabalhos como esses. Alguns tiveram mais sorte que outros; muitos compositores de nomes conhecidos em famílias ricas passavam a maior parte do tempo fazendo trabalhos domésticos. Afinal de contas, do que precisa com mais frequência, de uma nova composição para sua família ou que suas meias sejam lavadas? É isso aí.

Veja um exemplo: Giuseppe Sammartini (por volta de 1700–1775) foi um grande oboísta italiano, compositor de algumas das primeiras sinfonias do mundo, e uma grande influência para o promissor Wolfgang Amadeus Mozart. Quer saber que tipo de trabalho ele tinha? Ele trabalhou para o príncipe de Gales como *chefe da equipe doméstica.* Consegue imaginar?

Príncipe de Gales: Essa lasanha estava deliciosa, Giuseppe.

Giuseppe Sammartini: Ofereço grandes agradecimentos à Vossa Alteza por esbanjar tantos elogios desmerecidos ao meu humilde trabalho. E o que Vossa Alteza deseja que eu prepare para o próximo domingo?

Príncipe: Acho que gostaria de um dos seus belos concertos de oboé. Adoro sua ornamentação, melodias floridas e improvisações que sobem e descem!

Sammartini: Enrubesço de orgulho, Sua Excelência Mais Que Excelente.

Príncipe: Ah, e, Giuseppe, você poderia não engomar tanto as minhas calças curtas?

Sammartini: Tudo bem.

Antonio Vivaldi

Antonio Vivaldi (1678–1741), celebridade italiana do período barroco, trabalhou para a igreja católica. Falando em produtividade, esse cara escreveu mais música em sua vida do que qualquer outra pessoa no planeta. Além das 50 óperas, mais de 40 obras de coro e orquestra, e 100 obras somente para orquestra, escreveu quase 500 concertos para vários instrumentos solo. O consumo de cafeína de Vivaldi deve ter sido de respeito.

Mas alguns dos críticos invejosos de Vivaldi, e eles ainda existem, dizem que Vivaldi escreveu, na verdade, a mesma obra musical 500 vezes. Para isso dizemos: Que disparate! Por que alguém escreveria a mesma obra 500 vezes? Que desperdício de esforço. Pessoalmente, nunca escreveríamos a mesma peça mais de 200 vezes e, mesmo assim, só o faríamos para cumprir o prazo de publicação.

A música de Vivaldi tem um estilo bem consistente, por isso a acusação de que todas parecem iguais.

O padrezinho desvirtuado

Vivaldi cresceu em Veneza. Depois de adulto, decidiu entrar para o sacerdócio. Essa decisão, mais seu cabelo vermelho de fogo, deu-lhe o apelido de "Padrezinho Vermelho".

Mas Vivaldi não durou muito tempo como padre. Há muitas histórias de suas desventuras. Por exemplo, um dia, durante a missa, uma grande melodia surgiu

CAPÍTULO 2 **Toda a História da Música em 80 Páginas** 19

em sua mente. Sem hesitação ou desculpas, ele desceu do altar e correu para a sala ao lado para escrevê-la. A congregação ficou perplexa. (Não precisava de muito para chocar a congregação naquela época.)

Vivaldi foi levado a um tribunal para determinar sua punição. Felizmente, a Inquisição estava de bom humor. Seu veredito: Um Gênio Que Deu Errado. A punição: Vivaldi nunca mais poderia celebrar a missa. Acreditamos que ele não tenha tido problema algum com essa sentença.

E então o Padrezinho Vermelho se tornou simplesmente Vermelho.

A Filarmônica das Meninas Rebeldes

O trabalho seguinte de Vivaldi durou 35 anos, até o fim de sua carreira. Ele se tornou professor de violino do *Ospedale della Pietà* (literalmente: "Hospital da Misericórdia"), uma instituição unicamente híbrida: era um conservatório de música/escola para meninas ilegítimas. Nenhuma instituição atual pode reclamar esse título, nem mesmo a Juilliard School.

Com o passar dos anos, Vivaldi assumiu cada vez mais deveres no *Ospedale*, até que estivesse praticamente dirigindo o lugar. Ele organizava concertos semanais, que ficaram renomados por toda a Europa. Sempre que queria exibir os talentos musicais de uma ou outra menina, ele simplesmente escrevia um *concerto* para ela. (Para saber mais, muito mais, sobre o tópico dos concertos, veja o Capítulo 3.)

Os concertos de Vivaldi têm três movimentos e seguem um formato estabelecido, que se tornou modelo para muitos outros compositores barrocos. Esta é a fórmula:

Rápido — Lento — Rápido

Ouvindo a música de Vivaldi

Temos certeza de que você já ouviu a música de Vivaldi, especialmente sua obra mais famosa: *As Quatro Estações*. É um conjunto de quatro concertos para um violino com orquestra, em que cada concerto evoca a sensação de uma estação diferente.

A *Primavera* é repleta de cantos de pássaros, uma rápida tempestade com raios, um pastor de cabras adormecido com um cachorro latindo, pastores de ovelhas dançando e ninfas. (*Especialmente* ninfas.) No *Verão* é possível sentir o calor do sol, ouvir o cuco, ser picado por alguns pernilongos e experimentar a força total de uma tempestade de granizo. O *Outono* é uma esbórnia de colheita regada a álcool que termina com uma caçada selvagem completa, com a simulação de cornetas. E no *Inverno* você congela, treme, bate os pés, senta ao lado da fogueira para se esquentar e, então, sai de novo, só para escorregar e cair no gelo. Meio sádico, na verdade. Todas essas sensações vêm magicamente na música.

Nós adoramos *As Quatro Estações*, assim como os incontáveis comerciais, filmes e programas de TV que incorporaram essa música. É uma ótima obra para se ter em casa. Tenha uma cópia!

E se ainda quiser mais, aqui estão nossas sugestões:

» Concerto para Violão em Ré Maior, RV 93
» Concerto para Dois Trompetes em Dó Maior, RV 537
» Sonata para Dois Violinos, RV 60
» Glória (oratório para três cantores solo, coro e orquestra), RV 589
» Concerto para Dois Violoncelos em Sol menor, RV 531
» Concerto para Orquestra Dupla, RV 585

(Note que, na lista anterior, o título de cada trabalho é seguido por um número de catálogo RV, que localiza a obra na loja de discos. RV se refere ao número de catálogo R de Ricordi e V de Vivaldi e o número da sequência da composição.)

George Frideric Handel

Enquanto Vivaldi compunha em Veneza, outro compositor chamava a atenção na Alemanha e na Inglaterra: George Frideric Handel (1685–1759; veja a Figura 2-3). Ele também teve grande influência na direção que a música tomou durante e após sua vida. As próximas seções ajudam a entender Handel.

FIGURA 2-3: George Frideric Handel, compositor de *O Messias* e de outros grandes oratórios.

Fonte: Creative Commons

O mais italiano dos britânicos alemães

Handel (pronuncia-se "HEN-del", mas muita gente diz "HAN-del") nasceu na Alemanha e estudou na Itália. O que explica, é claro, por que é considerado um dos grandes compositores *ingleses*. Tente não pensar muito nisso.

Na verdade, há certa lógica. Handel era filho de um barbeiro-cirurgião alemão (não é o tipo de cara que você quer que faça sua abdominoplastia). Com o pai passando os dias removendo uma parte vital do corpo atrás da outra, não é de se surpreender que George Frideric tenha escolhido o órgão. Aos 18 anos, ele saiu de casa e foi para a cidade grande, Hamburgo, onde encontrou trabalho como compositor e músico.

Handel sabia que a ópera italiana seria o próximo sucesso na Europa. Então, aos 22 anos, partiu para a Itália para aprender a escrever no estilo italiano. Ele pôde conhecer os compositores mais famosos da época, incluindo Antonio "máquina de Xerox" Vivaldi, cujos concertos parafraseou. Depois de um tempo de volta à Alemanha, Handel abandonou sua terra natal e se mudou para Londres.

Handel escreveu 36 óperas na Inglaterra, muitas das quais eram obras-primas. Mas o gosto do público estava mudando. A tendência da época era o entretenimento musical baseado na Bíblia. Handel se rendeu: começou a escrever *oratórios* — obras para cantores solo, coro e orquestra, normalmente com letras retiradas da Bíblia.

O mais famoso de seus oratórios foi *O Messias*, apresentado pela primeira vez em 1742. Falando em megassucesso, *O Messias* ficou tão popular que os cavalheiros foram encorajados a ir às apresentações sem suas espadas e as damas, sem suas crinolinas para ter mais espaço.

"Acalme-se!"

Handel, com todo seu talento musical, ficou famoso por seu temperamento explosivo. Notícias sobre a irritabilidade de Handel se espalharam pelos círculos musicais, e ele se tornou o principal alvo de piadinhas. Sabia-se, por exemplo, que Handel não aguentava o som de instrumentos sendo afinados. Então, sempre que ia reger um concerto, pedia que todos os instrumentos fossem afinados antes de ele sequer ter chegado ao teatro.

Uma noite, um brincalhão entrou no teatro e desafinou todos os instrumentos antes de o concerto começar. Quando Handel começou a reger, tudo o que o público escutava era a cacofonia dura, lúgubre e os guinchos que somente 50 instrumentos desafinados podem produzir. Handel ficou possesso. Na fúria, derrubou um grande contrabaixo, depois pegou um tímpano e arremessou no primeiro violinista. (Uma coisa nada fácil de se fazer! *Nós* nunca conseguimos lançar nada além das violas.) No frenesi, sua peruca voou, e o público caiu na gargalhada, enquanto Handel saiu correndo do palco.

UM DESASTRE REAL

Em 1749, Handel compôs a *Música para os Reais Fogos de Artifício*, para comemorar a assinatura de um tratado com a Áustria. A primeira apresentação foi um dos maiores desastres em toda a história da música.

Para essa ocasião especial, o rei contratou um arquiteto para construir um grande pano de fundo para o concerto, que culminaria em uma exibição espetacular de fogos de artifício. O arquiteto concordou em construir um de 122 metros de largura por 30 metros de altura, coroado com um sol enorme sobre um mastro de 60 metros. Tudo parecia ter saído do cenário de um musical de Andrew Lloyd Webber.

Quando chegou o dia, o próprio Handel começou a reger a obra. Tudo estava ótimo durante a primeira metade da apresentação, e então começaram os fogos.

Handel provavelmente ficou suficientemente irritado devido ao fato de os fogos terem disparado durante sua linda música. Mas, para piorar as coisas, alguns dos fogos caíram na construção nova, que respondeu da única maneira que sabia: pegando fogo. A plateia entrou em pânico e correu para salvar suas vidas, enquanto Handel continuava regendo obstinadamente.

Handel estava pálido. Ele tinha um temperamento notoriamente explosivo, então achamos que ele fez uma exibição de fogos particular para o rei na manhã seguinte.

Ouvindo a música de Handel

As composições de Handel são alguns dos melhores exemplos do estilo barroco. São frescas, espirituosas, muitas vezes dançantes e frequentemente carregadas de emoções. Isso é incrível, considerando a velocidade de Handel. Ele compôs seu famoso oratório *O Messias* — que dura mais de duas horas e é cantado nas principais cidades do mundo todo Natal e Páscoa — em cerca de três semanas.

CONFIRA

Handel era prolífico, e suas gravações são fáceis de achar. Em particular, recomendamos os seguintes títulos:

» *O Messias,* um oratório para cantores solo, coro e orquestra

» Concerto Grosso, opus 3, nº 1-6

» Concerto Grosso, opus 6, nº 1-12

» *Música Aquática,* Suítes 1, 2 e 3 (É possível ouvir um movimento dessa música deliciosa, escrita para ser apresentada em uma barca, enquanto o Rei George flutuava pelo Rio Tâmisa, no site da Alta Books — procure pelo título do livro —, acessando a Faixa 1.)

» *Música para os Reais Fogos de Artifício*

Johann Sebastian Bach

A maioria dos músicos conta Johann Sebastian Bach (1685–1750; veja a Figura 2-4) entre o punhado de melhores músicos que já viveram. E alguns — estamos entre esses — o citariam como O Melhor de Todos. Não só porque cada uma de suas composições é chocante, mas também porque cada compositor subsequente deve muito a ele. As próximas seções destacam alguns aspectos importantes de Bach.

FIGURA 2-4: Johann Sebastian Bach, o mestre do órgão.

Fonte: Creative Commons

Alguns cargos menores

Bach (a pronúncia é "BaRrrr") conseguiu seu primeiro trabalho aos 23 anos: músico da corte na cidade de Weimar, Alemanha. Lá ele escreveu algumas obras para órgão maravilhosas, muitas das quais ainda são tocadas atualmente.

LEMBRE-SE

O fato de que esses trabalhos sobreviveram é notável por duas razões: primeiro, composições naquela época não eram feitas para durar. Um compositor escrevia uma obra para uma ocasião específica, nunca esperando a ouvir uma segunda vez. Algumas das sonatas imortais de Bach foram resgatadas para a posteridade apenas momentos antes de serem usadas como papel de embrulho para peixe ou manteiga. (Trememos ao pensar em quantas de suas composições foram *realmente* usadas para embrulhar coisas e nunca mais serão escutadas.)

Segundo, na tradição de desaprovação do público que persiste até hoje, a maioria dos compositores e artistas permanecia relativamente desconhecida enquanto viva. Bach era bem conhecido, até mesmo venerado, no século seguinte à sua morte, mas como *organista*, não como compositor.

O mestre do órgão

Bach foi um dos organistas mais habilidosos que já viveu. Ele não só tinha dedos rápidos, como era ótimo no pedal também. (Veja o Capítulo 6 para uma descrição dos pedais do órgão, que tocam as notas mais graves.) As pessoas viajavam milhas para ver Johann S. Bach, o cara com os pés voadores.

Bach também era um mestre do improviso. Ele podia pegar praticamente qualquer melodia e fazer uma música nova com base nela, na hora, como muitos músicos de jazz fazem hoje. Essa é a ironia: como ninguém nunca escreveu improvisações, nunca saberemos como eram os voos de fantasia imediatos de Bach.

Prolífico de mais de uma maneira

Bach era outro dos compositores mais prolíficos. Uma pessoa precisaria de várias décadas só para *escrever* todas as músicas que Bach escreveu.

Mas Bach era prolífico de mais de uma maneira. Com a ajuda de suas duas esposas, Bach teve 20 filhos, conhecidos. Vários desses filhos se tornaram compositores também: Wilhelm Friedemann Bach, Carl Philipp Emanuel Bach e Johann Christian Bach, para citar os mais famosos. Eles ajudaram o pai, pelo menos, a copiar suas composições musicais.

Aos 38 anos, Bach conseguiu o último emprego de sua vida: cantor na igreja de St. Thomas, em Leipzig, Alemanha. Nesse trabalho, Bach também era incrivelmente prolífico. Ele escreveu uma grande obra para coral, uma *cantata*, para cada domingo e feriado do calendário cristão, e então fez isso *mais três vezes*! No geral, ele escreveu pelo menos 215 cantatas.

A música de Bach é cheia de *contrapontos*: dois, três, quatro ou mais linhas melódicas tocadas ao mesmo tempo, criando harmonias interessantes. Ele aperfeiçoou a arte da *fuga*, uma composição impressionantemente complexa, normalmente escrita para quatro linhas musicais, ou vozes. Cada melodia é similar, mas uma não começa até que a outra já tenha começado. (Pense em "Rema, Rema, Rema o Barco", com cada pessoa começando em um tempo diferente, e você entenderá a ideia básica.) As fugas de Bach envolviam melodias incrivelmente complexas, que, mesmo começando em tempos diferentes, soavam bem juntas. Era assim que a mente de Bach funcionava. Ele era tão bom, que podia pegar uma ideia musical, praticamente qualquer ideia, e transformar em uma fuga na hora.

Ouvindo a música de Bach

Você pode ouvir uma das obras magistrais de teclado de Bach no site da Alta Books [procure pelo título do livro] acessando a Faixa 2. Se quiser ouvir mais, procure estas peças:

- Concertos de Brandenburgo, nº 1-6, BWV 1046–1051
- *Magnificat,* um oratório sagrado para cantores solo, coro e orquestra, BWV 243
- *A Paixão Segundo São Matheus,* um oratório sagrado para solistas, coro e orquestra, BWV 244
- Concerto para Violino, Oboé e Orquestra em Dó menor, BWV 1060
- Suíte Orquestral nº 3 em Ré Maior, BWV 1068
- Concerto para Cravo (ou Piano) em Ré menor, BWV 1052

Nota: As letras BWV se referem a um número de catálogo e ajudam a encontrar a obra certa no YouTube, iTunes ou lojas de música.

Apertando o Corpete: O Estilo Clássico

A música de Johann Sebastian Bach foi o auge do Barroco na música, e o período barroco praticamente terminou com ele. O estilo musical que veio em seguida é conhecido hoje como o *Clássico*.

Apressamo-nos a apontar as diferenças entre o estilo, ou período, clássico e a *música clássica*. Usamos o termo *música clássica* para toda música discutida neste livro, mas o *período* clássico (de meados de 1700 até o início de 1800) é apenas uma das eras musicais que formam a música clássica. E a música desse período está no *estilo* clássico.

O estilo clássico foi, de certa maneira, uma reação aos excessos do barroco. Enquanto a música barroca era florida, extravagante e emocional, a música do estilo clássico era mais dispersa, reservada e controlada. Era música com um corpete.

Durante o período clássico, três formas particulares de música tocaram muito: *sonatas*, *sinfonias* e *quartetos de corda*. Para detalhes sobre cada uma dessas formas, veja o Capítulo 3.

Os melhores compositores do período clássico foram os três mestres dessas formas: Haydn, Mozart e Beethoven. Esses três gênios se conheciam e passaram um tempo considerável em Viena, na Áustria, a capital musical do Ocidente.

Joseph Haydn

Joseph Haydn (1732–1809), retratado na Figura 2-5, foi o cara mais agradável e alegre que você poderia conhecer. Ele constantemente fazia pegadinhas com as pessoas e piadas das coisas e de si mesmo. E sua música mostra isso.

FIGURA 2-5: Joseph Haydn, uma alma velha e alegre.

Fonte: Creative Commons

Haydn cresceu em uma parte rural da Áustria, que fazia fronteira com a Croácia, Eslováquia e Hungria. Quando criança, ouviu muita composição de música folclórica de camponeses, e chegou firmemente à conclusão de que a música deveria ser apreciada. Ele tinha uma voz linda para cantar, e aos 8 anos foi selecionado para ir a Viena se juntar ao coro da Catedral de Santo Estêvão.

Em Viena, Haydn, discutido nas próximas seções, conheceu todas as obras musicais da época, decidiu se tornar um compositor e quase foi castrado (veja o box "Haydn, o Soprano").

Como muitos compositores antes dele, a renda primária de Haydn vinha de servir como músico da corte real. Seu trabalho de maior duração foi no castelo do príncipe Esterházy, um trabalho fácil.

A vida no castelo de Esterházy

Criado era a descrição oficial do trabalho de Haydn, mas ele era tratado como um rei. Tinha a própria empregada e lacaio, além de um ótimo salário. Ele passava seus dias escrevendo músicas novas e apresentando-as para (e às vezes com) o príncipe, que não era ruim na música.

Mas o trabalho mole de Haydn no palácio terminou depois que o príncipe Esterházy, em uma exibição rara de falta de consideração, morreu. Haydn voltou para Viena e ficou lá pelo resto de sua vida.

Conhecendo Haydn

A sinfonia *Surpresa* (nº 94) é de escuta obrigatória: é uma das melhores obras de Haydn e um exemplo perfeito de seu estilo. Há uma grande história por trás dela: Haydn, trabalhando em Londres, notou que seu público, depois dos jantares, tendia a dormir quando a música era lenta ou suave. Para se vingar, ele escreveu um movimento que era lento *e* suave, e crescia com o decorrer da música. Com certeza, muitos em seu público cochilaram bem na hora em que a orquestra toda explodia ensurdecedora. Exatamente como ele havia maliciosamente esperado, o acorde enorme acordou (e divertiu) a todos na sala.

HAYDN, O SOPRANO

Quando criança, Joseph Haydn foi um menino soprano premiado da Catedral de Santo Estêvão, em Viena. À medida que crescia, seu professor lhe dizia que seria capaz de reter sua linda voz aguda para sempre se fizesse uma "operação muito simples". Tendo deixado de lado as especificidades, o jovem Haydn ansiava por esse milagre. Ele já estava pronto para ir para a operação quando, apenas algumas horas antes da cirurgia, seu pai descobriu tudo e o impediu.

Imagine o que teria acontecido se Haydn tivesse feito a cirurgia! Claro, ele teria mantido sua linda voz aguda. Mas poderia nunca ter sido contratado como compositor pelo príncipe Esterházy. Poderia nunca ter tido a oportunidade de usar a orquestra da corte como origem de seus experimentos musicais. Poderia nunca ter desenvolvido o quarteto de cordas e a sinfonia como os conhecemos. E ninguém, nem mesmo Beethoven, teria o chamado de "papai".

Enquanto envelhecia, Haydn também incorporava cada vez mais melodias folclóricas camponesas que escutara na juventude. Um exemplo perfeito disso é o movimento final de sua última sinfonia, a nº 104 (a sinfonia *Londres*).

Se esse tipo de música o anima, aqui estão alguns trabalhos orquestrais excelentes de Joseph Haydn para escutar:

>> Concerto para Trompete em Mi bemol Maior, Hob. VIIe:1

>> Concerto para Violino em Sol Maior, Hob. VIIa:4

>> Concerto para Violoncelo em Dó Maior, Hob. VIIb:5

>> *Missa Nelson,* para solistas, coro e orquestra, Hob. XXII:11

>> Sinfonia nº 48 em Dó Maior (*Maria Theresia*)

>> Sinfonia nº 94 em Sol Maior (*Surpresa*)

>> Sinfonia nº 104 em Ré Maior (*Londres*)

A propósito, "Hob." se refere aos números do catálogo Hoboken, que ajudam a encontrar a gravação que você procura.

Wolfgang Amadeus Mozart

Dissemos antes que consideramos Bach o Maior Compositor Que Já Existiu. Mas muitas pessoas gostam de conceder esse título a Mozart (1756–1791 — veja a Figura 2-6). Desde o início de sua vida, Mozart ("MoT-zart") dominou a música com uma facilidade natural quase incomparável na história da música. Ele era o Michael Jordan dos compositores.

28   PARTE 1 **Conhecendo a Música Clássica**

FIGURA 2-6: À esquerda, Wolfgang Amadeus Mozart, menino-prodígio. À direita, Mozart em seus últimos anos.

Fonte: Creative Commons

O próprio pai de Mozart, Leopold, era um compositor e teórico musical respeitado, mas sacrificou a própria carreira em ascensão para estimular o talento de seu filho prodígio. Ele ensinou piano, violino e teoria musical ao jovem Wolfgang, que era criado em Salzburgo, na Áustria.

Com o estímulo de seu pai, o jovem Wolfgang já compunha concertos para piano aos 4 anos. Pouco tempo depois, escreveu sua primeira sinfonia. E escreveu a ópera *Bastien und Bastienne* aos 11 anos.

Mozart entra para o circo

Leopold conhecia um gênio quando o via. Ele fez as malas do jovem Wolfgang e de sua irmã mais velha, Nannerl, e os carregou por toda a Europa. Onde quer que fosse, Leopold carregava seu filho como um fenômeno científico. Um de seus pôsteres na Inglaterra dizia: "Para todos os amantes da ciência, o maior prodígio de que a Europa ou até mesmo a natureza humana poderá se gabar, sem contradição, o pequeno menino alemão Wolfgang Mozart." (E a gente pensava que *nossos* pais tinham grandes expectativas.)

O jovem Mozart exibia cenas como improvisos ao teclado, apresentando à primeira vista peças que nunca tinha ouvido, e tocando com suas mãos escondidas sob um tecido para que não pudesse ver as teclas. Nannerl também ajudava, impressionando o público ao tocar cravo.

Juntos, eles eram um espetáculo circense ambulante.

Mozart leva um pé na bunda

Aos 13 anos, Wolfgang conseguiu um emprego na corte do arcebispo de Salzburgo, onde trabalhou por 12 anos. Mas suas viagens constantes e busca por um emprego melhor irritaram o arcebispo. Finalmente, sem ideia nenhuma do quão politicamente incorreto ele pareceria para as futuras gerações, o arcebispo despediu Mozart. A secretária do arcebispo, em um dos gestos menos sutis da história da música, deu um pé na bunda de Wolfgang Amadeus Mozart.

Mozart mudou-se para Viena em busca de sua fortuna. Ele sabia que Viena era um grande centro da atividade musical na Europa, e tivera uma turnê de sucesso lá como criança-prodígio. Mas Mozart não era mais um menino-prodígio. Bem, pelo menos não era mais uma criança. Ele teve dificuldades em encontrar trabalho. O estabelecimento musical da corte havia deteriorado, e não existiam mais tantas comissões reais quanto antes. Mas ele encontrou outra coisa: Joseph Haydn.

Papai Haydn gostou imediatamente de seu colega mais jovem, e eles iniciaram uma amizade eterna. Depois que Mozart dedicou um conjunto de quartetos de cordas a seu velho mestre, Haydn comentou com o pai de Mozart, Leopold: "Eu lhe digo perante Deus, como um homem honesto, que seu filho é o maior compositor que já viveu."

Temos certeza de que Papai Leopold perdoou Papai Haydn pela meia-verdade .

Mozart ganha a vida

Sem um trabalho estável, Mozart se sustentou em Viena escrevendo óperas, que eram tão populares com o público quanto os filmes são hoje. (Veja *Opera For Dummies,* de David Pogue e Scott Speck [John Wiley & Sons, Inc.], para saber mais sobre a carreira de ópera de Mozart [conteúdo em inglês].)

Como você pode ver na peça clássica e no filme *Amadeus,* Mozart levou seus rivais à loucura, pois tinha muita facilidade em compor. Ideias musicais transbordavam de sua cabeça, completamente formadas, como se tivessem sido ditadas — tudo o que ele realmente precisava fazer era as escrever.

Durante essa época, Mozart se apaixonou por uma jovem chamada Aloysia Weber, que conhecera cinco anos antes, durante suas viagens. Depois que ela o dispensou (evidentemente inconsciente de que um dia ele seria um filme e um show da Broadway), Mozart voltou sua afeição para a irmã de Aloysia, Constanze, que se casou com ele. Em homenagem ao casamento, Mozart escreveu sua grande Missa em Dó menor.

Aloysia não foi a única que não apreciou Mozart. O próprio público vienense, exigente e volúvel, via Mozart apenas como mais um no grupo de jovens compositores escrevendo diversõezinhas para o sábado à noite.

As coisas ficaram melhores quando Mozart visitou Praga, agora parte da República Tcheca. A cidade foi à loucura com sua ópera *As Bodas de Fígaro.* Um ano depois desse grande sucesso, em 1787, Praga o contratou para escrever uma ópera para celebrar o casamento da sobrinha do imperador. E que história solene ele escolheu para musicalizar essa união sagrada? O conto de Don Juan, o maníaco sexual mais vulgar de todos.

A ópera foi chamada de *Don Giovanni*. Foi um grande sucesso.

O reserva

Relatos sobre a velocidade de Mozart ao escrever música se tornaram lendários. Quando um mendigo se aproximou dele na rua, por exemplo, ele estava sem sua carteira, então pegou um pedaço de papel, desenhou algumas pautas nele e escreveu um minueto e trio em alguns minutos. Deu a nova composição ao mendigo e o mandou para um editor musical, que comprou-a na hora. (Suspeitamos que Mozart teria tido menos sorte com essa técnica atualmente.)

Esse tipo de composição rápida acompanhava a personalidade hiperativa de Mozart. De repente, no meio de uma conversa, ele explodia em gargalhadas, pulava, dava cambalhotas e saltava sobre mesas e cadeiras de uma vez só.

Tivemos reuniões assim também.

Dando adeus a Papai Haydn

Enquanto isso, Mozart mantinha contato com seu amigo e mentor, Joseph Haydn. Em 1790, quando Haydn era um "velho senhor" de 58 anos e Mozart tinha apenas 34, os dois passaram um longo dia juntos. Depois do jantar, quando chegou a hora de dizer adeus, Mozart disse a Haydn: "Esta provavelmente será a última vez que diremos adeus nesta vida."

Ele estava certo. Um ano depois, *Mozart* faleceu.

Por anos depois de sua morte, aos 35, circulou o rumor (perpetuado por *Amadeus*) de que Mozart fora envenenado por Antonio Salieri, um colega compositor invejoso. Mas, o mais provável, é que ele simplesmente tenha morrido de exaustão.

A última composição de Mozart foi seu *Réquiem*, encomendado por um estranho sem nome. Você deve se lembrar da cena em *Amadeus* em que Salieri veste um disfarce monstruoso, finge ser um estranho e aterroriza Mozart até que vá à loucura e, finalmente, à morte. Essa cena foi completamente inventada. Na verdade, o estranho provavelmente foi um nobre menos importante que pretendia dizer que a obra-prima encomendada era sua.

Mas, desde o começo, Mozart estava convencido de que escrevia o *Réquiem* para a própria morte. Ele correu freneticamente para completar a obra, o que apenas intensificou sua doença. No fim, ele completou apenas alguns movimentos e esboçou o restante. O pupilo de Mozart, Franz Süssmayr, concluiu-o depois de sua morte. Essa é a versão que você ouvirá na maioria das apresentações.

CAPÍTULO 2 **Toda a História da Música em 80 Páginas** 31

Desde a morte de Mozart, o mundo da música nunca mais viu ninguém com sua combinação de gênio musical, facilidade de composição e inspiração divina. Sua música é a essência do estilo clássico: elegante, graciosa, refinada, espirituosa e blasé, mas com uma veia profunda de emoção.

Ouvindo Wolfgang

Nenhuma música escrita por Mozart é ruim. É possível ir *vendado* a uma loja de música e pegar uma obra-prima de Mozart todas as vezes (embora você possa ter problemas em pescar a quantia exata em sua bolsa).

Assim, ficou difícil selecionar uma lista curta de composições para recomendar. Mas sabemos o quanto você confia em nós, e nosso dever solene é pelo menos tentar, então confira as seguintes obras-primas:

- » Concerto para Clarinete em Lá Maior, K. 622
- » Concerto para Piano nº 22 em Mi bemol Maior, K. 482 (É possível ouvir o movimento final *desse* concerto na Faixa 3 no site da Alta Books — procure pelo título do livro.)
- » Concerto para Piano nº 24 em Dó menor, K. 491
- » Concerto para Violino nº 5 em Lá Maior (*Turco*), K. 219
- » Sinfonia Concertante (Concerto para Violino e Viola) em Mi bemol Maior, K. 364
- » Sinfonia nº 38 em Ré Maior (*Praga*), K. 504
- » *Réquiem* (concluído por Franz Süssmayr), K. 626

Se Wolfgang o impressiona, escute estas peças para piano:

- » Sonata para Piano em Sol Maior, K. 283
- » Sonata para Piano em Fá Maior, K. 332

E confira estas lindas serenatas para grupos menores:

- » Serenata em Sol Maior para Cordas (*Eine kleine Nachtmusik* — ou *Uma Pequena Música Noturna*), K. 525
- » Serenata nº 6 em Ré Maior (*Serenata Notturna*), K. 239

Nota: Em todos esses títulos, a letra *K* se refere a um número de catálogo que ajuda a encontrar a gravação desejada.

Ludwig van Beethoven: O homem que mudou tudo

Nem Mozart influenciou o curso da música clássica tanto quanto Ludwig van Beethoven (1770–1827 — veja a Figura 2-7). Nascido em Bonn, Alemanha, Beethoven foi filho de um músico da corte chamado Johann. Como o pai de Mozart, Johann tentou transformar seu filho em uma criança-prodígio. Ao contrário do pai de Mozart, Johann fez isso do jeito mais difícil, batendo no filho quando o talento demorava muito para aparecer. Apesar do tratamento rígido, Ludwig se tornou um excelente pianista.

FIGURA 2-7: Ludwig van Beethoven mudou tudo.

Fonte: Creative Commons

Aos 22 anos, Beethoven se mudou para (onde mais?) Viena, onde estava a ação musical. Lá, escreveu música para vários indivíduos, ocasiões especiais e concertos públicos das próprias composições, ganhando, no processo, mais dinheiro do que Mozart jamais ganhou.

Tanto Beethoven quanto sua música eram enérgicos, impulsivos e impetuosos. As pessoas adoravam assistir e ouvir enquanto ele tocava suas composições fervorosas para piano. Fora do palco, no entanto, sua personalidade enérgica o fez entrar em brigas com seus senhorios e namoradas. Beethoven não era um cara de longo prazo, nem com apartamentos nem com relacionamentos.

Todos conhecemos pessoas assim: gênios que, apesar de suas incríveis habilidades e talentos, são muito mais fáceis de lidar quando já estão mortos. Continue lendo para saber mais sobre Beethoven.

Papai Haydn ensina uma ou duas coisas a Ludwig

A principal razão para Beethoven ter se mudado para Viena foi estudar composição com Joseph Haydn. (Depois da morte do príncipe Esterházy, Haydn voltou para sua casa permanente em Viena.) Esse relacionamento professor-aluno, infelizmente, não foi menos tumultuado do que os outros relacionamentos de Beethoven. Ainda assim, Haydn tolerou seu novo pupilo por respeito a seus talentos prodigiosos.

Assim como Mozart, Beethoven aprendeu a escrever uma sinfonia e um quarteto de cordas, as duas maiores especialidades de Haydn. Na verdade, há influência de Haydn nas duas primeiras sinfonias de Beethoven. Na forma, estrutura e tamanho, elas são praticamente idênticas às sinfonias de Haydn da época.

No entanto, aconteceu algo que mudou Beethoven para sempre. Aos 31 anos, ele percebeu que estava perdendo sua audição gradualmente. Essa é a pior coisa que pode acontecer a um músico, quem dirá ao mais esquentado de todos. A aproximação da surdez teve um efeito profundamente perturbador em Beethoven.

Um dia, Beethoven passou por uma floresta com seu amigo e pupilo Ferdinand Ries, que comentou sobre o lindo som de uma flauta tocada por um pastor por perto. Beethoven não ouviu nada e ficou extremamente deprimido. Mais tarde, escreveu sobre seu tormento em um documento emocional e corajoso, agora conhecido pelos músicos como o *Testamento de Heiligenstadt*:

> Ah, vocês, homens, que pensam ou dizem que sou mau ou misantrópico, como enganam-se imensamente sobre mim. Não conhecem a razão secreta... Há seis anos agora, fui terrivelmente afligido... Ah, como possivelmente poderia admitir uma fraqueza no único sentido que deveria ser mais perfeito em mim do que em outros, um sentido que um dia possuí na maior perfeição? Ah, eu não posso; então perdoem-me quando me virem em retirada quando teria falado consigo de bom grado... Devo viver sozinho, como se tivesse sido banido.

As composições de Beethoven desse período carregam a marca de um homem desesperado para ser o mestre do próprio destino. Se estiver ciente da condição dele na época, sua música fará muito mais sentido. Ao expressar sua dor, Beethoven levou, sozinho, a música do estilo clássico para o período romântico, em que o elemento mais importante da música era a expressão dos *sentimentos*.

Em outras palavras: sem Ludwig van Beethoven não teríamos Barry Manilow.

A Sinfonia Heroica

Se uma única obra musical revolucionou a história da música, foi a Sinfonia nº 3 de Beethoven, conhecida como a Sinfonia *Eroica* (ou "heroica"). Com essa obra, Beethoven deixou de ser um mero sucessor de Haydn e Mozart e encontrou a própria voz.

Desde o início, Beethoven concebeu essa sinfonia em grande escala, pretendendo evocar a vida e a morte de um grande herói. Originalmente, o herói deveria ser Napoleão Bonaparte, mas isso mudou em 1804, como escreveu o amigo de Beethoven, Ferdinand Ries:

> Beethoven admirava muito Bonaparte na época. Vi uma cópia da partitura em sua mesa com a palavra "Bonaparte" no topo da página de título, e bem no fim "Luigi van Beethoven", mais nenhuma outra palavra...
>
> Fui o primeiro a lhe dar a notícia de que Bonaparte se autoproclamara imperador. Ele fugiu de raiva e gritou: "É ele também, então, apenas outro ser humano ordinário? Agora ele, também, pisará em todos os direitos do homem e satisfará apenas sua ambição. Tornar-se-á um tirano!" Beethoven pegou a página com o título, rasgou-a ao meio e a jogou no chão. A primeira página foi reescrita mais tarde, e só então a sinfonia recebeu o título de *Sinfonia Eroica* (Sinfonia Heroica).

LEMBRE-SE

A peça é quase duas vezes mais longa que qualquer sinfonia anterior, e suas proporções foram drasticamente modificadas. Especialmente incomum é o segundo movimento mais lento: é uma marcha fúnebre sombria com momentos de grande lamento e explosões intensas de tristeza.

No geral, Beethoven escreveu nove sinfonias. Elas desafiaram e expandiram todas as formas sinfônicas que existiam até aquele momento. Com cada trabalho, ele fez com que sua música fizesse mais, dissesse mais e fosse corajosamente aonde nenhuma música chegara antes.

O PÊNDULO DA MÚSICA CLÁSSICA

Você deve ter notado uma coisa engraçada sobre os gostos musicais ao longo da história: eles são um pêndulo. A cada período, a música representa uma reação extrema ao estilo musical anterior.

O estilo barroco, com seus ornamentos floridos e improvisações, foi uma tentativa de ser emocionalmente mais livre do que o espiritualismo frio da música medieval e do Renascimento. Depois do Barroco, o período clássico colocou rédeas nas emoções mais uma vez, e o período romântico arrancou-as violentamente.

Beethoven foi quem as arrancou.

Pegando a Quinta

A sinfonia mais famosa de Beethoven, é claro, é a Quinta. É a que começa no austero tom de Dó menor, com o famoso trecho de quatro notas que todo mundo conhece: "Tan-tan-tan-TAAAAAAAAAAAAAAAAN!"

Depois de quatro movimentos de trabalho hercúleo, a sinfonia chega ao final; mas, em vez de terminar em Dó menor (o tom sério que começou a obra), Beethoven termina no alegre, triunfante e exuberante tom de Dó Maior.

Agora, em termos musicais, a diferença entre um acorde menor e um acorde maior é apenas uma nota. (Veja o Capítulo 11.) Mas em termos emocionais, a diferença é *enorme*. Se você passa do tom menor para o maior, sente como se a tempestade tivesse passado; as nuvens, desaparecido e o sol, começado a brilhar, e você encontrou uma vaga livre para estacionar *bem* em frente ao restaurante.

Escute o primeiro movimento da Faixa 4 no site da Alta Books (procure pelo título do livro) e leia o Capítulo 5 enquanto ela toca. Contudo, para apreciar completamente a jornada musical atormentada da Quinta Sinfonia de Beethoven, você precisa escutá-la por completo.

Do esboço à sinfonia final

Diferente de Mozart, Beethoven não tinha facilidade em compor. Na verdade, lutava com seu trabalho durante semanas e meses em seu caderno de esboços e *ainda* não ficava satisfeito.

Uma das melodias mais simples que entrou no caderno de esboços de Beethoven no fim tornou-se um dos temas mais profundos da história: o tema "Hino à Alegria" de sua Nona (e última) Sinfonia. Você deve reconhecer essa melodia com a letra "Jubilosos te adoramos".

O "Hino à Alegria" é um poema lindo e longo de Friedrich Schiller. Desde os 23 anos, Beethoven quis musicá-lo. Ele finalmente encontrou o lugar certo para o fazer, bem no final da Nona Sinfonia, 20 anos mais tarde.

Até aquele momento, toda sinfonia já escrita fora projetada para ser tocada por apenas uma orquestra. Mas, em sua Nona Sinfonia, pela primeira vez Beethoven adicionou quatro cantores solistas e um grande coro para cantar as palavras do poema de Schiller. Para os críticos musicais da época, adicionar os cantores foi um ato de traição. O debate assolou os círculos musicais por décadas.

Felizmente, o público ainda não se importava muito com os círculos musicais, e a primeira apresentação foi um grande sucesso. Depois que acabou, o público aplaudiu Beethoven de pé fervorosamente. Mas nessa época ele já estava completamente surdo. Ele se sentou no palco olhando para a orquestra, sem consciência da reação do público. Em um famoso ato de bondade, um dos cantores segurou gentilmente o ombro de Beethoven e virou-o para que visse o público aclamando.

Quando Beethoven morreu, ele era um herói, e 30 mil pessoas em luto foram ao seu funeral. Uma das pessoas que carregou o caixão foi Franz Schubert, o próximo músico sobre o qual você lerá neste capítulo.

Ouvindo Beethoven

Se quiser ouvir mais músicas de Beethoven (e você *deveria*), confira estas obras-primas orquestrais:

» As sinfonias: Todas as nove são sensacionais

» Concerto para Piano nº 4 em Sol Maior, opus 58

» Concerto para Piano nº 5 em Mi bemol Maior, opus 73

» Concerto para Violino em Ré Maior, opus 61

Enquanto estamos no assunto, podemos também lhe contar sobre as sonatas para piano de Beethoven. Aqui estão as três mais famosas, você pode até encontrar todas gravadas juntas:

» Sonata para Piano nº 14 em Dó Sustenido menor, opus 27, nº 2 (*Sonata ao Luar*)

» Sonata para Piano nº 8 em Dó menor, opus 13 (*Patética*)

» Sonata para Piano nº 3 em Fá menor, opus 57 (*Appassionata*)

Há também suas obras para câmara (ou seja, peças para pequenos grupos de músicos). Algumas de nossas favoritas são:

» Sonata para Violino e Piano nº 9 em Lá Maior, opus 47 (*Kreutzer*)

» Trio em Mi bemol Maior para Clarinete (ou Violino), Violoncelo e Piano, opus 11

» Quarteto de Cordas, opus 59, nº 1–3 (os Quartetos *Razumovsky*)

Schubert e seu Lieder

Beethoven tinha 20 anos quando o futuro carregador de seu caixão, Franz Schubert, nasceu. Observando astutamente que cada grande compositor do período clássico eventualmente se mudou para Viena, Schubert escolheu economizar na passagem de avião e nasceu lá direto.

CAPÍTULO 2 **Toda a História da Música em 80 Páginas** 37

Como com Mozart, as melodias transbordavam da cabeça de Schubert (retratado na Figura 2-8) como mel de um pote. Depois que terminava uma obra, ele simplesmente começava a seguinte. E suas melodias eram extremamente cantaroláveis, até mesmo em suas sinfonias. Estas seções destacam aspectos interessantes de Schubert.

As noites de Schubert

Schubert era um pianista decente, mas não virtuoso como Mozart ou Beethoven. Ele não ganhou muito dinheiro tocando. Mas seu piano foi útil em várias noites de diversão com seus amigos músicos, que ficaram conhecidas como *schubertíades*. Eles se reuniam, faziam jogos de adivinhação e dançavam as músicas que Schubert compunha na hora.

FIGURA 2-8: Franz Schubert (1797–1828), um dos compositores mais prolíficos da história.

Fonte: Creative Commons

Sua natureza divertida e as festas repletas de diversão tornaram Schubert imensamente popular entre seus amigos, apesar de ele nunca ter sido um homem bonito. Nem um pouco. Na verdade, seus amigos o chamavam de "Cogumelo". (Com amigos assim, quem precisa de inimigos?)

Além do mais, seu círculo de amigos ficou ainda mais próximo depois que Schubert, falido e desempregado, teve que se mudar para a casa deles por longos períodos. Viena ainda estava fascinada por Haydn, e Beethoven estava deixando sua marca, então Schubert teve problemas em competir no departamento de sinfonias. E um jovem compositor chamado Gioachino Rossini estava enchendo o público de grandes óperas (como *O Barbeiro de Sevilha*), então Schubert também não estava ganhando pontos com óperas.

Inacabada!

Contudo, as sinfonias de Schubert são primorosas. Sua sinfonia mais famosa, a nº 8, é conhecida como a *Sinfonia Inacabada*. Ele não a deixou inacabada por alguma grande interrupção na vida, como a morte. Na verdade, ninguém sabe exatamente por que ele escreveu apenas dois movimentos, em vez dos quatro normais. Mas temos três palpites:

> » **Teoria 1:** Os dois movimentos não precisam de complemento.
>
> » **Teoria 2:** Schubert não conseguiu pensar em nenhum outro movimento que combinasse com a qualidade daqueles.
>
> » **Teoria 3:** Ele escreveu, mas eles foram perdidos. (Existe um esboço para o começo de um terceiro movimento.)

Na verdade, algumas pessoas tentaram reconstruir um terceiro e quarto movimentos para a sinfonia, mas, para nossos ouvidos, não soaram bem com os dois primeiros.

Depois da *Sinfonia Inacabada*, Schubert escreveu a Sinfonia nº 9. Seu apelido é *Die Grosse — A Grande —* por uma boa razão: é, de longe, a mais longa de suas sinfonias. (O que não diz muito, necessariamente, considerando o tamanho da *anterior*.)

O mestre da música

Por melhores que fossem as sinfonias de Schubert, ele era melhor em escrever *pequenas* peças musicais. Por exemplo, pequenas peças para piano chamadas *Impromptu* (que significa "de improviso") ou *Moment Musical* (que significa "momento musical").

No entanto, acima de tudo, ele era ótimo em compor canções. No geral, ele escreveu mais de 600 delas. Chamou-as de *Lieder* ("LII-der"), porque ele não falava português.

LEMBRE-SE

Schubert escreveu seu Lieder para ser cantado por uma voz e acompanhado pelo piano. Na verdade, talvez a palavra *acompanhado* seja inadequada, porque, nessas canções, o piano tem um papel igual ao da voz. Quando a voz canta sobre Gretchen em sua roda de fiar, o piano toca uma forma giratória repetidamente, sugerindo tanto a roda quanto a agitação dos pensamentos românticos de uma jovem. Quando a voz canta sobre um homem e seu filho galopando em um cavalo, o acompanhamento retrata graficamente o galope do cavalo. Quando a voz canta sobre uma truta nadando rio abaixo, o piano é o rio — e a truta. Quanto mais você escuta as canções de Schubert, mais detalhes musicais consegue ouvir nelas.

CAPÍTULO 2 **Toda a História da Música em 80 Páginas**   39

Piano para dois

Socialite como sempre, Schubert também escreveu um monte de *duetos* para piano: peças para dois pianistas. (Para ser tecnicamente preciso, Schubert as escreveu "para quatro mãos". Ele não se importaria se um pianista tivesse três mãos e o outro, apenas uma.)

Duetos são divertidos porque exigem uma reunião social apenas para ouvir como ficam — um fato que não foi perdido em Schubert. Com frequência, enquanto compunha um dueto para piano, ele escrevia notas deliberadamente para que as mãos dos pianistas se cruzassem. Então ele convidava algumas pianistas bonitas para tocar sua nova composição com ele. Imaginamos que os minutos de leve encostadas de mão resultantes eram o mais próximo a que o velho Cogumelo conseguia chegar.

Um ano depois de ter carregado o caixão no funeral de Beethoven, o próprio Schubert morreu, de febre tifoide. Morreu como viveu: muito pobre e muito jovem, aos 31 anos.

Schubert na loja de discos

Se quiser ser um schubertiano, é melhor se preparar. Primeiro escute as seguintes obras orquestrais:

> » Sinfonias nº 4, 5, 8 e 9
>
> » Missa (para cantores solo, coro e orquestra) nº 5 em Lá bemol Maior, D. 678

(Nesses trabalhos, a letra D se refere ao número de catálogo, que o ajuda a localizar a obra desejada na loja de discos.)

Depois confira estas obras para grupos menores:

> » Quinteto, opus 114 (*A Truta*)
>
> » *O Pastor sobre a Rocha,* ciclo de canções para soprano, clarinete e piano
>
> » Die schöne Müllerin (*A Bela Moleira*), ciclo de canções para voz e piano

Felix Mendelssohn

Enquanto isso, na Alemanha, mais um gênio crescia, escrevia coisas maravilhosas e morria jovem: Felix Mendelssohn (1809–1847 — veja a Figura 2-9).

FIGURA 2-9: Felix Mendelssohn, o homem que redescobriu Bach.

Fonte: Creative Commons

Felix foi uma criança privilegiada. Seu pai era bancário; seu avô (Moses Mendelssohn), filósofo. Depois que seus pais descobriram as imensas habilidades naturais de Felix, ajudaram-no a começar a desenvolver seu grande potencial. Como Mozart, ele começou a compor cedo, mas a música da infância de Mendelssohn soa ainda mais madura, especialmente o Octeto para Cordas (escrito aos 16 anos) e a Abertura para a peça *Sonho de uma Noite de Verão*, de Shakespeare (escrita aos 17 anos).

PAPO DE ESPECIALISTA

Cerca de 17 anos mais tarde, Mendelssohn compôs a música de fundo para a mesma peça de Shakespeare. Entre esses novos trechos está sua obra mais famosa: a marcha nupcial, tocada logo depois do "Você pode beijar a noiva". Essa pequena peça tornou-se tão familiar, tão parte da cultura popular, que muitas vezes as pessoas se surpreendem em saber que foi realmente *composta* por alguém!

Como Mozart, Mendelssohn simplesmente escrevia as músicas em sua cabeça, totalmente formadas, sem precisar de um primeiro esboço. Seus colegas músicos tinham conversas longas e agradáveis com ele, maravilhados enquanto ele anotava músicas no papel durante a conversa.

O piano que não morria

Mendelssohn foi um desses raros compositores que alcançaram a fama e a fortuna sem ter que morrer primeiro. Seu Concerto para Piano nº 1, em Sol menor, por exemplo, foi um sucesso tão grande, que por algum tempo foi o concerto para piano mais tocado já escrito. Na verdade, o compositor Hector Berlioz (que aparece mais adiante neste capítulo) saiu por aí narrando a história de um piano no Conservatório de Paris. Conta a história que esse piano em particular estava tão acostumado a tocar o concerto de Mendelssohn que continuava tocando a música mesmo quando ninguém tocava suas teclas! O fabricante de pianos local tentou de tudo para fazer o piano se calar: benzê-lo com água benta, jogá-lo pela janela, dar machadadas em suas teclas. Mas o piano não parava. Por fim, a coisa ficou séria: ele jogou os pedaços que sobraram do piano no fogo — e o concerto finalmente cessou.

ELE É BOM MESMO

Quando chegou a hora de reger a primeira apresentação da Paixão Segundo São Mateus, Felix Mendelssohn caminhou até o pódio e abriu um grande livro de partituras na estante. Só havia um probleminha: enquanto o público se ajeitava em seus lugares, Felix descobriu que estava com a partitura errada! O livro assemelhava-se ao que continha a obra de Bach — mesma grossura, mesma encadernação em couro —, mas era uma obra completamente diferente e de um compositor diferente.

Não importa. Mendelssohn levantou sua batuta e começou a reger a obra de Bach, virando as páginas de sua partitura impostora de vez em quando para não preocupar os músicos. Ele conseguiu reger toda a Paixão de Bach (que tem mais de duas horas de duração) de cabeça, sem erros notáveis.

Ele deve a ter escutado muito em seu MP3 player.

Nós sabemos como o pobre homem se sentiu; sobrevivemos à era da discoteca.

Mendelssohn redescobre Bach

Apesar da ascendência judaica, Mendelssohn foi batizado como luterano e compôs muitas peças sobre assuntos religiosos.

Quando adulto, Mendelssohn regeu a orquestra de Leipzig, Alemanha, onde Bach escrevera suas obras-primas sublimes um século antes. Na verdade, Mendelssohn teve um grande papel em repopularizar a música de Bach. Como você deve lembrar, Bach ficou famoso como organista, não compositor, e muitas de suas composições mofaram (ou foram jogadas fora) depois de sua morte.

Felix Mendelssohn desenterrou e apresentou a monumental *Paixão Segundo São Mateus*, de Bach, pela primeira vez desde a morte do compositor. Desse ponto em diante, Bach foi venerado, admirado e amado no mundo todo.

Mendelssohn buscou continuar a tradição de Bach e Handel nos próprios oratórios, como em *Elias* e *Hino de Louvor*. Mas as sinfonias de Mendelssohn são ainda mais famosas que seus oratórios: a Quarta Sinfonia, chamada de *Italiana*, é especialmente boa. Nela, Mendelssohn captura a atmosfera festiva e animada que experimentou no interior da Itália durante uma temporada de férias. Você quase sente o gosto daquelas coisinhas de frutas congeladas que os vendedores oferecem.

Os sons de Mendelssohn

Escute estas obras maravilhosas de Felix Mendelssohn:

» Concerto para Piano nº 1 em Sol menor, opus 25

- » Concerto para Violino em Mi menor, opus 64
- » Abertura e Música Incidental para *Sonho de Uma Noite de Verão*
- » Abertura *A Gruta de Fingal*
- » *Elias,* um oratório para cantores solo, coro e orquestra
- » Sinfonia nº 4 em Lá Maior (*Italiana*), opus 90

E aqui está aquele octeto legal que ele escreveu quando tinha apenas 16 anos: Octeto para Cordas em Mi bemol Maior, opus 24.

Caindo de Amores: Românticos Incuráveis

Quando Mendelssohn morreu, uma nova era da música estava a caminho. Os anos clássicos, cheios de música intelectual e sons racionais, tinham lentamente dado passagem à era romântica, em que o que contava era o sentimento, a emoção e a preservação de sua criança interior. Os compositores românticos, que discutimos nestas seções, muitas vezes se inspiravam nas forças da natureza, como o nascer do sol, tempestades e os ciclos das plantações.

Carl Maria von Weber

Como qualquer compositor romântico de respeito, Carl Maria von Weber ("VEI--ber" — veja a Figura 2-10) compôs músicas românticas. Mas, atualmente, ele também é lembrado por suas contribuições à música como um *estilo de vida*.

FIGURA 2-10: Carl Maria von Weber, um dos primeiros compositores românticos e um grande inovador em praticamente todos os aspectos desse meio.

Fonte: Creative Commons

Weber (1786–1826) foi o primeiro regente a esboçar uma organização padrão de lugares para os músicos da orquestra: um sistema de grupos seccionais que ainda é usado hoje; o primeiro a fazer ensaios separados ("seccionais") para cada seção da orquestra; o primeiro a reger todos os concertos usando uma batuta e em pé em um pódio (em vez de regê-los do piano ou batendo um cajado no chão); e o primeiro a exigir controle artístico completo de todos os aspectos das produções que regia. Como se isso não fosse o bastante, foi um dos melhores pianistas do mundo.

Weber também ficou conhecido como o pai da ópera romântica alemã, mas isso não importa. (Ah, tudo bem, importa em *Opera For Dummies*.) E para garantir seu lugar como Um dos Caras Que Realmente Definiram a Era Romântica, Carl até conseguiu morrer de um jeito bem romântico: de tuberculose, a principal causa de morte entre os românticos incuráveis.

Muitos dos trabalhos importantes de Weber são óperas, mas ele escreveu várias obras puramente instrumentais também, incluindo concertos maravilhosos para piano, clarinete, trompa e fagote. Escreveu também duas sinfonias que raramente são ouvidas.

Weber foi um mestre dos humores. Ele criou muitos efeitos atmosféricos, incluindo uma sensação sobrenatural, diabólica, estremecedora e de dar calafrios durante uma cena sobre o clima em *Der Freischütz*. Era muito parecido com terror gótico. Na verdade, era terror gótico. Esse foi o mesmo período em que Mary Shelley escreveu *Frankenstein*.

Weber conferiu um novo estilo e identidade à música romântica. E, ao fazer isso, influenciou todos os compositores que vieram depois dele.

Para experimentar os muitos lados de Weber, recomendamos:

- » Abertura para *Der Freischütz*
- » Abertura para *Euryanthe*
- » Concerto para Clarinete nº 2 em Mi bemol Maior, opus 74

Hector Berlioz

A maior parte dos grandes nomes da história da música é bem conhecida porque mudou as regras. Hector Berlioz (1803–1869), retratado na Figura 2-11, ficou famoso por *ignorar* as regras.

FIGURA 2-11: Hector Berlioz: romântico, visionário, gênio, compositor e louco.

Fonte: Creative Commons

Berlioz era, de certa maneira, ainda mais inovador que Beethoven. Escute, por exemplo, uma sinfonia de Beethoven e depois a *Sinfonia Fantástica*, de Berlioz (escrita apenas três anos depois da morte de Beethoven). Pelo som você acharia que Berlioz veio de outro planeta. As seções a seguir explicam um pouco sobre ele.

Berlioz quase morre em uma dissecação

Berlioz nasceu na França, perto de Grenoble. Seu pai, que era médico, encorajou-o a seguir seus passos. Mas, uma vez em Paris para estudar medicina, Berlioz tornou-se o mais famoso de uma longa linhagem de quase médicos que desistiram para entrar na música. O que o fez mudar de ideia? Talvez tenha sido a atração inefável pela música, ou talvez tenha sido a obrigação de dissecar um cadáver. Ele escreveu:

> Quando entrei naquela casa horrenda de restos humanos, cheia de pedaços de membros, e vi as terríveis faces e cabeças cortadas do pescoço, a fossa sanguinolenta em que estavam, com seu fedor horrível, o bando de pardais brigando entre si por restos, e os ratos nos cantos mastigando vértebras sangrentas, um sentimento de terror tomou conta de mim, pulei pela janela e corri para casa como se a Morte e toda a sua comitiva do mal estivessem atrás de mim.

Bem, Hector, quando você conta *assim*...

Criando um novo tipo de música

Berlioz foi para o Conservatório de Paris para estudar com Luigi Cherubini, um compositor italiano sabidamente severo. Infelizmente, Berlioz odiava tudo em que Cherubini acreditava, incluindo sua obediência servil às regras da música a custa de pensamentos interessantes. O rebelde Berlioz queria criar um novo tipo de música, e não conseguia aguentar a cegueira daqueles que não o compreendiam.

Durante sua carreira, todo aspecto da música passou por seu microscópio: as regras da harmonia, a estrutura de uma sinfonia, a maneira de escrever uma melodia, o número de músicos em uma orquestra, e assim por diante. Se ele achasse que essas convenções o ajudariam a expressar o que queria, ele as mantinha. Se não, ele as quebrava.

Berlioz coloca um vestido

Aos 27 anos, Berlioz ganhou o cobiçado *Prix de Rome*, uma bolsa de estudos de composição que dá ao ganhador quatro anos em Roma com todas as despesas pagas. Na verdade, ele não compôs muito lá — ficou muito ocupado explorando a cidade em si —, mas conseguiu muita inspiração para seus trabalhos seguintes, incluindo a Abertura *Carnaval Romano*, um de seus trabalhos mais populares hoje.

Talvez outra razão para Hector não ter avançado muito foi sua paixão por uma jovem em Paris chamada Camille. Quando, depois de quatro meses em Roma, ficou sabendo que ela estava com um novo namorado, teve um chilique de ciúmes. Pretendendo assassinar o novo namorado (e esperando conseguir entrar para o circuito diurno de talk-shows), comprou uma arma, vestiu-se como mulher e pegou um trem em direção a Paris. Mas, quando o trem chegou a Gênova, na Itália, Hector decidiu que matar o cara era melodramático demais. Em vez disso, decidiu *suicidar-se* pulando no Mediterrâneo.

Sua tentativa de suicídio, no entanto, foi malsucedida: ele foi resgatado para que pudesse viver e escrever sua sinfonia mais famosa, a *Sinfonia Fantástica*, uma de suas poucas tentativas bem-sucedidas de conquistar mulheres através de suas composições.

Uma história *fantastique*

Uma noite, Berlioz assistia a uma apresentação de *Romeu e Julieta* em inglês. Quando a atriz que representava Julieta entrou no palco, Berlioz (que, como você provavelmente já notou, não era exatamente sutil com suas paixões) apaixonou-se irremediavelmente por ela.

A atriz irlandesa, Harriet Smithson, não falava uma palavra em francês. Naturalmente, a barreira do idioma só atiçou as chamas de sua obsessão. Ele mandou cartas, presentes e recados de amor para ela, e viajou para onde ela estava com esperança de "a encontrar sem querer". No fim, teve sucesso — em aterrorizá-la completamente.

Sua obsessão por Harriet o levou a escrever uma sinfonia estranha de cinco movimentos chamada *Symphonie fantastique* (Sinfonia Fantástica). Ela é baseada em uma história que ele inventou sobre um jovem artista louco de amor por uma mulher indiferente (que surpresa!). Berlioz escreveu um tema musical para representar sua obsessão e chamou-o de *idée fixe* ("ideia fixa"). Essa melodia em particular retorna em cada movimento da sinfonia.

A *Sinfonia Fantástica* era tão diferente de tudo o que existiu antes que Berlioz teve que escrever observações para o regente, como: "Isto não é um erro de escrita. É *realmente* para tocar assim. Por favor, não 'corrija' as notas."

Para Berlioz, no entanto, a *Sinfonia Fantástica* teve sucesso por uma razão completamente diferente: ela realmente *funcionou*. Harriet Smithson apareceu na estreia da apresentação e ficou muito impressionada. Depois do concerto, encontrou-se com Hector. Eles namoraram e — entram os violinos! — realmente se casaram.

Adoraríamos terminar a história aqui, mas a integridade jornalística não deixa. Mesmo depois de anos de casamento, Harriet *ainda* não falava nada de francês. E Hector nunca aprendeu inglês. E como muitos divorciados podem contar, um casamento sem comunicação não é exatamente muito gratificante. No fim, levado à loucura pelo puro tédio do silêncio, Hector e Harriet se separaram. *C'est la vie*, Hector.

Berlioz no seu MP3 player

Você ficará maluco com a música selvagem de Berlioz, especialmente com as seguintes obras:

>> *Symphonie fantastique (Sinfonia Fantástica)*

>> Abertura *Carnaval Romano*

>> Abertura *O Corsário (Le Corsaire)*

>> *Réquiem* (uma peça enorme e incrível para coro e orquestra, com quatro bandas de metais para começar!)

Frédéric Chopin

Enquanto Hector Berlioz vivia e trabalhava em Paris, outro grande compositor surgia nas manchetes: Frédéric Chopin (1810–1849), um pianista virtuoso, magro e frágil, da Polônia (veja a Figura 2-12). Chopin ("cho-PAN") revolucionou sozinho o mundo da música para piano. Ele mudou a ideia que todos tinham sobre o que era possível fazer no piano (cores de tons íntimos, brilhantes, cantantes e diversos) e do que não era (aparentemente nada). Continue lendo para saber mais sobre Chopin.

FIGURA 2-12: Frédéric Chopin revolucionou os sons do piano.

Fonte: Creative Commons

Uma juventude polonesa

Como muitos dos compositores neste capítulo, Frédéric Chopin foi um menino-prodígio. Aos 7 anos, publicou sua primeira composição na Polônia. Apenas um ano depois, fez sua estreia como pianista de concerto. Sua infância foi repleta de sons de danças nacionais polonesas, como a *polonaise* e a *mazurka* — influências musicais que encheram sua cabeça e música para sempre.

Frédéric compôs todas as suas obras no piano, e amava improvisar enquanto as apresentava. Na verdade, ele odiava escrevê-las, porque isso significava as congelar em uma forma. Infelizmente, todas as improvisações de Chopin estão perdidas na história. Naquela época, a gravação em vídeo ainda estava em teste.

Depois que Chopin foi para Paris, aos 21 anos, seu virtuosismo causou comoção. Ninguém havia escutado música como aquela antes. Infelizmente, como ele era muito frágil e doente, não conseguia tocar em muitos concertos. Ainda assim, conseguiu sustentar-se vendendo suas composições e dando aulas de piano. Limitou sua vida a apresentações primariamente para concertos em "salões" pequenos e menos estressantes: concertos na casa de alguém. Neles ele foi terrivelmente bem-sucedido.

Pequenos dedos, coração grande

Tivemos a chance de ver (e tocar) uma réplica de bronze de uma das mãos de Chopin. Dessa experiência podemos concluir o seguinte: seus dedos eram pequenos, delicados, brilhantes e metálicos.

FRED, GEORGE; GEORGE, FRED

Em Paris, Frédéric Chopin teve um famoso caso de amor com um autor chamado George. George era uma mulher, na verdade. Ela usava o pseudônimo George Sand somente para estimular as vendas de seus livros (e para economizar tempo; seu verdadeiro nome era Amandine-Aurore-Lucile Dupin).

Na verdade, George era, de certa maneira, masculina mais do que apenas no nome. Ela adorava se vestir como homem, beber, fumar e dominar seu relacionamento com Frédéric. Um dia, quando seu cachorrinho estava alegremente perseguindo o próprio rabo, George disse a Fred: "Se eu fosse tão talentosa quanto você, comporia uma obra musical baseada no cachorro."

Chopin foi para o piano e compôs, obedientemente, sua Valsa em Ré bemol Maior, conhecida, é claro, como a Valsa do Cachorrinho (também conhecida por seu título familiar Valsa do Minuto).

Mesmo com mãos tão pequenas, o jovem Frédéric tinha jeito com teclado. Sua música é uma enxurrada de notas, um furacão voando em todas as direções. É afetuosa, romântica e delicada. Em uma gravação típica de Chopin, normalmente não é possível ouvir sons de agonia e dor (exceto os do pianista).

Se você acha que nunca ouviu Chopin, está enganado. A famosa marcha fúnebre, tão sombria e lúgubre, frequentemente usada nos desenhos do Papa-Léguas e do Pernalonga, é dele. Foi originalmente parte de uma sonata para piano. E lembre-se do antigo sucesso "Could It Be Magic", de Barry Manilow: retirando a voz de Barry, a parte do piano que permanece é claramente o Prelúdio opus 28, nº 20 em Dó menor, de Chopin.

Comprando Chopin

Se quiser um gostinho de Chopin, encontrará muito o que provar em sua loja de música preferida. Recomendamos especialmente estas obras para piano solo:

- » 24 Prelúdios, opus 28
- » Balada nº 4 em Fá menor, opus 52

E procure estas obras para piano e orquestra:

- » Concerto para Piano nº 1 em Mi menor, opus 11
- » Concerto para Piano nº 2 em Fá menor, opus 21

CAPÍTULO 2 **Toda a História da Música em 80 Páginas** 49

Robert Schumann

Robert Schumann (1810–1856; veja a Figura 2-13) foi um dos principais compositores românticos alemães, embora nem todos o conhecessem na época. Sua história de vida, pontuada por períodos de grande trauma emocional, teria ficado em primeiro lugar na lista de best-sellers de autoajuda. Aqui está tudo o que precisa saber sobre esse excêntrico louco.

FIGURA 2-13: Robert Schumann, um dos principais compositores românticos alemães.

Fonte: Creative Commons

Outro prodígio

Schumann mostrou um talento incrível no teclado quando criança. Infelizmente, a Sra. Schumann, como as mães de muitos que querem ser músicos atualmente, esperava uma carreira mais "honrada" para seu filho: como o direito. Relutante, Robert foi para a escola de direito na Universidade de Leipzig. Infelizmente para a Sra. Schumann, seu filho conheceu Felix Mendelssohn, também em Leipzig, e ficaram amigos. Logo, como Berlioz, Schumann largou a universidade para ser músico.

Robert começou a estudar piano em período integral com um professor fabuloso chamado Friedrich Wieck — e, com os hormônios à flor da pele, apaixonou-se imediatamente pela filha adolescente do professor, Clara.

Procurando Clara desesperadamente

Clara também era um prodígio musical. Aos 9 anos fez uma turnê pela Alemanha como pianista virtuosa. Agora, aos 16, tinha uma boa carreira em andamento. Como você pode imaginar, seu pai não estava nada animado com o interesse de Schumann, de 25 anos, por ela. "Papa-anjo", ele com certeza resmungava em alemão.

Claramente, Papai Wieck esqueceu-se de um preceito básico da educação infantil: se você proibir sua filha adolescente de fazer alguma coisa, ela *definitivamente* o fará. Obviamente, Clara casou-se com Schumann. Demorou cinco anos e uma ação judicial, mas eles finalmente juntaram os trapinhos.

Pessoalmente, os anos seguintes foram os mais felizes da vida de Schumann. Profissionalmente, no entanto, ele errou muito. Em uma tentativa de fortalecer o dedo anelar de sua mão esquerda, que tinha menos amplitude de movimento do que os outros (experimente!), Schumann inventou uma engenhoca. Ele amarrou uma corda no dedo com a outra ponta no teto, enquanto dormia. Teoricamente, essa geringonça esticaria gradualmente o tendão em sua mão e lhe daria mais flexibilidade. Na prática, ele paralisou completamente seu dedo.

Com a carreira de pianista jogada no lixo, Schumann voltou sua atenção para a composição em período integral. Ele escreveu principalmente peças e um ótimo concerto para piano, mais quatro sinfonias boas.

Um verdadeiro romântico

Na verdadeira tradição romântica, expressar a emoção na música era mais importante para Schumann do que forma, razão ou lógica. E a ele não faltavam emoções para expressar. Sua personalidade oscilava muito entre dois polos: um extrovertido e trabalhador, e outro, lânguido e egocêntrico. Ele se sentia como se fosse duas pessoas. Na verdade, até deu nome a esses dois personagens: Florestan para o extrovertido e Eusebius para o introvertido. (Francamente, estamos mais interessados em sua *terceira* personalidade: aquela que inventou os nomes Florestan e Eusebius.)

Atualmente conhecemos o termo clínico para o problema de Schumann: ele era bipolar. (Beethoven provavelmente também.) Infelizmente, seu distúrbio bipolar foi acompanhado mais tarde de alucinações em sua vida. Aos 44 anos, no auge da crise da meia-idade, Schumann tentou se suicidar atirando-se no Rio Reno. No entanto, como não leu a biografia de Berlioz, não sabia o quanto isso era ineficaz. Como Berlioz, Schumann foi resgatado da água, enlameado, mas vivo. Lamentavelmente, ele passou seus últimos dois anos de vida em um hospício.

Ouvindo Schumann

Os melhores trabalhos de Schumann são seus *ciclos* (grupos) de peças para piano solo. Escute especialmente estas obras:

» *Carnaval*

» *Fantasiestücke* (Peças de Fantasia)

» *Kreisleriana*

» *Kinderszenen* (Cenas da Infância)

CAPÍTULO 2 **Toda a História da Música em 80 Páginas** 51

E confira estas obras pedindo por forças orquestrais completas:

- » Sinfonia nº 2 em Dó Maior, opus 61
- » Sinfonia nº 3 em Mi bemol Maior (*Rhenish*), opus 97
- » Concerto para Piano em Lá menor, opus 54

Johannes Brahms

Como Mozart e Beethoven antes dele, o alemão Johannes Brahms (1833–1897 — veja a Figura 2-14) foi uma criança-prodígio musical. Felizmente para ele, e para nós, seu pai (um contrabaixista) reconheceu e alimentou seu talento durante os anos de formação.

Mas, diferente de seus predecessores musicais, que conseguiram postos musicais em ambientes exaltados, como catedrais e castelos, Brahms, sobre quem discutimos mais nestas seções, conseguiu emprego tocando piano em tavernas e bordéis de Hamburgo. (Para saber mais sobre experiências em bordéis, indicamos que procure livros escritos por sexólogos.) Mas um emprego era um emprego, e Brahms familiarizou-se com um monte de músicas, especialmente a música dançante, que apresentava todas as noites durante sua adolescência.

FIGURA 2-14: Johannes Brahms, um dos maiores compositores de música clássica.

Fonte: Creative Commons

Um golpe de sorte

Brahms tinha 20 anos quando conheceu o famoso Robert Schumann. Ao experienciar a música de Brahms, Schumann soube que estava na presença de um gênio.

Mas Robert não era o único Schumann que se interessou pelo jovem Brahms; sua bela esposa, Clara, também se interessou por ele. A história não diz exatamente o *quanto* ela e Brahms ficaram próximos, mas observa que, depois da morte de Schumann, Brahms e Clara passaram cada vez mais tempo juntos.

No fim, Brahms se tornou um dos principais compositores da época. Sua fama se espalhou por toda a Alemanha, e foi além.

Os times principais

O pianista/regente celebridade alemão Hans von Bülow cunhou a expressão "os três Bs: Bach, Beethoven e Brahms". Essa homenagem deve ter sido incrivelmente lisonjeante para Brahms, mas também deu a ele uma sensação enorme de responsabilidade em continuar a grande tradição musical austro-alemã. Ele até se estabeleceu em Viena, onde todos os grandes mestres viveram.

Brahms cumpriu bem com suas responsabilidades, adicionando a expressão romântica afetuosa e rica às formas e estruturas das músicas barroca e clássica. Mas foi um dos compositores mais autocríticos da história. Ele jogou fora dúzias ou até centenas de composições antes que qualquer pessoa tivesse a chance de as escutar. Na verdade, não publicou sua primeira sinfonia até completar 43 anos. Em comparação, quando *Mozart* tinha essa idade, havia publicado 41 sinfonias, morrido e estava enterrado há oito anos.

CONFIRA

O incrível, para nós, é que a música de Brahms, tão exuberante em harmonia e charmosa em estilo, era considerada acadêmica, arrastada, árida e, às vezes, até dissonante para o público da época. (Escute a Faixa 5 no site da Alta Books — procure pelo título do livro — e julgue você mesmo.) Por volta de 1930, alguém que ia a muitos concertos em um dos grandes salões de concerto norte-americanos adicionou um graffiti a uma placa de saída, onde se lia: "Saída em caso de Brahms."

A razão dessas reclamações, achamos, é que a melodia não era o forte de Brahms. Como Beethoven, ele trabalhava frequentemente com pequenas ideias musicais chamadas de *motivos* — apenas pinceladas de duas ou três notas, por exemplo —, e os trabalhava de maneiras engenhosas, explorando todas as possibilidades e permutações. O resultado era surpreendente, mas nem sempre o que se pode chamar de cantarolável. No entanto, Brahms certamente *queria* que tivesse sido abençoado pelo dom das melodias atraentes. "Eu desistiria de tudo o que já compus", disse certa vez, "para ter escrito a *Valsa do Danúbio Azul*!"

Estudando Brahms

Como há uma perfeição abundante nas obras de Brahms, você pode começar por qualquer uma e ter uma amostra incrível. Mas aqui estão algumas de nossas favoritas.

Para forças orquestrais, tente o seguinte:

- » Todas as suas quatro sinfonias — mas escute a nº 2 primeiro!
- » Variações sobre um Tema de Joseph Haydn

- » Concerto para Piano nº 2 em Si bemol Maior, opus 83
- » Concerto para Violino em Ré Maior, opus 77
- » *Ein Deutsches Requiem* (também conhecido como *Um Réquiem Alemão*) para cantores solo, coro e orquestra

E, para forças menores, confira estas obras:

- » Sonata para Violino e Piano nº 1 em Sol Maior, opus 78
- » Intermezzo para Piano, opus 118

As estrelas: Paganini e Liszt

Estrelas do rock não começaram com o Elvis. Duas das maiores estrelas do rock que o mundo já viu viveram nos anos de 1800 (veja a Figura 2-15), deslumbrando as multidões e fazendo as jovens gritarem e desmaiarem.

FIGURA 2-15: Niccolò Paganini (esquerda) e Franz Liszt, as primeiras estrelas da música clássica.

Fonte: Creative Commons

Em sua época, Niccolò Paganini (1782–1840) foi o violinista mais incrivelmente talentoso que já viveu. Ele tinha uma técnica perfeita, dedos voadores, um arco que fazia faíscas voarem e um estilo emocional ardente de tocar que levava o público à loucura.

Paganini mudou completamente a natureza de se tocar violino. Verdade seja dita, ele podia jogar fora obras consideradas quase impossíveis de tocar, mas também foi um dos maiores promotores da música clássica, apresentando-se a seu público como um fenômeno. Antes de um concerto, por exemplo, ele preparava seu violino dando arcadas por quase todo o comprimento de três das suas quatro cordas. Durante a apresentação, essas cordas estavam fadadas a arrebentar, forçando-o a terminar a música inteira em uma corda.

Mulheres (e alguns homens também) realmente desmaiavam nos concertos de Paganini. Às vezes ele pedia que se baixassem as luzes enquanto improvisava uma peça com som particularmente assustador. Depois que as velas eram acesas novamente, o público parecia um campo de batalha, com corpos espalhados por todo canto.

Porém, tornar-se uma sensação midiática não são só fãs enlouquecidos e glória. Os fofoqueiros de 1800 se satisfaziam espalhando rumores de que Paganini havia cortado a cabeça de sua esposa, que aprendera a tocar violino quando passou oito anos em um calabouço por ter esfaqueado um de seus rivais e até que vendera sua alma ao demônio. (O rosto pálido, fino e longo de Paganini, sua expressão taciturna, quase sinistra, dedos ossudos e longos, e o costumeiro manto preto e longo não ajudavam a diminuir os rumores.)

DICA

Para exibir suas incríveis façanhas de virtuosismo, escreveu seis concertos para violino. Como música, eram muito bons, mas eram principalmente peças-espetáculo deslumbrantes que apresentavam um efeito especial seguido de outro. Recomendamos o nº 1 e o nº 2, os mais apresentados atualmente.

Liszt segue a liderança de Paganini

Se Paganini foi um showman e mestre no violino, Franz Liszt, treinado em Viena, foi seu equivalente no piano, fazendo turnê por toda a Europa em salas de concerto com ingressos esgotados. Como Paganini, Liszt (1811–1886) transformou as próprias performances em shows sensacionais: removia seu par de luvas brancas (sua marca registrada) com um floreio logo antes de tocar, insistia em ter um piano reserva no palco caso quebrasse as cordas com suas batidas violentas no teclado e exibia suas habilidades de memorização jogando dramaticamente a partitura sobre o ombro antes de começar a tocar.

Paganini fazia as moças desmaiarem ao tocar, mas Liszt foi além — *ele mesmo* desmaiava no final de uma obra particularmente emotiva e dolorosa. Claro que seus fãs iam à loucura. Tantas pessoas escreveram para ele pedindo uma mecha de seu cabelo que ele teve que comprar um cachorro — ele cortava pequenos pedaços de seu pelo sempre que necessário. A *lisztomania* — como foi chamada na época (não estamos inventando isso!) — estava fora de controle.

Para exibir seus talentos, Liszt compôs um número enorme de peças para piano solo — algumas das músicas mais difíceis já escritas. Algumas de suas composições mais virtuosas são as Rapsódias Húngaras para piano e a Sonata para Piano em Si menor.

DICA

Aos 37 anos, Liszt chocou o mundo ao encerrar sua carreira como pianista. Ele se estabeleceu na corte de Weimar, Alemanha, como diretor musical. Lá, regeu apresentações de ópera e sinfonias, e compôs uma série de poemas sinfônicos, duas sinfonias e dois concertos para piano. Recomendamos seu Concerto para Piano nº 1 — é sua obra-prima orquestral.

Dezessete anos depois, Liszt chocou o mundo mais uma vez quando se mudou para Roma para se tornar clérigo, abrindo caminho para futuras estrelas, de Cat Stevens a Little Richard, abandonarem seus fãs e imergirem-se na religião.

Richard Wagner

Liszt gostava de chamar seu estilo musical ousado, cheio de harmonias e estruturas incomuns de "Música do Futuro". (Talvez tenha sido bom que ele nunca tenha escutado gangsta rap.) Mas o principal proponente da "Música do Futuro" foi Richard Wagner (1813–1883), retratado na Figura 2-16.

Wagner tornou-se amigo e camarada de Liszt — ou, mais precisamente, seu genro: casou-se com a filha de Liszt, Cosima (depois de a cortejar e afastar de seu primeiro marido). Se quiser saber mais sobre Wagner, continue lendo.

FIGURA 2-16: Richard Wagner, o maior destaque da música romântica alemã.

Fonte: Creative Commons

Um cara da ópera

Wagner era um cara da ópera. Ele tentou criar uma nova forma de arte, um drama musical casado com famosos contos folclóricos alemães com um grande espetáculo e ótimas melodias. Você descobre mais sobre Wagner em nossa tentativa modesta intitulada *Opera For Dummies* (John Wiley & Sons, Inc.). Logo saberá por que mais biografias foram escritas sobre esse homem do que sobre qualquer outro na história, exceto Jesus. Também verá o quanto Wagner era um canalha arrogante, desonesto, invejoso, hipócrita, racista e sexista.

Incluímos Wagner nesse opus em particular por três razões:

» Wagner gerou um *movimento* de Música do Futuro cujos membros incluíram todos os tipos de compositores diferentes, de ópera ou não. Por algum tempo, os compositores se alinharam com um de dois campos filosóficos:

aqueles que olhavam para o futuro (como Wagner, Liszt e Berlioz) e os que buscavam inspiração no passado (por exemplo, Brahms, que foi, como deve se lembrar, conservador em suas composições).

Brahms e Wagner, na verdade, eram o centro de uma controvérsia divisiva e atroz, perpetuada amplamente por seus fãs. Em particular, Brahms era, na verdade, fã de Wagner; em público, ele seguia a propaganda da mídia. Quando alguém deu a notícia a Brahms de que um membro da orquestra de Wagner havia morrido, ele gracejou: "O primeiro cadáver."

» Wagner desenvolveu em suas óperas a prática de atribuir um tema musical para cada personagem principal. Cada pequena melodia, chamada de *Leitmotif* (pronuncia-se "LAIT-mo-tif"), vai e volta com seu personagem. Essa técnica, influenciada pela invenção da "ideia fixa" de Berlioz, foi a ancestral direta de algumas das melodias de futuros compositores, como Richard Strauss (vamos apresentá-lo em seguida) — além de ancestral do tema de Darth Vader, o de Luke Skywalker, da Princesa Leia e o tema de Obi-Wan Kenobi.

» As óperas de Wagner têm grandes aberturas — conhecidas como *prelúdios* —, que podem muito bem ser apresentadas sozinhas como peças orquestrais, e muitas vezes o são, em concertos.

Ouvindo Wagner

Aqui estão as melhores aberturas de Wagner, em nossa humilde opinião:

» Abertura *Tannhäuser*

» Abertura *Rienzi*

» Abertura *Die Meistersinger*

» *Tristan und Isolde:* Prelúdio e Morte de Amor (também conhecida como *Liebestod*)

Depois, você deveria escutar *Die Walküre: A Cavalgada das Valquírias,* só para poder dizer que já escutou (isso se já não o fez, na explosão dos helicópteros do clássico filme de guerra *Apocalypse Now*).

Strauss e Mahler

Se pensar em Richard Wagner como um tijolo jogado em um lago, suas ondas tocaram quase todos que vieram depois — especialmente seus dois discípulos mais entusiastas, Richard Strauss (1864–1949) e Gustav Mahler (1860–1911), retratados na Figura 2-17. As próximas seções observam esses dois homens mais de perto.

CAPÍTULO 2 **Toda a História da Música em 80 Páginas**   57

Richard Strauss: O pintor sinfônico

Nascido na Alemanha, Richard Strauss (você tem que falar em alemão: "RIII-KKHHart SHHHHTRAUSS") recebeu treinamento inicial suficiente em música de seu pai, um trompista francês. Não é de se admirar que suas composições sejam tão cheias de trompas. Seus dois concertos para trompa são básicos no repertório de qualquer trompista, e alguns solos de trompa heroicos e impressionantemente difíceis em suas obras *orquestrais* tornaram Richard Strauss o compositor favorito de trompistas do mundo todo.

Strauss acreditava firmemente que, depois da era de Wagner, fazer música nas velhas formas estabelecidas não era mais possível. "De agora em diante", escreveu ele, "não haverá mais criação de frase a esmo... e nenhuma sinfonia".

Para Strauss, o futuro estava na música com um programa — a música que conta uma história, que é sobre alguma coisa. Ele chamava tais peças de poemas sinfônicos. Você lê sobre poemas sinfônicos no Capítulo 3. Strauss era o maior proponente dos poemas sinfônicos. Seus melhores são *Don Juan*, *Don Quixote*, *Ein Heldenleben* (*Uma vida de herói*), *Also sprach Zarathustra* (*Assim falou Zaratustra*) e *Tod und Verklärung* (*Morte e Transfiguração*).

FIGURA 2-17: Richard Strauss (esquerda) e Gustav Mahler, dois dos discípulos mais entusiastas de Richard Wagner.

Fonte: Creative Commons

Nós nunca nos conhecemos pessoalmente, mas *sabemos* que você já ouviu a música de Richard Strauss. Ela tem sido muito usada em filmes — especialmente no começo de *2001: Uma Odisseia no Espaço*. Você já viu o começo desse filme, quando os macacos estão olhando o retângulo preto gigante do espaço sideral? Você escuta três longas notas em um trompete, seguidas por um grande estrondo ("TA-Taaaaah") para a orquestra toda e o pulso dos timbales. Essa é *Also sprach Zarathustra* (*Assim falou Zaratustra*), de Strauss.

LEMBRE-SE

Fiel à sua filosofia, todos os poemas sinfônicos de Strauss narram uma história. Em Don Juan, você ouve o maior amante do mundo fazendo conquista após conquista. Em *Tod und Verklärung*, é possível ouvir o coração fraco e arrítmico do velho falhar quando ele está prestes a morrer. Em *Don Quixote*, ouve-se o distraído Don atacar um "exército" de ovelhas balindo, indo alvoroçado em direção aos moinhos de vento, ou caindo de seu cavalo. Richard Strauss uma vez gabou-se para um amigo no jantar: "Posso traduzir *qualquer* coisa em som. Com a minha música, consigo descrever como é o som de pegar sua colher e garfo de um lado do seu prato e colocá-los do outro." (Apostamos que esse poema sinfônico nunca ganhou um disco de platina.)

A música de Richard Strauss pega emprestado vários truques do livro de Wagner. Ele associa uma melodia particular (um *Leitmotif*), por exemplo, a um personagem de ópera específico. Também usa várias *cadências interrompidas*, trechos harmônicos que parecem estar prestes a se encerrarem alegremente no acorde final, e aí... não é bem assim.

Strauss também foi um regente proeminente, o que explica por que foi um dos raros compositores a enriquecer e ficar famoso ainda em vida. Embora tenha sido um gênio musical, era impossível dizer isso de sua regência: ele regia sentado, sóbrio, sem expressão, sua batuta se movendo sem ênfase pelo ar. Um dia ele proclamou que o polegar esquerdo de um regente nunca precisaria sair do bolso de seu colete.

Cronologicamente, Strauss foi um compositor do século XX por metade de sua vida, mas, musicalmente, pertenceu à era romântica. Embora tenha continuado a experimentar novas ideias, nunca desistiu completamente da *tonalidade* na música (baseando-a principalmente na harmonia tradicional). Na verdade, suas composições se tornaram mais tradicionais à medida que ele se aproximava da morte, em 1949. Quando jovem, escreveu *Morte e Transfiguração*. Sessenta anos mais tarde, enquanto morria, o mestre das pinturas disse: "A morte é exatamente como eu a escrevi."

Strauss em gravações

Dos oito poemas sinfônicos de Richard Strauss, escute estes primeiro:

» *Till Eulenspiegel's Merry Pranks* (também conhecido como *Till Eulenspiegels lustige Streiche*)

» *Don Juan*

» *Morte e Transfiguração* (também conhecido como *Tod und Verklärung*)

E para uma amostra de um Strauss mais simples e conservador, certifique-se de escutar estas obras:

- » Suíte para Instrumentos de Sopro em Mi bemol Maior, opus 4
- » Suíte de *Le Bourgeois Gentilhomme* (música escrita para acompanhar a comédia de Molière)
- » Concerto para Trompa nº 2 em Mi bemol Maior

Finalmente, queremos recomendar uma de nossas favoritas: *As Quatro Últimas Canções* (para soprano solo e orquestra), que pertence à categoria de Músicas Mais Arrebatadoras Já Compostas.

Gustav Mahler, o neurótico

Como um contraste a um Strauss sóbrio e emocionalmente equilibrado, o segundo devoto mais leal de Wagner era um gênio neurótico e torturado: Gustav Mahler (1860–1911).

Nascido em Boêmia (agora parte da República Tcheca), filho de um judeu produtor de bebidas alcoólicas, Mahler começou cedo em uma vida de angústia. "E o que você quer ser quando crescer, menino?", perguntou um transeunte bondoso (em tcheco). "Um mártir", respondeu ele.

PAPO DE ESPECIALISTA

E conseguiu o que desejou. Sua vida foi dominada pela tragédia. A filha de Mahler morreu de escarlatina (pelo que o supersticioso Mahler se sentia culpado; ele tinha acabado de compor um conjunto de canções chamado *Canções sobre a Morte das Crianças*). O próprio Mahler tinha um coração muito fraco, o que o tornou obcecado pela morte. Desde o começo, também sentia-se alienado de seus arredores: "Sou apátrida três vezes: como nativo da Boêmia na Áustria, como austríaco entre alemães e como judeu no mundo inteiro."

Sua criação foi cheia de momentos perturbadores. Seu pai, um homem cruel, abusava da família regularmente, especialmente de sua mãe. Depois de um episódio particularmente doloroso de abuso, o jovem Mahler fugiu de casa, incapaz de aguentar mais. Assim que chegou à rua, uma sanfona tocava uma canção típica vienense sobre bebidas. Mais tarde, em uma sessão de psicoterapia com Sigmund Freud, Mahler percebeu que esse episódio o fez associar músicas comuns e felizes a grandes tragédias.

LEMBRE-SE

Na verdade, a maioria das músicas de Mahler era cheia de contrastes: alternâncias rápidas de altos e baixos ou agudos e graves; instrumentos gritando nos extremos de suas extensões; momentos de beleza etérea, raiva e tormento, desolação ou triunfo. (Algumas de suas sinfonias terminavam em ataques de glória de arrepiar, incluindo a Sinfonia nº 2 [*Sinfonia da Ressurreição*] e a Sinfonia nº 8 [*Sinfonia dos Mil*], que apresentava 1.379 músicos tocando na estreia

60 PARTE 1 **Conhecendo a Música Clássica**

— orquestra, solistas e um coro imenso. O programa provavelmente não tinha espaço suficiente para a chamar de *Sinfonia dos Mil Trezentos e Setenta e Nove*.)

Enquanto isso, Mahler se tornou um regente de ópera incrivelmente ocupado, regendo, em certo ponto, tanto a Vienna State quando a New York's Metropolitan. Ele não só regia a música; ele a atacava, estocava e nela se fundia.

Sua devoção aos padrões mais altos da composição musical o levou à exaustão e colapso, mas o fez ganhar admiração e sucesso universal como regente. Suas composições, por outro lado, não se saíram muito bem no começo. Foram regentes posteriores, como Leonard Bernstein, um dos maiores defensores de Mahler, que levaram seu trabalho à proeminência internacional.

A música de Mahler seguiu o estilo de Wagner ao levar a tonalidade cada vez mais ao limite. Quase toda obra musical antes da época de Wagner estava muito claramente em um tom específico. A música de Mahler, por outro lado, tem longos trechos que não parecem estar em tom nenhum.

Experienciando Mahler

Mahler escreveu nove sinfonias e uma série de ciclos de canções alemãs sombrias. Para uma boa introdução à música de Mahler, é impossível errar com estas recomendações. Comece com as primeiras da lista, são as mais fáceis de ouvir.

- » Sinfonia nº 4 em Sol Maior
- » Sinfonia nº 1 em Ré Maior (*O Titã*)
- » Sinfonia nº 2 em Dó menor (*Ressurreição*)
- » Sinfonia nº 5 em Dó Sustenido menor
- » *Rückert Lieder* (canções baseadas em textos do poeta Rückert)
- » Sinfonia nº 8 em Mi bemol Maior (*Sinfonia dos Mil*)

Saudando a Bandeira: O Nacionalismo na Música Clássica

Pelos anos de 1850, os figurões da Alemanha e Áustria monopolizaram a direção da música clássica. Compositores de toda a Europa iam para lugares como Viena, Leipzig e Weimar aprender com os grandes mestres. Não importa de qual país um compositor fosse, ele não era ninguém até que dominasse o estilo austro-alemão.

Mas a última parte do século XIX foi um dos períodos mais interessantes da história da música. Foi quando os compositores de cada país jogaram fora os laços das convenções e afirmaram os sabores dos próprios países nativos.

Cada país sempre teve a própria música folclórica, que, até essa época, fora mantida separada da música de seus compositores clássicos "sérios". Mas agora essa mesma música folclórica foi repentinamente abraçada como a própria *base* das composições clássicas. (Você acha que a elite intelectual gostar da música dos plebeus e incultos é algo peculiar? Bem, lembre-se de como aquele trabalho de câmera amador, agitado e segurando-a na mão se tornou um estilo moderno para diretores de videoclipes, e certos filmes, nos últimos 30 anos.)

De qualquer forma, a música se tornou o símbolo do orgulho nacional, e estas novas influências nativas que discutimos nas próximas seções vazaram das fronteiras nacionais para o resto do mundo.

Bedřich Smetana

Um dos primeiros compositores nacionalistas foi Bedřich Smetana ("BÉD-rirr SME-ta-na" — ei, ninguém disse que música clássica é fácil). Enquanto compositores como Brahms ainda exploravam as possibilidades das velhas formas alemãs, o compositor/regente/pianista Smetana (1824–1884) criava um tipo de música completamente diferente: músicas que representavam sua Boêmia natal.

Na época de Smetana, o Império Austro-húngaro governava a Boêmia (aproximadamente a área que agora é chamada de República Tcheca). Smetana, incomodado por ter que viver sob um governo estrangeiro, entrou para um grupo de colegas rebeldes que tentou criar um estado boêmio independente. Depois que seu golpe fracassou, ele correu para a Suécia por um tempo e, então, voltou para Praga. Você o poderia chamar de "tcheco sem fundo".

Um rio passa por ele

Uma das composições mais atraentes de Smetana é um conjunto de seis poemas sinfônicos (obras orquestrais de forma livre destinadas a *retratar* algo) chamado de *Má Vlast* (*Minha Terra*). O segundo poema sinfônico do conjunto é o mais famoso: *O Moldávia* (ou *Vltava*, em tcheco), o nome do poderoso rio que passa por quase todo o país.

Smetana colocou esse rio de maneira impressionante na música, começando com duas flautas solo representando os dois córregos das montanhas que formam a fonte do rio. À medida que *O Moldávia* cresce, também o faz o som orquestral, com um instrumento entrando após o outro, até que um poderoso rio de sons flui. Esse rio flui pelas matas, em que trombetas de caça são ouvidas; pelos campos, em que ocorre uma celebração de casamento; por um cenário noturno de ninfas da água e madeira; por grandes corredeiras; pela grande cidade de Praga; e, finalmente, para o além, tudo isso com pouco do caminho do escoamento industrial.

Smetana continua imensamente popular em seu país. Em uma viagem recente à República Tcheca com o propósito de fazer pesquisas para este livro (pelo menos foi o que dissemos à receita), voamos pela Czech Air. No momento em que entramos no avião, em Nova York, as melodias de *O Moldávia* saíram pelas caixas acústicas do avião. Na pequena cidade de Litomišl, visitamos a casa em que nasceu Smetana. Lá, a idosa guia de excursão (parente não tão distante de Smetana) ligou o som assim que chegamos — é, o velho disco de vinil que estava no toca-discos era *O Moldávia*, que tocou repetidamente até que fôssemos embora. Então, no voo para casa, novamente o escutamos. Nunca mais queremos escutar *O Moldávia*.

Ouvidos atentos para Smetana

Bem, é claro que você deve ouvir *O Moldávia* (também conhecido como *Vltava*), assim como os outros cinco poemas sinfônicos que formam *Má Vlast* (*Minha Terra*). E depois deve ouvir a abertura de sua ópera mais famosa, *A Noiva Vendida*, que se passa, naturalmente, na vila de Boêmia.

Antonín Dvořák

Antonín Dvořák (ou "Tony", como teria sido chamado no Brooklyn) também era de Boêmia. Sua infância foi repleta de música folclórica, danças rústicas e canções camponesas felizes. Seu pai foi o último de uma longa linhagem de açougueiros Dvořák, mas também tocava cítara em casamentos. O jovem Antonín (1841–1904 — veja a Figura 2-18) teve muito de seu treinamento musical inicial tocando fiddle (uma espécie de violino) ao lado de seu pai.

FIGURA 2-18: Antonín Dvořák.

Fonte: Creative Commons

Aos 16 anos, Dvořák mudou-se para Praga, onde ouviu pela primeira vez algumas das coisas de Bedřich Smetana. Antonín ficou todo animado em escrever música original com base na linguagem musical camponesa da Boêmia. Com essa ideia simples, mas altamente comercializável, Dvořák tornou-se professor de composição do Conservatório de Praga. Estas seções apresentam alguns fatos sobre ele.

Um sucesso alegre

Pelos padrões da música clássica, Dvořák foi praticamente uma aberração: ele não era especialmente perturbado, atormentado ou louco, como seus confrades mais famosos (como Beethoven, Berlioz e Schumann). Na verdade, tinha uma personalidade brilhante, apesar do fato de se parecer mais com um buldogue de raça do que qualquer outro compositor na história. Essa disposição alegre encontrou seu caminho na música sem a ajuda de antidepressivos.

Dvořák também foi um homem simples e moderado, com gostos simples e seis filhos. Ele amava criar pombos, observar locomotivas e se embebedar. Como uma recompensa cósmica por seu carisma e simplicidade, Dvořák se tornou um esquisitão de outra maneira: ele teve sucesso sem ter que morrer primeiro. Sua música ficou imediatamente popular — ele tinha um grande dom com a melodia, e suas músicas com sons folclóricos da Boêmia eram instantaneamente familiares para seus públicos.

LEMBRE-SE

O membro mais importante de seu público foi Brahms (lembra? O cara que queria escrever melodias mais cantaroláveis?), que se tornou um grande defensor da música de Dvořák. Ele apresentou o jovem compositor a seu editor, que também o aceitou para publicação. Sua afinidade foi mais do que social: você pode realmente ouvir muito da influência musical de Brahms em algumas das sinfonias de Dvořák, especialmente na nº 7. Na verdade, você pode até ouvir os estilos musicais nessas obras irem e voltarem como loucos: alemão, boêmio, alemão, boêmio.

Um convite para os Estados Unidos

Aos 51 anos, em 1892, Dvořák foi convidado aos Estados Unidos para assumir o recém-fundado Conservatório de Música Nacional, em Nova York. Ele ficou profundamente relutante, citando seu orgulho nacional, sua rica herança boêmia, sua família e seus fãs. Então descobriu que o salário era 25 vezes o que ganhava no Conservatório de Praga. Ele pegou o primeiro barco.

Dvořák ficou nos Estados Unidos por três anos. Mas ficou com muitas saudades de casa e acabou passando muito de seu tempo em uma colônia da Boêmia em Iowa. Durante sua época nos EUA, tendo se animado com as músicas indígenas norte-americana e afro-americana, Dvořák compôs sua obra mais conhecida, a Sinfonia nº 9 (*Do Novo Mundo*). O solo lento e melancólico de corne-inglês no segundo movimento de sua sinfonia é uma reminiscência de um espírito afro-americano, e o scherzo do terceiro movimento descreve (de acordo com o compositor) uma grande festa dançante indígena na floresta.

Se escutar a sinfonia do *Novo Mundo*, jurará que é música *norte-americana*. Mas toque-a para um tcheco e ele garantirá que parece boêmia. Isso é uma coisa bem incrível para um compositor: possibilitar que dois grupos diferentes reclamem as mesmas ideias. Que pena que Dvořák nunca se candidatou para o congresso.

Ouvindo Dvořák

Estas são as obras que você deveria ouvir primeiro. Depois de ouvir todas, poderá encontrar muitas mais.

Primeiro, as obras orquestrais:

» Concerto para Violoncelo em Si menor, opus 104

» Sinfonias nº 7, 8 e 9

» Romance para Violino e Orquestra em Fá menor, opus 11

Depois experimente estas lindas serenatas:

CONFIRA

» Serenata para Cordas em Mi Maior, opus 22 (é possível ouvir um movimento dessa linda serenata na Faixa 6 no site da Alta Books — procure pelo título do livro).

» Serenata para Sopros em Ré menor, opus 44

E confira seu trabalho esplêndido para música de câmara: Quarteto de Cordas nº 6 em Fá Maior (*Americano*).

Edvard Grieg

O que Dvořák e Smetana eram para a Boêmia, Edvard Grieg era para a Noruega. (A propósito, isso não foi um erro de digitação; eles usam V em vez de U na Noruega.)

Como qualquer aspirante a grande compositor de respeito, Grieg (1843–1907 — veja a Figura 2-19) seguiu obedientemente para Leipzig, Alemanha, para estudar as técnicas dos grandes mestres. Infelizmente, ele trabalhou tanto que desenvolveu uma doença pulmonar que o perseguiu pelo resto da vida.

Aumentando a moral norueguesa

Quando voltou para a Noruega, Grieg envolveu-se na luta pela independência de sua pátria. A Noruega era governada pela Suécia desde 1814, e os noruegueses estavam famintos pela liberdade. Artistas politicamente orientados, como o dramaturgo Henrik Ibsen, encorajaram Grieg a juntar-se a eles, e ele o fez de coração. Largou a influência alemã e começou a escrever música baseada nos ritmos e melodias da música folclórica norueguesa.

FIGURA 2-19: O norueguês Edvard Grieg (esquerda) foi um dos compositores nacionalistas mais bem conhecidos. Jean Sibelius (direita) tornou-se herói nacional finlandês.

Fonte: Creative Commons

O público norueguês amou muito suas composições. Como agradecimento, quando Grieg tinha apenas 29 anos, o governo norueguês deu a ele uma pensão governamental para o resto da vida. Dois anos antes de sua morte, o nacionalismo zeloso de Grieg foi recompensado: a Noruega livrou-se do governo sueco. No dia do seu funeral, em Bergen, Noruega, mais de 40 mil pessoas lotaram as ruas. (A maioria delas estava presente para seu funeral.)

Muitas das composições de Grieg têm uma característica feliz e brilhante. Suas melodias deliciosas têm uma clareza simples. Quando você as ouvir, falará: "Como ninguém pensou nisso antes?"

Gravações de Grieg

Aqui estão as obras mais populares de Edvard Grieg, que valem muito a pena conhecer:

- » Concerto para Piano em Lá menor, opus 16
- » Suítes *Peer Gynt* nº 1 e nº 2 (música incidental para uma peça de Henrik Ibsen; inclui muitas melodias familiares)
- » *Suíte Holberg* para cordas, opus 40

Jean Sibelius

Jean Sibelius, também retratado na Figura 2-19, tornou-se um compositor famoso parcialmente porque estava no lugar certo na hora certa. Assim como a Suécia havia dominado a Noruega por muitos anos, a Finlândia também estava sob o governo russo no final do século XIX. Estas seções examinam um pouco Sibelius.

Uma saga de Sibelius

Como muitos compositores antes dele, Jean começou buscando uma carreira "respeitável" para agradar sua mãe: no seu caso, o direito. No entanto, não é possível calar um compositor. Jean largou a escola de direito depois de um ano e começou a estudar música no Conservatório Helsinki. No fim, recebeu uma bolsa de estudos para estudar música em — surpresa! — Berlim e Viena.

Porém, depois de voltar da Áustria, descobriu que sua amada Finlândia caíra sob o domínio russo. Juntou-se a um grupo rebelde chamado Young Finns (Jovens Finlandeses) e, como Grieg, antes dele, deixou de fora de suas composições a influência alemã. Com certeza, nas obras de Sibelius é possível sentir o tempo frio, as longas noites e os dias curtos, as paisagens sombrias, nevadas e varridas pelo vento, a alma em chamas do povo finlandês e um pouco de vodca da boa.

LEMBRE-SE

Esse sentimento é mais brilhantemente transmitido em seu poema sinfônico *Finlandia*. Desde seu começo austero, por seu tema lírico apaixonado, até sua conclusão triunfante e emocionante, essa obra incorpora a alma finlandesa e passou a ser o hino da independência da Finlândia. Como você pode imaginar, os russos não gostaram muito da obra. Na verdade, eles a baniram. Até países vizinhos ficaram um pouco nervosos sobre como ela envolveu os finlandeses. Quando era apresentada na Alemanha ou na França, por exemplo, era simplesmente chamada de *Fatherland* (Pátria).

Depois que a Finlândia finalmente se libertou do jugo da Rússia, em 1918, Sibelius se tornou um herói nacional. Ele realmente cruzou a fronteira finlandesa. Até hoje o povo finlandês considera Sibelius tão importante quanto os norte-americanos consideram Abraham Lincoln ou Justin Bieber. Por todo o país, estátuas, monumentos, museus e escolas são erguidos em homenagem a Sibelius.

P. S.: Além de ser um grande compositor, Sibelius às vezes parecia ser meio médium. Falavam que ele sempre conseguia dizer, pelo ar, se uma de suas peças estava sendo transmitida. "Ele se senta quieto, lendo um livro ou jornal", escreveu sua esposa. "De repente, fica inquieto, levanta e vai até o rádio, liga e, então, uma de suas sinfonias começa a tocar!"

Ou isso ou seu "rádio" era, na verdade, um CD player.

Ouvindo Sibelius

As obras de Sibelius são geralmente profundas e empolgantes. Para um bom começo, escute estas:

- » *Finlandia,* opus 26
- » Sinfonia nº 1 em Mi menor, opus 39
- » Sinfonia nº 2 em Ré Maior, opus 43
- » *O Cisne de Tuonela* (das Lendas), opus 22, nº 2

Carl Nielsen

Grieg e Sibelius se tornaram estrelas muito além de suas pátrias enquanto viveram. O compositor nacionalista dinamarquês Carl Nielsen (1865–1931), por outro lado, não. Até hoje, muitos fãs de música clássica ainda não conhecem a música de Nielsen — e isso é uma pena, porque suas composições são brilhantes, surpreendentemente originais, expressivas e escritas com grande economia de notas. Além disso, não são precisos símbolos estranhos para escrever seu nome. As seções seguintes apresentam um pouco mais esse grande compositor.

Vida na ilha

Nielsen (junto a Hans Christian Andersen) nasceu na Ilha Fyn, na Dinamarca. Essa ilha, com suas mudanças bruscas de estações e vida simples e tradicional, teve grandes consequências na música de Carl. Aos 17 anos, ele já compunha. Aos 18, foi para um conservatório de música em Copenhague.

Entretanto, farto das ideias musicais antiquadas de seus instrutores, Carl foi para (consegue adivinhar?) a Alemanha, para descobrir o que acontecia nos centros de composição musical. Como os outros compositores nacionalistas neste capítulo, Carl estudou música alemã/austríaca, absorveu profundamente suas lições e, então, voltou para casa e ignorou-as completamente. "Aqueles com punhos mais fortes serão lembrados por mais tempo", escreveu na época. "Beethoven, Michelangelo, Bach, Berlioz, Rembrandt, Shakespeare, Goethe, Hendrik Ibsen e pessoas como eles 'arrebentaram' em suas épocas."

Nielsen também arrebentou, especialmente, com suas seis sinfonias. Cada uma explora um novo território musical e tem alguns momentos incríveis — como uma parte na Quinta (apresentada pela primeira vez em 1922), em que Nielsen instrui que o tocador de caixa "destrua a música". (Em nossa experiência, tocadores de caixa muitas vezes não precisam de tal pedido.)

Apesar do som novo de sua música, frequentemente repleta de dissonâncias "erradas" e harmonias incomuns, Nielsen eventualmente foi admirado pelo mundo da música. Atualmente sua música finalmente começa a receber o clamor mundial que merece.

Nielsen para registro...

É melhor começar com Nielsen com suas peças mais acessíveis (ou seja, que "não soem muito estranhas"). Recomendamos que escute primeiro as seguintes obras:

» Pequena Suíte, opus 1

» Abertura *Maskarade*

Em seguida, siga para estas obras-primas mais substanciais:

» Sinfonia n° 3, opus 27 (*Sinfonia Espansiva*)

» Sinfonia n° 4, opus 29 (*A Inextinguível*)

» Concerto para Flauta e Orquestra

» Concerto para Clarinete e Orquestra , opus 33

Glinka e O Grupo dos Cinco

A Rússia pode ter tido um governo tirânico e ganancioso inclinado a apertar suas garras frias sobre países indefesos como a Finlândia, incitando, no processo, jovens desordeiros rebeldes como Jean Sibelius. Contudo, isso não quer dizer que a Rússia não teve alguns compositores nacionalistas próprios. Como você provavelmente descobriu neste capítulo, o velho adágio "Onde você encontra música camponesa folclórica também encontra música clássica nacionalista" é verdadeiro para praticamente todos os lugares — e a Rússia teve bastante dos dois.

Mikhail Glinka (1804–1857) foi o compositor que levou o som musical folclórico pela primeira vez para a música clássica russa. Você pode ter escutado sua obra mais famosa, a Abertura para *Ruslan e Ludmila*. É uma obra básica de concertos de orquestra por causa de seu contraste de luz, seções animadas e explosões altas, por causa da grande melodia que oferece às violas e violoncelos e porque não é muito difícil de tocar.

Glinka foi um mestre de melodias longas e completas (diferente dos alemães, que uniam muitos fragmentos curtos em suas composições), que tinham um sabor russo distinto. Ele também era saudado como herói pelos compositores russos da era romântica. Imitando Glinka, um grupo de cinco compositores chamado de O Grupo dos Cinco decidiu banir as influências europeias ocidentais de sua música, abraçando a parte russa ao máximo. Os membros individuais do Grupo dos Cinco eram Mily Balakirev (1837–1910), que reuniu o grupo pela primeira vez, Cesar Cui (1835–1918), Alexander Borodin (1833–1887), Modest Mussorgsky (1839–1881) e Nikolai Rimsky-Korsakov (1844–1908). As seções seguintes os examinam um pouco mais.

PAPO DE ESPECIALISTA

Todos eles eram músicos decentes, mas apenas um (Balakirev) tinha entrado na música originalmente por profissão. Cui era professor de engenharia militar; Borodin, químico; Mussorgsky (mu-zoRs-kí), funcionário público e Rimsky-Korsakov, oficial da marinha. Eles foram o Village People original.

Melhor de cinco

Quando éramos crianças, achávamos que Rimsky-Korsakov era uma dupla de músicos, como Chitãozinho e Xororó ou Leandro e Leonardo.

Quando criança, Rimsky-Korsakov era um excelente pianista, mas sua paixão era o oceano. Aos 12 anos, estudava na Naval Academy de São Petesburgo. Depois da graduação, passou 22 anos na marinha — 11 como marinheiro e outros 11 encarregado das bandas da marinha.

Enquanto era oficial da marinha, Rimsky-Korsakov conheceu o já mencionado Mily Balakirev, um compositor russo. Na opinião de Balakirev, os compositores da época dependiam demais dos temas musicais de compositores franceses e alemães famosos. Em vez disso (como falou para Rimsky-Korsakov um dia na plataforma de popa), deveriam buscar inspiração em na própria herança russa. Balakirev ficou ansioso para recrutar R-K e outros jovens talentos para se juntarem à sua causa. Assim nasceu "O Grupo dos Cinco" (que Balakirev achava que parecia muito mais convincente do que "O Grupo do *Um*").

Depois de terminar seu período na marinha, R-K conseguiu um emprego como professor de composição no Conservatório de São Petesburgo. Imaginar como ele conseguiu esse cargo é difícil, considerando que seu currículo listava 22 anos de navegação e nenhum ano de composição profissional. Mas Rimsky-Korsakov era um professor muito bom, até para si mesmo. Depois de conseguir o emprego, foi autodidata e aprendeu harmonia, forma, análise e contraponto suficientes para ficar um passo à frente de seus pupilos.

Mais tarde, alguns dos protegidos de Nikolai se tornaram grandes compositores. Sergei Prokofiev e Igor Stravinsky, entre outros. Rimsky-Korsakov lhes ensinou os tópicos musicais obrigatórios, mas ele era excelente em uma técnica específica: *orquestração* (converter uma peça para piano em um arranjo para uma orquestra completa). Rimsky-Korsakov até escreveu um livro clássico sobre o assunto que os compositores ainda usam atualmente. Ele o teria chamado de *Orquestração Para Leigos*, se não estivesse preocupado em ser mandado para a Sibéria.

LEMBRE-SE

Sua peça mais famosa se chama *Sheherazade*. Na história, um sultão espetacularmente assustador, rei dos homens porcos chauvinistas, decidiu matar cada uma de suas esposas depois da noite de núpcias. Uma esposa em particular, chamada Sheherazade, foi capaz de salvar a própria vida contando histórias incríveis a ele. Cada uma termina com um suspense, mantendo, assim, o sultão interessado no desfecho (e, portanto, adiando sua execução) por mais de 1.001 noites. No final desses 2,74 anos, o sultão finalmente desiste de seu plano sanguinolento. (Supomos que Sheherazade tenha escrito seu conto como um roteiro e se mudado para Hollywood.)

Uma das outras marcas famosas de R-K na história foi ajudar seu amigo Modest Mussorgsky, mais conhecido por seus *Quadros de uma Exposição*. Embora tenha sido o músico mais imaginativo e inovador dos Cinco, Modest teve problemas em terminar suas peças, parcialmente porque não tinha muita técnica composicional e parcialmente porque era alcoólatra. Rimsky revisou várias das composições de seus amigos, incluindo a famosa *Uma Noite no Monte Calvo*, sem pedir um centavo pelos royalties.

Um punhado de peças poderosas

Aqui estão algumas peças do Grupo dos Cinco que você deveria ouvir:

» **Rimsky-Korsakov:** *Sheherazade*, opus 35
» **Rimsky-Korsakov:** *Abertura Páscoa Russa*, opus 36
» **Mussorgsky:** *Uma Noite no Monte Calvo* (orquestrada por Rimsky-Korsakov)
» **Mussorgsky:** *Quadros de uma Exposição* (seja a versão para piano ou a sinfônica, orquestrada por Maurice Ravel)
» **Borodin:** Príncipe Igor: Danças Polovitsianas
» **Borodin:** Sinfonia nº 2 em Si menor
» E do cara que começou tudo... **Glinka:** Abertura para *Ruslan e Ludmila*

Peter Tchaikovsky

O melhor compositor russo não foi membro do Grupo dos Cinco; foi um cara egoísta, neurótico, vulnerável e intenso, cuja vida toda consiste em sofrimento. Então isso deve contar para alguma coisa. Seu nome era Peter Ilyich Tchaikovsky ("tchei-KOFs-ki"; 1840–1893). (Veja a Figura 2-20.)

FIGURA 2-20: Peter Ilyich Tchaikovsky, o melhor dos compositores românticos russos.

Fonte: Creative Commons

Os bem-sucedidos pais de Tchaikovsky notaram seu talento inato, mas foram inteligentes o suficiente para perceber que ninguém ganhava dinheiro sendo músico, então o colocaram em uma escola de direito em São Petersburgo. Contudo, pela tradição de muitos quase advogados antes dele, Peter largou a escola de direito para se concentrar na música no Conservatório de São Petersburgo.

Em dado momento, Tchaikovsky, o sujeito das próximas seções, mostrou-se bom o bastante para ensinar música em um novo conservatório fundado em Moscou. No entanto, estava falido.

Em um dos poucos golpes de sorte que o pobre rapaz teria, a recém-viúva rica de um empreendedor ferroviário, Nadezhda von Meck, apaixonou-se por sua música. Ela provavelmente estava gamada por *ele* também, o que era algo proibido para recém-viúvas de empreendedores ferroviários do século XIX. Volta e meia ela lhe enviava dinheiro, mas insistia para que nunca se encontrassem. Não é preciso dizer que ele ficou extremamente grato por seu financiamento, e até dedicou sua Quarta Sinfonia a ela: "Para minha melhor amiga."

Temos problemas

O dinheiro de Nadezhda acalmou os problemas financeiros de Tchaikovsky, mas seus outros problemas apenas começavam — principalmente porque ele era gay. A homossexualidade era crime na Rússia, punível com o exílio para a Sibéria. Tchaikovsky passou boa parte de sua vida escondendo sua natureza em um sofrimento resoluto. A certa altura, achando que poderia "curar" seu tormento, até se casou com uma admiradora, mas o casamento foi desastroso, deixando-o triste, divorciado e pior do que antes.

Dor e música

Apesar de sua angústia privada, a música de Tchaikovsky — sinfonias, balés, óperas e aberturas — ficou muito popular, e sua fama se espalhou pelo mundo. Ele até regeu o concerto de abertura de gala do Carnegie Hall, de Nova York, em 1891.

O maior dom de Tchaikovsky era a melodia. Na tradição iniciada por Glinka, Tchaikovsky escreveu melodias *inteiras* em suas peças, em vez de pequenos pedaços. E você definitivamente já as escutou. Seu tema para *Romeu e Julieta*, por exemplo, é a música luxuosa e exorbitante que aparece em praticamente todos os programas de TV e comerciais quando dois personagens se apaixonam. E todo mundo conhece *O Quebra-Nozes*, que se tornou o balé mais popular do mundo.

Dado o tormento na maior parte de sua vida, a habilidade de Tchaikovsky de escrever músicas tão alegres quanto *O Quebra-Nozes* é incrível. Mas sua melhor música está longe de ser alegre. Sua Sinfonia nº 6, conhecida como *Patética*, é a obra mais pessoal e profunda a sair da caneta desse artista atormentado.

CONFIRA

A luta interna de Tchaikovsky é a motivação por trás da sinfonia *Patética*. Muitos músicos acreditam que suas melodias exorbitantes e desejosas refletem a agonia de viver uma vida secreta. O movimento final é o mais devastador, no qual Tchaikovsky perde sua vontade de viver. É possível encontrar esse movimento completo na Faixa 7 no site da Alta Books — procure pelo título do livro — junto a uma descrição detalhada no Capítulo 5.

Essa música mais autobiográfica de Tchaikovsky foi, provavelmente, sua maior realização. Ela também foi profética: apenas uma semana depois de sua primeira apresentação, Tchaikovsky morreu.

Ouvindo Tchaikovsky

É impossível exacerbar na propaganda da música de Tchaikovsky: ela é de impressionar. Escute estas, para começar:

CONFIRA

- » Abertura-Fantasia *Romeu e Julieta*
- » Suíte do balé *Lago dos Cisnes*, opus 20
- » Concerto para Piano nº 1 em Si bemol menor, opus 23
- » Concerto para Violino em Ré Maior, opus 35
- » Sinfonias nº 4, 5 e (especialmente) 6

Sergei Rachmaninoff

Embora tenha vivido até 1943, Sergei Rachmaninoff ("Rrarr-mâni-noff"; 1873–1943), retratado na Figura 2-21, foi um verdadeiro romântico russo. Ele cresceu em São Petersburgo e estudou no conservatório de lá, absorvendo tudo o que os grandes mestres russos como Tchaikovsky e O Grupo dos Cinco tinham a oferecer. (Em sua graduação, Tchaikovsky lhe deu a maior nota já vista: o equivalente a "1.000". Por outro lado, Tchaikovsky nunca foi muito moderado.)

Quando Rachmaninoff se mudou para os Estados Unidos, mais ou menos na época da Revolução Russa, levou consigo o espírito de seu país. Sob sua aparência fria e ameaçadora havia um dos corações mais quentes da área. (Não fique desencorajado pelo fato de seus trabalhos estarem quase sempre em tons menores ou por terem títulos como *Ilha dos Mortos*.) Continue lendo para saber mais fatos sobre Rachmaninoff.

Sergei é hipnotizado

No início de sua carreira, Rachmaninoff passou por um longo período de "bloqueio do compositor". Depois da estreia desastrosa de sua Sinfonia nº 1, ele sofreu uma séria crise nervosa, perdeu a inspiração e não conseguia compor nem uma nota. Apenas depois de visitar um *hipnotizador* ele conseguiu superar seu bloqueio. ("Você está ficando com soooono... Você está escrevendo um acorde de Dó menor... Você dedicará sua próxima obra a miiiiiiim...")

Depois de sua recuperação, a próxima criação de Rachmaninoff foi o Concerto para Piano nº 2, de longe sua peça mais popular. Ele a dedicou para seu hipnotizador.

FIGURA 2-21: Sergei Rachmaninoff, o mestre russo do piano.

Fonte: Creative Commons

Sergei foi um pianista fenomenal e escreveu muitas de suas famosas composições (como esse concerto para piano) para que ele mesmo tocasse em uma ocasião especial. Hoje é mais conhecido por essas obras para piano e por seus apelidos. Os músicos referiam-se a ele como "Rocky"; seu Segundo Concerto para Piano é chamado de "Rocky 2", e seu Concerto para Piano nº 3, infernalmente difícil, que fez o pianista David Helfgott ter uma crise nervosa, como dramatizado no filme de 1996, *Shine – Brilhante*, é conhecido como "o Rach 3" ou apenas "Rocky 3".

Rocky em gravações

Aqui estão as obras de Rachmaninoff que achamos que você deve ouvir primeiro. Para forças orquestrais, experimente:

» Concerto para Piano nº 2 em Dó menor, opus 18

» Concerto para Piano nº 3 em Ré menor, opus 30

» Rapsódia sobre um Tema de Paganini, opus 43

» Sinfonia nº 2 em Mi menor, opus 27

E, para piano solo, escute:

» Prelúdio em Dó Sustenido menor, opus 3, nº 2

» Prelúdio em Ré Maior, opus 23, nº 4

» Sonata para Piano nº 2 em Si bemol menor, opus 36

Ouvindo a Música do Século XX e Além

Depois de ir a alguns concertos de música moderna, você também pode desenvolver um tique nervoso só de ouvir as *palavras* "música do século XX". Muitas das músicas compostas no último século foram escritas por compositores que queriam quebrar as regras tradicionais. Infelizmente, algumas dessas regras incluíam "música deve soar bem", "música deve ter melodia e ritmo" e "música não deve fazer o público correr para o estacionamento".

Primeiro, você pode até *gostar* de algumas músicas clássicas modernas — até as coisas que soam mais estranhas. Segundo, alguns dos compositores desse século tiveram ideias musicais brilhantes, resultando em uma música nova e interessante, que, depois que nos acostumamos com ela, pode realmente nos animar. Finalmente, só porque é moderno não quer dizer necessariamente que seja dissonante. Muitos compositores recentes têm tanto dom para melodia e beleza quanto seus predecessores. Estas seções dão uma olhada mais de perto nos compositores modernos.

Debussy e Ravel

Se um compositor começou a música do século XX, provavelmente foi o compositor francês Claude Debussy (1862–1918; veja a Figura 2-22). Mas, de novo, ele teve uma vantagem: começou a escrever música do século XX em 1894.

Debussy (pronuncia-se "de-biu-SEE") foi membro de um grupo de compositores conhecido como impressionistas. Ele tentou retratar na música as *impressões* criadas por olhares, fragrâncias e gostos, muito como pintores como Claude Monet e Pierre-Auguste Renoir retrataram campos borrados de luz rajada, Paris na chuva, e assim por diante.

Para criar tais sons impressionistas, Debussy precisava de uma nova linguagem musical. As harmonias e estruturas de acordes já comprovadas não eram mais suficientes. Ele precisava de acordes diferentes, e progressões de acordes diferentes, para produzir seus efeitos especiais.

FIGURA 2-22: Claude Debussy foi uma das estrelas brilhantes da cena impressionista.

Fonte: Creative Commons

Debussy foi reprovado em composição no Conservatório de Paris, onde as progressões harmônicas não convencionais eram desaprovadas. Na verdade, vários anos mais tarde, outro aluno do conservatório foi expulso apenas por ter uma partitura de Debussy em mãos!

Como você pode imaginar, o público em Paris levou muito tempo para se acostumar com esses novos sons na música. Os públicos atuais acham a música de Debussy luxuosa e sensual, mas o que seu público escutava era o caos total.

PARA VIRTUOSOS

Uma das inovações mais interessantes de Debussy foi seu uso da *escala de tons inteiros*. No Capítulo 11 você encontrará como tocar uma escala normal no piano: subindo pelo teclado tocando notas *adjacentes* ou *pulando uma tecla* em uma sequência específica. Mas, em uma escala de tons inteiros, você pula teclas do início ao fim. O resultado é um som mágico e onírico, parecido com o da harpa, que não existe em nenhum tom. (*Sempre* que um personagem de TV ou filme entra em transe, começa a sonhar acordado ou relembra alguma coisa — ou tem um flashback —, a harpa toca uma escala de tom inteiro para cima e para baixo para criar um plágio onírico de Debussy.)

A primeira obra importante de Debussy foi o *Prelúdio à Tarde de um Fauno*, com base em um poema de Stéphane Mallarmé. A música se encaixa no humor do poema, que trata das aventuras de uma tarde de um fauno (metade homem, metade cabra). É sonhadora, sensual e vaga. A história segue a base Cabra conhece Ninfa, Cabra persegue Ninfa, Cabra perde Ninfa, Cabra come Uvas.

CONFIRA

Os exemplos musicais disponíveis no site da Alta Books (procure pelo título do livro) incluem o terceiro movimento da maior composição orquestral de Debussy, *La Mer* (*O Mar*). Nessa obra, a água sobe e desce, pequenas ondas brincam umas com as outras e o vento chicoteia no oceano em um frenesi de animação. Se você não tiver a sensação de mar agitado e infinito ao escutar essa obra, seus ouvidos precisam de ajustes.

Debussy em seu MP3 player

Se for ouvir Debussy, deve escutar o *Prelúdio à Tarde de um Fauno* (também conhecido como *Prélude à l'après-midi d'un faune*) e *La Mer*.

Depois, escute as obras evocativas e altamente sensuais *Nocturnes* e *Images*, e a pequena peça popular para piano *Clair de lune*.

Desvendando Ravel

Claude Debussy foi um herói para Maurice Ravel (1875–1937), outro francês. Ravel também foi um compositor impressionista treinado no Conservatório de Paris, mas seu estilo não tem um som tão vago e transparente quanto o de Debussy. A música de Ravel também foi influenciada pelo jazz norte-americano, que experienciou durante uma breve visita aos Estados Unidos, em 1928.

Ravel não ficou tão conhecido, a não ser por uma composição específica: *Bolero*. Essa obra, com base em um ritmo espanhol em particular (um *bolero*, é claro), consiste em uma melodia simples repetida sem parar, cada vez mais alta, tocada sucessivamente por mais instrumentos por 15 minutos até alcançar um clímax devastador. Dependendo de como você olha para essa música longa e lenta, a construção do suspense é totalmente enlouquecedora ou impressionantemente animadora. Como o aumento de sua intensidade é abertamente sexual, Holly-wood adora essa obra. Você a escuta em cenas cruciais de sexo, como em *Bolero — Uma Aventura em Êxtase* e *Mulher Nota 10*.

Outra das melhores composições de Ravel fez para a valsa o que *Bolero* fez para o bolero. Chama-se *La Valse* (*A Valsa*) — qual outro nome poderia ter? —, e foi escrita logo após a Primeira Guerra Mundial. Bem no começo, a orquestra, ouvida através de uma névoa sombria, toca uma melodia de valsa simples e agradável, que representa a sociedade graciosa e elegante do passado (antes da guerra). À medida que progride, a valsa fica mais estranha e distorcida, repre-sentando o declínio da sociedade europeia. Novamente Ravel cria o suspense na música até um final devastador, em um estrondo violento da orquestra inteira.

Nossa obra favorita de Ravel, no entanto, é o balé *Daphnis et Chloé*, que escreveu para os Ballets Russes (o mesmo grupo de dança para o qual Igor Stravinsky escreveu seus três famosos balés). Como a *Tarde de um Fauno*, de Debussy, conta a história de ninfas; mas não julgue antecipadamente — ei, algumas de nossas melhores amigas são ninfas.

Gravações de Ravel

Você deve, absolutamente, ouvir o Balé *Daphnis et Chloé* Suíte nº 2. Depois escute estas outras obras incríveis de Ravel:

» *Boléro*

» *La Valse*

» *Rapsódia Espanhola* (uma linda e excitante evocação da Espanha)

Igor Stravinsky

Para muitos (incluindo nós), o russo Igor Stravinsky (1882–1971; veja a Figura 2-23) foi o compositor mais importante do século XX. Depois de Stravinsky, ninguém mais pôde escrever música sem pensar em suas ideias e, então, acei-tar ou rejeitá-las.

FIGURA 2-23: Igor Stravinsky, o compositor mais importante do século XX.

Fonte: Creative Commons

A juventude de Stravinsky seguiu a Fórmula Padrão do Compositor de Música Clássica: nasceu em uma família de sucesso, foi mandado para a escola de direito, sentiu-se compelido pelas tentações da música para largá-lo e se tornou um compositor. Continue lendo para saber mais sobre Stravinsky.

O Pássaro de Fogo começa sua carreira

Stravinsky deixou sua primeira marca escrevendo música para balé. Um famoso produtor russo chamado Sergei Diaghilev, que fundou o Ballets Russes em Paris, buscava um compositor para escrever a música de um balé baseado na lenda do Pássaro de Fogo. Originalmente, contratou um cara chamado Anatol Liadov para a escrever; mas, com o período de ensaios se aproximando, perguntou a Liadov como estava a composição. Sua resposta foi: "Ótima! Acabei de comprar o papel para a partitura!" Diaghilev entrou em pânico e deu a missão à sua segunda escolha: Stravinsky.

A música de Igor para *O Pássaro de Fogo* foi um marco. Ninguém havia escutado ritmos tão complexos e dissonâncias tão estranhas e chocantes antes de sua estreia, em Paris. Ainda assim, o público ficou impressionado com a animação da peça e os novos sons que Stravinsky (um aluno do grande orquestrador

Rimsky-Korsakov) criara. O balé foi um sucesso. Stravinsky passou a ser o compositor favorito de Diaghilev, e sua carreira em Paris foi garantida.

O Acorde Petrushka

O segundo da lista foi *Petrushka*, um balé baseado nas excentricidades — veja só — de um fantoche sedento por sexo. Esse balé tem ainda mais dissonâncias. Por exemplo, Stravinsky escreveu deliberadamente duas harmonias simultâneas que conflitavam horrivelmente uma com a outra. Se tiver um piano à mão, aqui está: o famoso *Acorde Petrushka* (que, apesar de se parecer muito com o título de algum livro vendido em aeroportos, na verdade é um termo perfeitamente bom para usar em festas):

Esse conflito, no entanto, tinha um propósito: representa musicalmente um momento de gozação feita pelo fantoche. O público entendeu o efeito, e essa dança também foi um sucesso.

A estreia mais famosa da história da música

Em 1913, Igor, com 31 anos, escreveu a bomba: *A Sagração da Primavera*. O subtítulo desse balé, "Cenas de uma Rússia Pagã", diz tudo. Como Stravinsky escreveu: "Vi em minha imaginação um rito pagão solene; velhos anciãos sentados em um círculo observando uma jovem dançando até morrer. Eles a sacrificaram para apaziguar os ânimos do deus da primavera." Não é exatamente um dia agradável na praia.

PAPO DE ESPECIALISTA

Sua música para o cenário oferece o impacto sônico de um bastão de beisebol no estômago: excessivamente forte, com fragmentos melódicos curtos e repetitivos. De repente, dissonâncias chocantes, instrumentos gritando nos extremos de suas extensões e ritmos horrorosos e brutais batendo. Resumindo, é *ótima*. Na apresentação de estreia, a estreia mais famosa da história da música, o público reagiu destruindo o teatro.

Nem todo mundo odiou a apresentação. No público estavam alguns dos principais artistas de Paris (incluindo Claude Debussy, o famoso compositor francês), que gritaram animadamente sua aprovação para com a música. Infelizmente esse entusiasmo só aumentou o fogo do tumulto, fazendo com que os detratores da música gritassem ainda mais alto. Brigas foram iniciadas; pessoas caindo umas sobre as outras para sair do teatro; pelo menos uma pessoa desafiou outra a um duelo. O próprio Stravinsky saiu por uma janela de um vestiário e fingiu juntar-se ao motim do lado de fora.

Apenas um ano mais tarde, a música do balé foi tocada em um concerto, e o público aplaudiu de pé. Vai entender.

Depois da Sagração

CONFIRA

Um grande trecho de *A Sagração da Primavera* está no site da Alta Books (procure pelo título do livro). No Capítulo 5 explicamos detalhadamente o que acontece enquanto você a escuta. Mas, por enquanto, devemos dizer que a melhor maneira de aproveitar muitas das primeiras músicas de Stravinsky é deixar que o atropele como um trovão. É ótimo.

Stravinsky ainda era jovem quando compôs seus três balés que abalaram o mundo. Pouco depois veio a Revolução Russa e a Primeira Guerra Mundial, e Stravinsky fugiu da Rússia, primeiro para a Suíça e depois para os Estados Unidos. (Ele chegou a comprar uma casa em Hollywood.)

Em seus últimos anos, Stravinsky ficou muito mental e experimental, compondo em vários estilos, incluindo o *neoclássico* (ou simplesmente "novo--clássico"). (Para simplificar um pouco, a música neoclássica foi um retorno ao equilíbrio e controle da música clássica, mas com muitas "notas erradas".) Embora continuasse a escrever música quando idoso, nada que escreveu chegou a alcançar a importância musical de *A Sagração da Primavera*. Ele morreu em Nova York, em 1971.

Stravinsky em discos

Você pode adivinhar o que vamos sugerir em sua lista de audição de Stravinsky. Comece com seus três grandes balés, em ordem de composição:

» *O Pássaro de Fogo* (também conhecido como *L'oiseau de feu*)
» *Petrushka*
» *A Sagração da Primavera* (também conhecido como *Le sacre du printemps*)

Siga para a Suíte neoclássica *Pulcinella*. E, se ainda estiver vivo, para a *Sinfonia dos Salmos*, uma composição incrível para orquestra e coro. Se *ainda* não tiver arrancado os ouvidos, existe um mundo de música à sua espera. Continue lendo.

Sergei Prokofiev

Falando de russos escrevendo no estilo neoclássico, conheça Sergei Prokofiev (1891–1953). Sua música não é tão conhecida pelo público em geral que vai a concertos, exceto por sua famosa história infantil, *Pedro e o Lobo*. Mas sua versão do balé *Romeu e Julieta* é uma obra-prima, assim como várias de suas sinfonias, especialmente a Quinta.

Prokofiev (pRRó-kofi-iv), um dos poucos compositores que não largaram a escola de direito (porque nunca *foi* para uma), foi capaz de misturar o equilíbrio da era clássica com a dor e o anseio da música russa. Em grande parte por causa das "notas erradas" que aparecem em uma harmonia que seria tradicional, muito de sua música soa cruel, impetuosa e até mesmo sarcástica.

Escute estas obras para uma dose de Prokofiev:

- » *Pedro e o Lobo,* opus 67
- » Suítes para *Romeu e Julieta*
- » Sinfonia nº 1, opus 25 (também conhecida como *Sinfonia Clássica*)
- » Sinfonia nº 5, opus 100
- » Cantata *Alexander Nevsky* (Prokofiev escreveu essa música para o famoso filme de Sergei Eisenstein, *Alexander Nevsky*. Atualmente essa música costuma ser apresentada por uma orquestra e coro, no escuro, enquanto o filme mudo é projetado na tela.)

E, para músicas escritas para forças menores, confira suas incríveis Sonatas para Piano nº 3 e 7.

Dmitri Shostakovich

Depois das revoluções de 1917, a Rússia foi substituída pela União Soviética, e a nova sociedade totalitária teve problemas — e músicas — próprios. Dentre os soviéticos, Dmitri Shostakovich ("shos-ta-KÔÔ-vitch") era considerado o melhor compositor que a União Soviética já teve.

Diferente de Stravinsky, que fugiu antes de o país ficar totalmente totalitário, Shostakovich (1906–1975) viveu a vida inteira como compositor na União Soviética. Mais um prodígio, escreveu sua primeira sinfonia, intitulada enigmaticamente "Primeira Sinfonia", aos 18 anos. (E é ainda considerada uma de suas melhores.) A sinfonia é animada, atrevida e provocadora, e tem uma harmonia frequentemente dissonante. Os oficiais da ainda nova União Soviética adoraram: parecia incorporar o impulso revolucionário ardoroso que sentiam.

Dmitri dtem dum dproblema

Com o passar do tempo, com o novo governo, os sentimentos mudaram lentamente. Em meados de 1930, "atrevida" e "provocadora" não eram coisas boas na visão da URSS. O governo preferia músicas que glorificassem o *status quo*.

Em 1935, Shostakovich foi um dos compositores mais celebrados da União Soviética. Sua ópera modernista, *Lady Macbeth do Distrito de Mtsensk*, teve uma turnê muito bem-sucedida tanto dentro quanto fora de casa. Shostakovich tinha toda razão em acreditar que seu futuro como compositor seria brilhante e seguro.

Então, um dia, um editorial do jornal soviético *Pravda* condenou seu trabalho e tudo o que representava. O editorial se chamava "Caos em vez de música". "O propósito da boa música é inspirar as massas... Essa música é perigosa", dizia.

Lady Macbeth do Distrito de Mtsensk foi imediatamente retirada dos palcos. Shostakovich foi banido dos círculos profissionais, sendo designado como um "inimigo público" oficial. Os jornais que anunciavam seus concertos diziam: "Hoje, às 20h: um concerto do Inimigo Público Shostakovich." Nos Estados Unidos, anúncios como esse dobravam as vendas de ingressos, mas na URSS eram uma morte profissional. Shostakovich ficou extremamente deprimido.

Se essa má notícia tivesse caído sobre *Tchaikovsky*, ele ligaria para seu analista em um nanossegundo. Mas Dmitri Shostakovich era um artista diferente. Ele começou uma reabilitação como compositor aos olhos dos soviéticos, e fez isso de maneira engenhosa. Na tradição de celebridades humildes por todo o mundo, Dmitri escreveu uma sinfonia (nº 5) subintitulada "A Resposta de um Artista Soviético à Crítica Justa".

Os críticos ficaram chocados. Essa obra era exatamente o tipo de música soviética que queriam. Shostakovich recuperou-se completamente aos olhos do regime stalinista. Tornou-se novamente uma estrela e sua música foi tocada por todo o país.

A vingança de Dmitri

Contudo, Shostakovich riu por último. Apesar do subtítulo, a *música* era qualquer coisa menos um tributo aos vermes que governavam o país. Se você realmente escutar a obra, ouvirá metáforas musicais que descrevem um regime totalitário acabando com o otimismo de seu povo. Anos mais tarde, o compositor admitiu que realmente pretendera fazer uma condenação contundente ao regime de Stalin: "Acho que está claro para todo mundo o que acontece na Quinta Sinfonia. Você precisa ser um idiota completo para não escutar... A alegria é forçada, criada sob ameaças. É como se alguém batesse em você com um porrete dizendo: 'Você tem que se alegrar, você tem que se alegrar.' Você se levanta, tonto, dizendo: 'Preciso me alegrar, preciso me alegrar...'"

Como pode imaginar, Shostakovich teve que tomar cuidado com o que compunha depois. E, de fato, você sente esse cuidado em algumas de suas peças. Ele precisou manter sua alma bem escondida durante boa parte de sua carreira.

PAPO DE ESPECIALISTA

Esperamos que tenha sido um consolo a primeira música da história tocada no espaço ter sido dele. O primeiro cosmonauta, Yuri Gagarin, cantou uma de suas canções pelo rádio para o Centro de Controle da Missão.

Escute Shostakovich

Estas obras são a melhor introdução à música de Dmitri Shostakovich:

» Concerto para Piano nº 1, opus 35 (piano, trompete solo e cordas — um trabalho forte e brilhante)

» Sinfonia nº 5 em Ré menor, opus 47

» Sinfonia nº 1 em Fá menor, opus 10

» Concerto para Violoncelo nº 1, opus 107

E confira seus maravilhosos quartetos de corda, especialmente o nº 3 e o nº 8.

A Segunda Escola de Viena

Milhões de compositores famosos até 1900 viveram e trabalharam em Viena: Haydn, Mozart, Beethoven, Schubert, Brahms e todas suas irmãs, primas e tias. Esses mestres moldaram a direção da composição musical por séculos. Mas, com o despontar do novo século, um grupo de compositores quis mudar a música para sempre. Como também viviam em Viena, adotaram o apelido espirituoso "Segunda Escola de Viena". Seu líder era Arnold Schoenberg (1874–1951).

Schoenberg (pronuncia-se "Xên-bêrg", mais ou menos) começou sua carreira escrevendo obras que soavam um pouco melódicas e que você quase conseguia dizer em que tom estavam — parecidas com as de Wagner, Strauss e Mahler. Mas, depois de anos levando a tonalidade até o limite, Schoenberg finalmente decidiu quebrá-la de uma vez por todas e começou a escrever um tipo de música que não estava em *nenhum* tom, *nunca*. Esse tipo de música era *atonal*. A música atonal é *dissonante* (como se *todas* as notas fossem "erradas").

Música serial: Não é mais só trilha para o café da manhã

Depois de anos de experimentação, Schoenberg foi além: substituiu regras matemáticas e lógicas por inspiração cega sobre quais notas escrever. Hoje chamamos esse tipo de música de *dodecafonismo* ou *serialismo* (veja o box "Schoenberg Explicado — Ou Quase"). Compositores como Alban Berg ("BÂRG", 1885–1935) e Anton Webern ("VÊ-bârn", 1883–1945) seguiram o exemplo.

SCHOENBERG EXPLICADO — OU QUASE

Se encontrar o Dó central em um piano e tocar todas as teclas brancas em ordem subindo até o próximo Dó, terá tocado as sete notas no tom de Dó maior. Cerca de 99% da música mundial foi escrita em algum tom. É por isso que tantas obras famosas de música clássica são chamadas de coisas como Sinfonia em Ré Maior ou Sonata em Fá.

Mas note algo sobre o tom de Dó Maior: subindo pelo piano de Dó a Dó, você pula todas as teclas pretas. O grande conceito de Arnold Schoenberg era que essas teclas não deveriam ser classificadas como cidadãs de segunda classe só porque tinham uma cor diferente. Seu novo tipo de música, uma música de 12 tons, usava todas as 12 notas entre Dó e Dó, pretas e brancas, igualmente.

Schoenberg não só decidiu que todas as notas anteriormente ignoradas mereciam mais importância como realmente instituiu o primeiro sistema de cotas de ação afirmativa para elas. Ele decidiu que, se escrevesse a nota Dó em sua partitura, não poderia haver um Dó novamente até que usasse todas as outras 11 notas!

Depois de ver o quão intelectualmente satisfatório tais regras autoimpostas eram, foi além. Criou uma ordem específica para essas 12 notas, por exemplo: Dó, Mi bemol, Sol, Lá bemol, Si, Dó Sustenido, Si bemol, Ré, Fá Sustenido, Fá, Lá, Mi — e forçava-se a usar essas notas nessa ordem repetidamente na peça inteira. Ele se permitia usar quaisquer ritmos que quisesse, e tinha permissão de combinar notas em "acordes", mas sempre seguindo a ordem.

Quando as coisas começaram a ficar chatas, criou mais algumas regras: tocar a série de 12 notas de trás para frente (*retrógrada*). Até se permitiu ao luxo de virar a série de 12 notas de cabeça para baixo (*invertida*) na partitura. E por muitos anos divertiu-se misturando essas regras para fazer música (como tocar essas 12 notas de trás para frente e de ponta-cabeça — ou *retrógrado da inversão*).

Esse novo tipo de música foi chamado de serialismo, que quase não tem a ver com a paixão de Schoenberg por cereais no café da manhã.

Uma caixa de música serial e outras gostosuras

Se quiser ouvir alguns exemplos de experimentação da Segunda Escola de Viena, podemos apontá-lo para a direção certa. Escute as seguintes obras:

» **Schoenberg:** *Pierrot Lunaire*, opus 21 — para um cantor com um pequeno conjunto musical. Nessa peça, Schoenberg usa uma técnica chamada *sprechstimme* ("voz falada"), em que o cantor não pensa nas notas como na música tradicional, mas apenas as toca, deslizando entre elas para cima e para baixo — e ele escreveu isso anos antes de Bob Dylan nascer!

» **Berg:** *Concerto para Violino* — uma peça dodecafônica que também consegue citar Bach e a música folclórica austríaca. Embora seja selvagemente atonal, tem uma sensação intensamente pessoal, passional e romântica nela.

» **Webern:** Seis peças para orquestra, opus 6 — uma série de peças bem curtas totalizando apenas 12 minutos, explorando momentos passageiros de mudanças de humor e cor tonal. Totalmente atonal.

Os norte-americanos

Enquanto a Segunda Escola de Viena na Europa criava uma música complexa, intricada e obscura, um novo tipo de música norte-americana surgia: expressava as emoções fortes, esperançosas e otimistas do espírito norte-americano. Estas seções destacam alguns compositores norte-americanos notáveis.

Aaron Copland

Aaron Copland (1900–1990) é o compositor de música clássica mais amado dos Estados Unidos. (Veja a Figura 2-24). Nativo do Brooklyn, Nova York, e filho de imigrantes russos, Copland capturou o espírito do interior norte-americano. Escute uma de suas peças e você vai derramar cachoeiras pelos olhos.

As primeiras músicas de Copland ("COUP-land") ecoavam algumas das correntes musicais europeias da virada do século. Mas, com o passar do tempo, ele criou um estilo com que o público norte-americano se identificava. Adicionou ritmos e harmonias jazzísticas a algumas de suas peças sérias e escreveu música sobre norte-americanos lendários, como Billy the Kid.

A composição mais popular de Copland, de longe, é *Appalachian Spring* (ou *Primavera dos Apalaches*), um balé que conta a história de um casal de agricultores recém-casados que se mudam para uma nova fazenda nas Montanhas dos Apalaches. Nessa obra você *sente* o orvalho caindo sobre o campo, a alegria da esposa e do marido ao começarem uma vida juntos, e o *toque* da poeira da estrada dos Apalaches, que suja o peitoril das janelas da casa nova do casal.

FIGURA 2-24: Aaron Copland (esquerda) e George Gershwin, dois dos compositores norte-americanos mais amados.

Fonte: Creative Commons

Appalachian Spring foi um sucesso desde sua primeira performance, em 1944. No ano seguinte, ganhou um Prêmio Pulitzer e é, até hoje, a obra de música clássica norte-americana mais conhecida.

George Gershwin

A segunda peça mais conhecida pertence a George Gershwin (1898–1937), que também nasceu no Brooklyn. Gershwin morreu com um tumor cerebral aos 39 anos; mas em sua curta vida conseguiu, sozinho, ligar a lacuna musical entre Tin Pan Alley e o Carnegie Hall. (Confira a Figura 2-24.)

A obra que fez isso foi *Rhapsody in Blue*, um concerto curto originalmente escrito para piano e banda de jazz. (Em uma versão posterior, uma orquestra substitui a banda de jazz.) A obra foi apresentada em um concerto lendário da Orquestra Paul Whiteman chamado "An Experiment in Modern Music" [Um Experimento de Música Moderna].

PAPO DE ESPECIALISTA

Gershwin escreveu *Rhapsody in Blue* de última hora, apenas algumas semanas antes do concerto, inspirado pelos sons e visões de uma viagem de trem de Nova York a Boston. A obra combina espetacularmente um piano clássico de concerto com o jazz e blues norte-americanos, mas Gershwin se sentia muito mais em casa com o jazz do que com o clássico. Os rolos de pianola que gravou testemunham suas habilidades como pianista de jazz, e ele ganhou a vida escrevendo música para shows da Broadway com seu irmão Ira como letrista.

George se sentia inseguro por ter tão pouco treinamento formal em teoria musical ou composição. (Ainda faltavam 50 anos para *Música Clássica Para Leigos* ser escrito.) Como resultado, ele pedia ajuda e conselhos constantemente a compositores clássicos. Até ficou amigo (e jogavam tênis) de Arnold Schoenberg, avô da música atonal e sem melodia. Felizmente, o compositor mais velho se recusou a dar lições de composição a Gershwin. "Eu só o tornaria um Schoenberg ruim", disse ele, "e você já é um Gershwin tão bom!"

Bem pensado, Arnie. *Rhapsody in Retrógrado* talvez não seria tão boa.

Samuel Barber

Samuel Barber (1910–1981) escreveu a terceira peça mais conhecida da música clássica norte-americana: *Adagio para Cordas*, que deixa suas emoções em pedaços em filmes de guerra como *Platoon*.

Barber completou o Adagio quando tinha apenas 25 anos, seguindo o treinamento formal do Curtis Institute na Filadélfia. A obra foi apresentada gradualmente pelo país. Depois do fim da Segunda Guerra Mundial, ficou mundialmente famosa, um hino não oficial em recordação aos jovens soldados que morreram na batalha.

Em uma época em que boa parte do mundo da música clássica experimentava tudo, da atonalidade ao jazz, Barber permaneceu descaradamente romântico, e suas obras mantiveram-se luxuosas e melódicas. Sua música explora uma veia mais profunda e pessoal do que a música de qualquer outro norte-americano.

E mais...

Muitos outros compositores norte-americanos talentosos abençoaram as salas de concerto com a música dos séculos XX e XXI. Diferente dos compositores europeus sobre os quais leu, os norte-americanos normalmente não corriam para Viena aos 18 anos para estudar, jogar-se em rios em tentativas de suicídio nem largavam a escola de direito (bem, tá bom, alguns fizeram isso). Mas alguns, assim mesmo, tiveram sucesso. Confira os seguintes:

» **Charles Ives** (1874–1954), um vendedor de seguros que inventou o conceito de planejamento imobiliário e tinha uma vida secreta como compositor. A maioria de seus trabalhos acabou em um sótão; mas, uma vez descobertos, foram considerados obras-primas altamente originais de voz norte-americana única. Gostamos especialmente de sua obra curta *The Unanswered Question* (A Pergunta Não Respondida) e de sua Sinfonia nº 2.

» **Leonard Bernstein** (1918–1990), um regente lendário da Filarmônica de Nova York, escreveu muitas composições sérias que exploram a justaposição do jazz e da música clássica. Ele também compôs um dos melhores musicais da Broadway de todos os tempos: *West Side Story*.

» **John Cage** (1912–1992) revolucionou e confundiu o mundo da música ao introduzir o conceito da *probabilidade* — quatro rádios tocando ao mesmo tempo, por exemplo, todos sintonizados em estações diferentes. Ele também escreveu a peça para piano chamada *4'33"*, em que o pianista abre a tampa do teclado, senta-se lá por quatro minutos e 33 segundos sem tocar uma nota e fecha a tampa novamente. (Tocamos essa *muito* bem.) Cage introduziu um elemento de diversão na arte que havia se tornado ultrasséria; mas, cá entre nós, suas obras são realmente mais divertidas de ouvir falar do que de escutar.

» **John Adams** (nascido em 1947), junto a compositores como **Steve Reich** (nascido em 1936) e **Philip Glass** (nascido em 1937), desenvolveu um estilo musical chamado de *minimalismo*. Nesse tipo de composição, trechos de música muito repetitivos, com mudanças sutis de ritmo e harmonia, devem embalá-lo a um tipo de estado alterado. É tranquilizador e praticamente todo tonal, e lindo de escutar. Alugue o filme *Koyaanisqaatsi* (inteiramente acompanhado pela música de Philip Glass) para ver o que queremos dizer. Todos os três compositores, subsequentemente, foram além do minimalismo, explorando novos caminhos interessantes em suas músicas.

» **John Corigliano** (nascido em 1938) chegou à importância internacional com sua Sinfonia nº 1, dedicada àqueles que morreram devido ao vírus da AIDS. Também compôs uma ópera brilhante e original, *The Ghosts of Versailles* (*Os Fantasmas de Versalhes*) para a Metropolitan Opera, em Nova York. Corigliano é considerado um dos compositores mais importantes de sua geração.

Muitos outros compositores continuam surgindo com novos direcionamentos fascinantes, muitos bem tonais e melódicos. Se seu apetite por música moderna precisa ser aguçado, confira a música de Christopher Rouse, Michael Daugherty, Michael Torke, Kevin Puts, Mason Bates, Jennifer Higdon e Christopher Theofanidis. E esses são só alguns dos compositores norte-americanos ativos atualmente! A composição de música clássica está viva, bem e próspera.

Música norte-americana para registro...

Em sua exploração da música norte-americana do século XX, não perca estas peças:

» **Copland:** *Appalachian Spring* e *Fanfare for the Common Man* (ouvida em muitas transmissões esportivas, essa obra é uma versão compacta e destilada do estilo musical de Copland, tocada por metais e percussão)

» **Gershwin:** *Rhapsody in Blue* e Concerto em Fá para Piano Solo e Orquestra

» **Barber:** Adágio para Cordas, Sinfonia nº 1 em um movimento, opus 9; e *Medea's Meditation and Dance of Vengeance*

» **Ives:** *The Unanswered Question*

» **Bernstein:** Danças Sinfônicas de *West Side Story*

CAPÍTULO 2 **Toda a História da Música em 80 Páginas** 89

- » **Cage:** Sonatas e Interlúdios para Piano Preparado (um *piano preparado* tem todos os tipos de coisas [papel, pregos, é só escolher] colocadas dentro dele para mudar seu som)

- » **Adams:** *Short Ride in a Fast Machine* (uma fanfarra divertida, animada, muito rítmica e selvagem, que dura pouco mais de quatro minutos; a apresentação perfeita desse compositor) e *Harmonielehre* (uma peça de três movimentos; em nossa opinião, a melhor peça de música minimalista até hoje)

- » **Corigliano:** Sinfonia nº 1 (desde sua estreia, em 1990, essa peça atroz, brutal e emocionante recebeu centenas de apresentações por todo o mundo)

PESSOAS QUE ODEIAM COMPOSITORES (E OS COMPOSITORES QUE AS AMAM)

O grande regente inglês Sir Thomas Beecham uma vez foi questionado se havia escutado algo de Stockhausen (um compositor de música eletrônica moderna). "Não", respondeu ele, "mas acredito que pisei em algum".

Desde o início dos tempos, o público foi lento para aceitar novas ideias na música. Quando tudo o que se ouvia no rádio eram cantos gregorianos, os primeiros sons da música renascentista — cheios de melodias simultâneas — devem ter parecido incrivelmente estranhos.

Quando apareceram pela primeira vez, até Beethoven e Brahms foram considerados feios e dissonantes (isso sem falar de suas músicas). Então houve Berlioz, Debussy, Mahler, Nielsen, Schoenberg — bem, quanto a Schoenberg você tem razão. Mas você entendeu a ideia. Mostre-nos um compositor amado que abriu uma porta emocionante na música clássica e poderemos lhe mostrar um compositor que foi insultado em sua época.

Compositores escrevem sua música na esperança de que, um dia, sejam compreendidos — e até amados. Se nossos tataravôs não tivessem dado uma chance a Brahms, suas obras-primas não seriam best-sellers atualmente.

Então mantenha a mente aberta. Não se esqueça de que seu melhor amigo já foi um completo estranho. A música pode funcionar assim também.

NESTE CAPÍTULO

» **Descobrindo a diferença entre uma** *sinfonia* **e uma** *sinfonia*

» **Abrindo os pacotes nos quais a música vem, de sonatas a oratórios**

» **Sabendo o que esperar de cada forma musical**

» **Acesse os áudios no site da Alta Books (procure pelo título do livro)**

Capítulo **3**

Identificando uma Sonata

Embora a música de concerto atual normalmente tenha títulos criativos, os compositores não foram tão criativos com seus títulos no auge da música clássica. No século XVIII, por exemplo, era muito mais provável encontrar uma peça intitulada "Sinfonia nº 1" do que, digamos "O Doutor Destino Faz um Tratamento de Canal". A maioria das obras clássicas era simplesmente intitulada de acordo com a categoria de música que representava.

Essas categorias podem ser confusas (e, às vezes, até assustadoras) para os inexperientes. Em sua escuta e carreira como frequentador de concertos, você encontrará esses formatos musicais repetidamente. Este capítulo, portanto, apresenta-os um a um.

Sinfonias

A palavra *sinfonia* tem dois significados, e, para o bem de sua reputação em festas, vamos ajudá-lo a diferenciá-los. *Sinfonia* normalmente se refere à obra musical escrita de uma forma específica. Mas o termo também se aplica a uma *orquestra sinfônica*, um grupo de músicos que apresentam esse tipo de música.

CAPÍTULO 3 **Identificando uma Sonata** 91

UMA BREVE HISTÓRIA DA SINFONIA

A sinfonia como forma musical existe há mais de 200 anos. É uma peça musical para um grande corpo de instrumentos, e normalmente consiste em quatro seções (ou *movimentos*) de música diferentes. Compositores costumavam demonstrar seu domínio dos elementos da música escrevendo sinfonias: escrevê-las tornou-se símbolo de status. Então, ao longo dos anos, a sinfonia se tornou uma das formas musicais mais comuns. Quase todos os compositores de que falamos neste livro escreveram sinfonias. Johannes Brahms escreveu 4; Ludwig van Beethoven, 9; Wolfgang Amadeus Mozart, 41; Joseph Haydn, 104 (mas ele não saía muito de casa).

Se uma amiga disser: "Fui à sinfonia ontem à noite", significa que ela foi ouvir a orquestra — especificamente, uma orquestra que normalmente toca sinfonias. (Na verdade, a orquestra pode não ter tocado nenhuma *sinfonia* a noite toda. Talvez tenha tocado algumas aberturas ou danças.) Mas se sua amiga disser: "Eles tocaram uma sinfonia maravilhosa", ela está se referindo à música em si.

As partes (ou movimentos) de uma sinfonia normalmente podem ser tocadas individualmente: o movimento termina, há uma pausa e começa o seguinte. Mas as seções, concebidas como partes de um todo, relacionam-se umas com as outras de alguma forma. A palavra alemã para movimento é *Satz*, que significa "frase". Os quatro movimentos de uma sinfonia se encaixam como os quatro períodos deste parágrafo.

Com raras exceções, os quatro movimentos de uma sinfonia se enquadram em um padrão. O primeiro movimento é rápido e vivo; o segundo, mais lento e lírico; o terceiro, um *minueto* (dança) enérgico ou um *scherzo* ("gracejo") escandaloso; e o quarto é um final animado.

Na verdade, os compositores e músicos consideram a estrutura *dentro* de cada um dos movimentos muito importante, e a discutimos nas próximas seções.

Primeiro movimento: Rápido e vivo

O primeiro movimento de uma sinfonia normalmente tem uma estrutura chamada de *forma sonata*. A forma sonata é simples, e compreendê-la aumentará seu apreço por quase toda música clássica. O que se segue está ainda mais simplificado, mas é aplicado ao primeiro movimento da maioria das sinfonias clássicas.

PARA VIRTUOSOS

Um movimento em forma sonata tem dois temas musicais (ou *melodias*). O primeiro normalmente é mais alto e vigoroso; e o segundo, calmo e lírico. Esses temas frequentemente são chamados de melodias *masculina* e *feminina*. (Sim, essas coisas foram inventadas *bem* antes do politicamente correto.) Você também pode pensar nelas como ferro e seda, *yang* e *yin*, ou pimenta jalapeño e geleia. Tanto faz. De qualquer maneira, o movimento inteiro é baseado nesses dois temas.

> » Logo no início do movimento, escuta-se o primeiro tema forte. Então, depois de uma breve atividade interessante no departamento de harmonia, o segundo tema, mais suave, entra. O propósito dessa seção inteira é introduzir, ou *expor*, as duas melodias. Os músicos chamam essa parte do primeiro movimento de *exposição*.
>
> » Em seguida vem a nova seção. Aqui, o compositor desenvolve os dois temas, variando-os e fazendo associações musicais interessantes. Logicamente, essa seção é chamada de *desenvolvimento*.
>
> » Finalmente, as ideias principais são reintroduzidas na mesma ordem inicial: primeiro o tema forte e poderoso e depois o mais calmo e lírico. O compositor reafirma esses temas em uma forma levemente diferente, mas eles são altamente reconhecíveis. Essa seção é chamada de *recapitulação*.

Com o risco de sermos repetitivos, aqui está a estrutura, ainda mais simplificada:

EXPOSIÇÃO — DESENVOLVIMENTO — RECAPITULAÇÃO

CONFIRA

Todos os movimentos em uma forma sonata têm essa sequência. Quase todas as sinfonias, quartetos de cordas e sonatas de Haydn, Mozart, Beethoven e incontáveis outros compositores começam com um primeiro movimento em forma sonata. (Veja o Capítulo 2 para saber mais sobre esses caras.) Na verdade, é possível ouvir um exemplo perfeito dele no site da Alta Books (procure pelo título do livro), na Faixa 4: o primeiro movimento da Sinfonia nº 5 de Beethoven.

Segundo movimento: Lento e lírico

De volta à nossa sinfonia: depois de um primeiro movimento vivo e enérgico, é hora de relaxar. O segundo movimento normalmente é lento e lírico, com um tema rítmico parecido com uma canção (dando uma chance de o compositor exibir sua habilidade melódica). Não há uma batalha dos sexos melódica aqui, e a estrutura é mais solta do que a do primeiro movimento. Sente-se e absorva-o.

Terceiro movimento: Dançante

O terceiro movimento de uma sinfonia é dançante — ou um *minueto* (baseado em uma antiga dança medieval) ou um *scherzo* (que significa "gracejo" — uma melodia rápida e muitas vezes irreverente). O terceiro movimento normalmente é escrito em compasso 3/4, ou seja, cada compasso tem três tempos. (Se você contar "UM-dois-três, UM-dois-três", estará contando os tempos do compasso.) Joseph Haydn (1732–1890), o pai da forma sinfônica, criou o equipamento padrão de um minueto em uma sinfonia. Escute, por exemplo, o terceiro movimento de quase qualquer uma das sinfonias de Haydn, da nº 31 à nº 104.

Esse terceiro movimento normalmente consiste em três seções. Primeiro você escuta o minueto ou scherzo. Depois vem uma seção contrastante (frequentemente para um grupo menor de instrumentos) chamada de *trio*. Finalmente, a seção do minueto ou scherzo retorna.

Então o terceiro movimento inteiro soa da seguinte forma:

MINUETO — TRIO — MINUETO

ou

SCHERZO — TRIO — SCHERZO

Da próxima vez que ouvir uma sinfonia, tente distinguir essas seções do terceiro movimento. Apostamos que você consegue.

Final: Alegre

Agora o final alegre. O movimento final normalmente é rápido e furioso, exibindo a proeza virtuosa da orquestra. Esse final é, geralmente, de caráter bem leve, ou seja, não tem muita profundidade emocional. O final está muito mais preocupado em se divertir. Mas, espere, tem mais! Com frequência esse movimento final está na *forma rondó*. Sim, esse último movimento tem uma estrutura própria.

Em um rondó, escutamos um tema agradável repetidamente, alternando com algo contrastante. Eis um exemplo de um rondó, em forma escrita:

Eu não aumentarei os impostos.

Eu tenho caráter.

Eu não aumentarei os impostos.

Serei rígido com crimes.

Eu não aumentarei os impostos.

Vou deixar as coisas como eram antes, o que é muito melhor do que agora.

Eu não aumentarei os impostos.

Se você chamar "Eu não aumentarei os impostos." de tema A, e os outros três de B, C e D, essa forma rondó é descrita como:

A-B-A-C-A-D-A

CONFIRA

É possível encontrar outro ótimo exemplo da forma rondó no site da Alta Books (procure pelo título do livro). É a Faixa 3: o final do Concerto para Piano nº 22, de Mozart.

Sonatas e Sonatinas

Uma *sonata* é uma sinfonia composta para uma força instrumental muito menor: para um ou dois instrumentos. Compositores escreveram centenas de sonatas só para piano e outras incontáveis para piano e mais outro instrumento (violino, flauta, clarinete, trompete, trompa — é só escolher).

A palavra *sonata* significa simplesmente "soar". Tal peça dá a chance a um instrumento de exibir seu som, mas normalmente de forma restrita, especialmente no primeiro movimento. A sequência dos eventos nessa seção de abertura tornou-se tão padronizada que é geralmente chamada de *forma sonata*. Ei, você já conhece essa! Como dissemos, os primeiros movimentos das sinfonias também são geralmente escritos na forma sonata.

E o que é uma *sonatina*? Em suas viagens musicais, é bem provável que encontre esse termo. Uma *sonatina* não é nada mais do que uma sonata de proporções menores. (É bom saber que *-ino* ou *-ina* no final de uma palavra significa "pequeno". Assim como *concertino* quer dizer "pequeno concerto"; *Katerina*, "pequena Katherine" e *lutadorina*, "pequena lutadora"; então *sonatina* significa "pequena sonata".) Uma sonatina é pequena de diversas formas: pode ter menos movimentos do que uma sonata — talvez apenas dois. E cada movimento é curto. O primeiro movimento normalmente não tem seção de desenvolvimento, e chegamos rapidamente à recapitulação.

Sonatinas geralmente são mais fáceis de tocar do que sonatas. São frequentemente compostas para músicos iniciantes ou intermediários, como uma bicicleta com rodinhas. Se a MTV tocasse música clássica, este seria o tipo de música que tocaria: sonata leve.

Concertos

Concerto ("con-TCHER-to") começou sua vida significando "concerto" em italiano. No jargão musical atual, no entanto, é uma peça musical em que um músico (o *solista*), que normalmente vai para Nova York e recebe salários astronômicos, senta ou fica de pé na frente do palco tocando a melodia enquanto o resto da orquestra o acompanha. O solista do concerto é o herói que lidera a obra, a prima-dona. E nem precisa olhar para o regente: o regente o segue.

CONFIRA

Na maioria dos grandes concertos, a orquestra não só acompanha o solista tocando suavemente o ritmo sob a melodia, mas tem um papel igual, conversando com o protagonista, no estilo "Dueling Banjos". A terceira faixa disponível no site da Alta Books (procure pelo título do livro) é um movimento de um dos principais: o Concerto para Piano nº 22, de Mozart.

Às vezes (como nos grandes concertos do compositor dinamarquês Carl Nielsen [1865–1931]), outro membro da orquestra age como *antagonista*, aparentemente discutindo com o que o solista diz. (Essa discussão é feita musicalmente, claro, embora sintamos que o comparecimento a concertos aumentaria se o antagonista pudesse *realmente* discutir com o solista. "O quê?!? Você chama isso de melodia? Saia do palco, seu amador!")

Concertos são muito divertidos para o público. Se ainda não ouviu um, terá uma surpresa. Muitos membros do público vão a um concerto *principalmente* pelo concerto, mas também para ouvir um grande solista famoso, testemunhar seu show pirotécnico, ser varrido pela efusão de paixão musical ou conferir o modelito que estão usando.

Para isso, os solistas são muito bem pagos — às vezes de US$50 mil a US$100 mil por *uma* apresentação. As orquestras pagam bem porque sabem que ganharão muito dinheiro de volta. Às vezes as pessoas compram ingressos para a temporada inteira só para poder ouvir um único solista famoso.

DICA

Se for a um concerto de orquestra que inclua um concerto, compre um lugar à esquerda do centro. O solista quase sempre fica em pé ou se senta à esquerda do regente. Se for um pianista solista, sente ainda mais para a esquerda (a extrema esquerda também vale a pena). O piano está sempre situado com o teclado para o lado esquerdo, e você se divertirá muito mais se puder ver as mãos do pianista. (Contudo, não achará *nada* divertido se sentar no centro da primeira fila, porque o piano bloqueia *completamente* sua visão.)

Estrutura do concerto

A duração de um concerto é de cerca de 30 minutos. Concertos quase sempre têm três movimentos, ou seja, seções separadas por pausas. Para a maioria dos compositores clássicos antigos, esperava-se que um concerto tivesse três movimentos, assim como a maioria dos filmes de Hollywood tem duas horas de duração; a maioria dos shows da Broadway, exatamente dois atos; poemas humorísticos, exatamente cinco linhas; a maioria das músicas de rock, três minutos e a cor do cabelo da Lady Gaga muda a cada seis semanas.

Na maioria dos casos, os três movimentos de um concerto se encaixam neste esquema: RÁPIDO-LENTO-RÁPIDO. Essa configuração, que existe há séculos em todos os tipos de música (e, também, devemos mencionar, em enredos de filmes), funciona especialmente bem em um concerto, permitindo que o solista mostre sua técnica incrível no primeiro e último movimentos, e leve o ouvinte a um mundo mais íntimo e emocionante no meio.

PAPO DE ESPECIALISTA

Os solistas quase sempre tocam a música de cor, diferente dos músicos na orquestra, que leem uma partitura, ou do regente, que provavelmente usará uma grande partitura colada. Esse hábito é remanescente da época das grandes estrelas virtuosas, como Franz Liszt (1811–1886), que eram as "estrelas do rock" de sua geração. O público espera ver uma estrela, e as estrelas não usam partituras.

Enquanto isso, a orquestra caminha devagar e sempre, como um trem em seus trilhos, incapaz de se desviar da partitura. Em outras palavras, o solista *não pode* escorregar. Mas, às vezes, escorrega — com resultados arrepiantes. O regente e a orquestra devem reagir imediatamente. Se o solista pula três páginas da partitura, o que é completamente possível, já que a música do início da obra muitas vezes se repete no final, o regente deve descobrir para onde pulou e sinalizar *de algum jeito* para a orquestra quando puder voltar.

Se o regente e a orquestra reagirem rapidamente, o público pode nem notar o erro. Mas às vezes a orquestra e o solista ficam fora de sincronia por um minuto ou mais. E, em alguns casos, o regente deve recorrer a medidas desesperadas e falar para a orquestra em que ponto o solista está. Se algum dia você estiver ouvindo um concerto e o regente gritar: "Pula para a Letra F!", saberá o que aconteceu.

A cadenza

Perto do fim de cada movimento em um concerto, normalmente é o momento em que tudo parece parar, exceto o solista. Ele decola em uma fantasia, sozinho, que pode durar de dez segundos a cinco minutos. *Isso* não é um erro, é chamado de *cadenza*: um momento concebido pelo compositor para que o solista se exiba.

Cadenza quer dizer "cadência" em italiano (não confunda com *credenza*, a palavra para "móvel de sala de jantar"). Uma *cadência* é uma simples progressão de harmonias, de um acorde para o outro, terminando em um acorde de descanso natural.

CONFIRA

Mais para o final de um movimento de concerto, essa progressão é *interrompida*. Antes do acorde (ou acordes) final da progressão ser ouvido, de repente tudo para, e o solista dá seu show. (Confira online no site da Alta Books — procure pelo título do livro — a Faixa 3, aos 8min50s. Você ouvirá uma pequena e bela cadenza nesse ponto do Concerto para Piano nº 22, de Mozart.) Se o solista se sai bem, consegue realmente criar suspense e antecipação, assim como alguém quando vai espirrar e faz: "Ah... ah... AH...", e nos faz esperar pelo "*tchim!*"

Assim que o solista termina, a orquestra entra com os acordes finais. É maravilhoso!

Antigamente os solistas criavam as próprias cadenzas na hora. Os grandes compositores, que normalmente também eram solistas maravilhosos, ficavam especialmente orgulhosos ao fazer esse tipo de improviso. Mas outros compositores, incluindo Beethoven, escreviam notas específicas para serem tocadas em suas cadenzas. Atualmente os solistas normalmente tocam uma cadenza que outra pessoa compôs. De qualquer modo, a cadenza deve *parecer* improviso. Se você tiver a impressão de que o solista está inventando a coisa toda enquanto toca, ele está tocando bem.

DICA

Praticamente toda cadenza termina em um *trinado*. Um trinado é a alternância rápida de duas notas próximas uma da outra. Experimente — é fácil e divertido!

1. **Cante qualquer nota.**
2. **Agora cante a nota logo acima dela.**
3. **Repita os passos 1 e 2 cada vez mais rápido.**

    Isso é um trinado.

Na verdade, isso é bem mais fácil de tocar em um instrumento. Antigamente, um trinado era o sinal do solista improvisador para avisar que estava quase terminando a cadenza. Era o sinal para a orquestra e o regente acordarem, largarem as revistas e se prepararem para voltar com os acordes finais. No final do trinado, o solista e o regente se olhavam, respiravam juntos e tocavam juntos esses acordes finais.

Danças e Suítes

Como explicamos no Capítulo 2, as primeiras músicas foram compostas primariamente para cantar (por exemplo, na igreja) ou dançar. Pouquíssima "escuta" ocorria naquele tempo.

Se for a um concerto e escutar um minueto, ouvirá uma forma que foi originalmente proposta estritamente para ser dançada. Antigamente as únicas pessoas que simplesmente *ouviam* minuetos eram pessoas sem acompanhantes.

PAPO DE ESPECIALISTA

Mas, com o desenvolvimento da música de concerto, os compositores criaram em cima do que conheciam. E foi assim que certos ritmos, mudanças em harmonias e estruturas musicais, originalmente criadas estritamente para danças, chegaram à música que as pessoas só escutam. Ironicamente, hoje em dia, praticamente ninguém na sala de concerto levanta e começa a dançar quando começa um minueto.

Boa parte da música clássica que escutamos hoje se encaixa nessa categoria — é composta em uma forma que foi originalmente projetada para a dança.

Se ouvir uma forma dançante, várias coisas provavelmente serão verdadeiras:

» **O ritmo é constante.** Afinal de contas, quem dança a um ritmo inconstante? Até no ano 500 a. D. (antes da Discoteca), as pessoas precisavam de uma boa batida.

» **A música provavelmente é repetitiva.** Ou seja, não é muito desenvolvida. As ideias musicais que você escuta voltam repetidamente. Aqui nada mudou também; pense em "That's the Way (I Like It)", "Let's Get Physical" ou "Hey Jude".

» **O título parece o nome de uma dança.** Pode ser "Valsa", por exemplo, ou "Mambo".

LEMBRE-SE

Uma *suíte* é um monte de movimentos musicais agrupados. *Suíte* vem de uma palavra que significa "seguir", e se refere a uma sequência de coisas que se seguem, uma após a outra (como em um conjunto de quartos).

Em tempos remotos (no período barroco, por exemplo — final de 1600 a meados de 1700), uma suíte musical consistia quase inteiramente em danças, e os movimentos eram intitulados de acordo com o tipo de dança que representavam — por exemplo, *allemande, gavotte, bourrée, minuet, rigaudon, sarabande, gigue* e *courante*. Por mais que soem como uma equipe do Parlamento Francês, essas são, de fato, danças da corte da realeza europeia.

CONFIRA

A primeira faixa disponível no site da Alta Books [procure pelo título do livro], a popular *Música Aquática*, de Handel, é de uma suíte barroca como essa. Se escutá-la, verá o que queremos dizer com ritmos constantes e uma sensação dançante.

No último século, a palavra *suíte* passou a significar qualquer agrupamento de movimentos que pertencem juntos a "Suíte de *Carmen*", por exemplo, consiste em várias melodias e interlúdios da ópera *Carmen*, do compositor francês Georges Bizet (1838–1875). Você também encontra suítes de *O Quebra-Nozes*, *West Side Story*, *Star Wars* e *Shaft*. Provavelmente.

Serenatas e Divertimentos

Se tem algo menos gratificante para um compositor clássico sério do que ter seu Trabalho Maravilhoso de Música Ocidental escutado apenas para dançar, é que seu Trabalho Maravilhoso de Música Ocidental não seja escutado *de jeito nenhum*. Mas é exatamente isso que compositores que escreveram *serenatas* e *divertimentos* tiveram que aguentar. Esses tipos de música foram as primeiras músicas de elevador que já existiram.

PAPO DE ESPECIALISTA

Suponha que o Rei Friedrich precisasse de música de fundo para uma pequena reunião social com seus amigos mais íntimos. Ele não podia simplesmente colocar um CD no velho aparelho de som. Então ele tinha um grupo musical de plantão para tocar para ele. Esses caras trabalhavam para ele em período integral, tocando música de fundo o dia inteiro. Ocasionalmente, apresentavam-se em um concerto formal, mas sua presença era, principalmente, para melhorar o ambiente da ocasião. E era assim que compositores eram contratados para escrever serenatas e divertimentos para essas bandas de música de fundo.

Como é de se esperar, uma serenata ou divertimento típico tinha vários movimentos (normalmente cinco ou mais). Afinal de contas, você não quer muito desenvolvimento musical complexo enquanto janta. Não quer declarações profundas, apaixonadas e de revirar o estômago. Pelo menos não antes da sobremesa.

As serenatas eram escritas para instrumentos de sopro, metais e percussão, para cordas e várias combinações desses instrumentos. Os compositores escolhiam suas forças para que combinassem com a ocasião. Um quarteto de cordas era geralmente mais adequado para a sala de jantar do que, digamos, um monte de trompetes e tambores. Por outro lado, um grupo de instrumentos de sopro ou metais era mais adequado para eventos externos em uma tarde quente.

A maioria das serenatas e divertimentos tinha entre 20 e 30 minutos. Algumas serenatas (por exemplo, a linda *Serenata Haffner*, de Mozart) têm quase uma hora de duração, adequadas para uma tarde externa calma. Outras, como a *Serenata Posthorn*, mal têm 15 minutos, adequadas para um ocasional hambúrguer Quarteirão com queijo.

CONFIRA

Se acessar o site da Alta Books e buscar pelo título do livro, uma parte específica da Faixa 3 (aos 4min16s) lhe dará uma ideia de como eram as serenatas de Mozart. Bem no meio do movimento final de seu Concerto para Piano nº 22, Mozart adicionou um oásis de tranquilidade, imitando o som de uma serenata para instrumentos de sopro.

Enquanto escuta um divertimento ou serenata em um concerto, lembre-se da atmosfera em que foi apresentado pela primeira vez. Tente imaginar a cena: pessoas sentadas às margens de um rio, séculos antes da invenção dos celulares ou do Facebook, envolvendo-se em conversas refinadas, talvez degustando um canapé ou a orelha de outra pessoa, com essa música angelical permeando o ar.

Temas e Variações

Um *tema musical* não passa de uma melodia que aparece no começo de uma peça. Depois que o compositor termina de declará-lo, começa a redeclará-lo — e de novo, e de novo —, a cada vez mudando uma coisinha nele. Uma variação pode mudar a harmonia do tema; outra, o ritmo; outra ainda pode variar a melodia ao adicionar várias notas de ornamentos. Mas, ao escutar cada variação, normalmente é possível ouvir o tema original em algum lugar.

Este aqui é um exemplo de tema com variações. Depois que entender como funciona, compreenderá uma ou mais formas comuns na música.

Anchova.

Anchova com molho de mostarda.

Anchova com feijão-fradinho.

Anchova com vinagrete de framboesa em uma cobertura de marshmallow incrustada de ervas.

CONFIRA

Um conjunto muito bom de variações é encontrado no segundo movimento da Sinfonia nº 94 (*Surpresa*) de Joseph Haydn. Ele começa com um tema simples (quase simplista), e o resto do movimento consiste em uma variação depois da outra. E o próprio Joseph Haydn levou o crédito por ter criado outra melodia que um compositor posterior a ele usou para o próprio conjunto de variações: as *Variações sobre um Tema de Haydn*, de Johannes Brahms, é um dos exemplos mais eruditos do gênero.

Fantasias e Rapsódias

Nos velhos tempos, esperava-se que os compositores encaixassem suas obras em uma estrutura predeterminada: forma sonata ou rondó, por exemplo. Essas formas eram fixas, rígidas e consideradas quase sagradas. Se o compositor sentisse o desejo de deixar sua imaginação solta, seu único recurso era escrever em outra forma: a forma mais sem forma de todas as formas, a *fantasia*.

Como a composição era chamada de *fantasia* (que originalmente significava *imaginação*), o compositor estava liberado das restrições normais da forma musical. Ele não podia ser acusado de violar nenhuma estrutura musical sagrada, porque as fantasias não tinham uma.

LEMBRE-SE

Em uma fantasia típica, o compositor coloca um tema musical no início ou próximo dele. O resto da peça é uma reflexão sobre ele. O compositor vai para onde tiver vontade. Ralph Vaughan Williams (1872–1958) usou a melodia "Greensleeves" como o começo e o fim de sua curta e entusiástica *Fantasia on Greensleeves*.

Fantasias normalmente contêm várias notas curtas, aparentemente em ritmo livre. Depois que um tema é estabelecido, um instrumento solo normalmente decola em uma fantasia, correndo para cima e para baixo na escala em um ritmo ofegante. Um dos grandes compositores, Johann Sebastian Bach (1685–1750) — que também foi o maior organista de sua época —, escreveu várias fantasias para órgão em que enviava os dedos do organista em um voo por todo o teclado.

CAPÍTULO 3 **Identificando uma Sonata** 101

Na verdade, a maioria das fantasias não é *completamente* sem forma. Elas só são menos rígidas do que as outras formas. Como a maioria dos grandes compositores passou muitos anos estudando e trabalhando em exercícios extremamente rígidos, apenas raros compositores conseguiam deixar de lado toda a disciplina estrutural. A *Fantasia Coral*, de Beethoven, por exemplo, é livre, mas ainda logicamente estruturada. E o primeiro movimento de sua famosa *Sonata ao Luar* para piano carrega o subtítulo de "*Quasi una fantasia*" (quase uma fantasia).

Uma *rapsódia* segue a mesma linha da fantasia, com uma estrutura livre similar. A maioria das rapsódias data da era romântica tardia (meados de 1800 até o século XX). O famoso pianista Franz Liszt escreveu várias rapsódias húngaras para piano. (Atualmente é possível ouvi-las arranjadas para uma orquestra completa.) Nessas obras, ele pega temas simples com sonoridade húngara e os transforma em um tornado de vigor virtuoso. E se você for fã de rock clássico, a música "Bohemian Rhapsody", do Queen, apresentada tão proeminentemente no filme *Quanto Mais Idiota Melhor*, é, sim, uma rapsódia genuína — uma correria livre de forma de diferentes ideias musicais, uma depois da outra.

Poemas Sinfônicos

Como uma fantasia ou uma rapsódia, um *poema sinfônico* não tem uma estrutura padrão fixa. Mas tem um propósito mais urgente: deve *contar uma história* usando os sons da orquestra.

A maioria dos músicos concorda que o maior de todos os compositores de poemas sinfônicos foi Richard Strauss (1864–1949). Além das óperas, Strauss escreveu, principalmente, poemas sinfônicos. Os melhores deles são *Don Juan*, *Don Quixote*, *Till Eulenspiegels lustige Streiche* (*As Alegres Travessuras de Till Eulenspiegel*), *Ein Heldenleben* (*Uma Vida de Herói*), *Also Sprach Zarathustra* (*Assim Falou Zaratustra*) e *Tod und Verklärung* (*Morte e Transfiguração*). É possível ler muito mais sobre Strauss e seus poemas sinfônicos no Capítulo 2.

LEMBRE-SE

Muitos outros bons compositores fizeram poemas sinfônicos também. Se esse gênero o fascina, confira o conjunto de seis poemas sinfônicos de Bedřich Smetana chamado *Má Vlast* (*Minha Terra*); as *Lendas* de Sibelius (incluindo *O Cisne de Tuonela*); os poemas *Les Préludes*, *Mazeppa* e *Prometheus*, de Liszt; *Romeu e Julieta*, *Hamlet* e *Francesca da Rimini*, de Peter Tchaikovsky, e *Orkney Wedding with Sunrise*, de Peter Maxwell Davies.

CONFIRA

Um dos exemplos mais eruditos de um poema sinfônico é *La Mer* (*O Mar*), de Claude Debussy, que descreve em sons musicais um dia na vida de um oceano agitado. É possível ouvir um movimento dessa obra emocionante na Faixa 8 no site da Alta Books (procure pelo título do livro).

Como conta uma história, os poemas sinfônicos são divertidos de ouvir. Se você tiver o programa em mãos (ou mesmo se não tiver), pode imaginar as cenas que acompanhariam a música. De certo modo, os poemas sinfônicos são uma trilha sonora sem o filme. A famosa partitura de John Williams para *Star Wars* é, na verdade, um poema sinfônico, e deve muito a Strauss.

Lieder (E Seguidor)

Em alemão, a palavra *Lied* (pronuncia-se "liid") significa canção, e *Lieder* significa canções ou canções de arte. Nos anos de 1800, especialmente, *Lieder* ganharam uma grande proeminência, particularmente em salões privados de concertos.

(**Alerta de terminologia:** Em discussões de música clássica, um *salão* não se refere a cabeleireiros. Na verdade, significa "salas dos ricos e famosos, centenas de anos atrás".)

Canções de arte geralmente são baseadas em poesias famosas, como o trabalho de Johann Wolfgang von Goethe. Muitos grandes poetas alemães viveram nesse período, então você não deve ficar surpreso quando encontrar muitos grandes compositores alemães de *Lieder*.

Nestas seções você lê mais sobre os compositores mais famosos da música clássica — e sobre a estrutura de algumas de suas criações mais belas.

O líder do Lieder

O principal compositor de *Lieder* é Franz Schubert (1797–1828). Embora tenha concebido a *Sinfonia Inacabada*, Schubert não teve problemas em finalizar mais de 600 músicas. Desde os 18 anos compunha músicas de grande profundidade e paixão, como *Erlkönig* (*Rei do Elfos*), um relato devastador sobre um menino nos braços de seu pai, galopando pela floresta, que imagina (corretamente, no fim das contas) que está sendo violentamente sequestrado pelo Rei dos Elfos.

Schubert reuniu muitas de suas canções em *ciclos de canções* (agrupadas tematicamente), incluindo *Winterreise* (*Viagem de Inverno*) e *Schwanengesang* (*Canto do Cisne*). Os ciclos de canções geralmente são baseados em ciclos de poesia, ou seja, o compositor pega um grupo de poemas que pertencem a um mesmo conjunto e cria um ciclo de canções a partir deles.

O que tornou Schubert um grande compositor de canções foi que ele tinha um fluxo praticamente infinito de *melodias*. As pessoas nunca reclamaram que não conseguiam cantarolar as melodias *dele*.

CAPÍTULO 3 **Identificando uma Sonata** 103

Robert Schumann (1810–1856), Hugo Wolf (1860–1903) e Gustav Mahler (1860–1911) foram os outros grandes compositores românticos de canções de arte. Sem dúvida, foram influenciados pela maestria de Schubert no gênero. Eles foram os seguidores e Schubert, seu *Lieder*.

Formas das canções

Canções têm muitos tipos diferentes de formas. Mas, para resumir, podem ser em *forma de verso* ou *não estrófica*.

- » *Versos* em canções de arte são como os versos da música popular atual. Cada verso do poema é incluído na mesma música. É possível encontrar centenas de exemplos nesse formato nas músicas de hoje. Quase toda canção de rock no rádio é feita de vários versos.

- » *Não estrófica,* por outro lado, significa que a música muda constantemente para seguir a ação das palavras, do início ao fim, e não se repete, necessariamente, em nenhuma seção em particular. *Erlkönig*, de Schubert, é um exemplo de uma canção não estrófica, bem como "Bohemian Rhapsody", do Queen, e a canção "My Boy Bill", do musical *Carrossel*.

Se estiver interessado em escutar canções de arte em apresentações ao vivo, confira uma universidade ou conservatório local. A maioria dos alunos de canto faz vários recitais de canções de arte como requisito para a graduação, e eles são, muitas vezes, absolutamente maravilhosos e costumam ter, lamentavelmente, pouco público.

DICA

Mais um incentivo: esses recitais são sempre seguidos por recepções em que a comida não é só boa, mas extremamente abundante, graças à eterna esperança dos recitalistas de que mais pessoas apareçam.

Oratórios e Outras Obras para Coral

A maior parte da música que discutimos neste livro é instrumental, ou seja, não inclui *cantores*. Mas não estaríamos fazendo um bom trabalho se não mencionássemos os *oratórios*, que são peças religiosas, algumas das músicas mais gloriosas já compostas.

PAPO DE ESPECIALISTA

Em tempos medievais, a música tinha uma função principalmente religiosa. Ela era cantada por monges que tinham pouco para fazer e tratava de assuntos religiosos. Na era barroca, todos os compositores famosos escreveram música com temas religiosos — incluindo oratórios.

Um oratório é uma obra musical enorme, de várias horas, para coro, orquestra e vocais solistas, e normalmente conta uma história bíblica. George Frideric Handel (1685–1759) é mais conhecido por seu oratório *O Messias*, popular em todo lugar nos Natais; mas, em círculos musicais, seus oratórios baseados no Velho Testamento também são bem conhecidos: *Saul*, *Sansão*, *Israel no Egito*, *Salomão*, e muito mais.

Bach escreveu vários oratórios incríveis sobre temas do Novo Testamento: o *Oratório de Natal* e as Paixões Segundo São Mateus, São João e São Lucas. Foi também fã da forma musical chamada *cantata*, que, embora possa soar como um novo sedã da Chrysler, é, na verdade, um oratório curto. Com o passar dos anos, Bach escreveu mais de 200 cantatas, cada uma para um domingo diferente do calendário da igreja.

Ele até escreveu uma paródia de uma cantata — nº 211, a *Cantata do Café*, que é uma grande piada: em vez de falar sobre Jesus, a letra fala sobre café. Cada movimento exalta as qualidades maravilhosas e estimulantes da bebida favorita de Bach.

Comparecer a uma apresentação de um oratório é uma experiência monumental, de que você provavelmente não se esquecerá. Mas devemos adicionar um aviso aqui: na maioria dos oratórios, as seções são longas. Portanto, os intervalos (se houver algum) são distantes um do outro. Não beba um litro de suco de uva antes de ir a um oratório.

Óperas, Operetas e Árias

Enquanto falamos sobre cantar, precisamos mencionar a ópera. *Ópera* é drama com música. Ela combina o melhor do teatro, arte e música vocal e instrumental em uma mistura altamente dramática, carregada de emoção e intensamente atraente.

DICA

Uma ópera de verdade geralmente não tem palavras faladas; tudo é cantado. Esse fato levou a algumas paródias hilárias em filmes e comerciais de TV.

Uma *opereta* é muito similar a uma ópera (embora normalmente tenha um tema mais leve), mas com uma distinção muito importante: uma opereta tem diálogo falado além do canto. Pensando bem, quase todos os shows da Broadway já escritos são operetas.

Em uma ópera ou opereta, a ação ocasionalmente é interrompida para que um personagem se lance em uma canção para expressar emoção. Esse tipo de canção é chamada de *ária* (do italiano para "ar"). As partes mais populares de qualquer ópera são as árias. Sempre que os Três Tenores faziam um concerto, cantavam uma ária depois da outra.

Quando uma orquestra contrata uma cantora famosa como solista, ela também canta árias, assim como os cantores em recitais vocais universitários.

A ópera é uma categoria tão importante, vasta e abrangente, que realmente merece um livro só para ela. Na verdade, nós escrevemos um: ele se chama *Opera For Dummies*, de David Pogue e Scott Speck (John Wiley & Sons, Inc.).

Aberturas e Prelúdios

Temos certeza de que você já sabe o que é uma *abertura*: a pequena peça musical composta originalmente para a orquestra em shows da Broadway ou óperas tocar antes da abertura das cortinas. Mas a palavra *abertura* também pode se referir a uma peça curta composta para evocar certos sentimentos. A *Abertura Trágica* de Brahms, por exemplo, não foi composta para nenhuma ópera ou peça teatral, mas simplesmente para evocar um humor trágico.

Se já compareceu a apresentações de teatro musical ou já viu a versão em filme de um musical, sabe que a abertura tem, normalmente, apenas uns dois minutos. Consequentemente, as autoridades do mundo da orquestra sinfônica acharam que tal peça serviria muito bem como a abertura para um concerto: estrutura descomplicada, frequentemente com emoções leves, e curta o suficiente para fazer uma bela transição entre o burburinho (e o período curto de atenção) da vida cotidiana e o mundo mais focado, concentrado e de emoções profundas do salão de concertos.

Balés e Bailarinas

Um *balé* é uma história contada em música e dança, sem fala e sem canto.

Nos primórdios do balé, a dança era a única coisa importante. O trabalho do compositor era escrever música para que os dançarinos se exibissem. Considerações musicais como o drama, o ritmo e até mesmo a beleza do som eram secundárias em relação ao espetáculo da dança: homens e mulheres jovens com lindas pernas. Portanto, os primeiros compositores não se esforçavam muito em suas composições para balé — afinal de contas, era só música de fundo.

PAPO DE ESPECIALISTA

Mas então surgiu Peter Tchaikovsky (1840–1893). Ele escreveu músicas tão deslumbrantes para balés, como *Lago dos Cisnes*, *A Bela Adormecida* e *O Quebra-Nozes*, que as pessoas não conseguiam mais não ligar para a música de "fundo". Começando com seus balés, algumas pessoas passaram a ouvir balés apenas pela música.

Os balés de Tchaikovsky são os mais populares e amados na história do balé. Logo outros compositores começaram a seguir seu exemplo. Dois outros compositores russos em particular, Sergei Prokofiev (1891–1953) e Igor Stravinsky (1882–1971), entraram na composição de balés de maneira igualmente significativa.

CONFIRA

Gradualmente, suas músicas para balé se tornaram populares mesmo sem a dança. Os balés *Romeu e Julieta* e *Cinderela*, de Prokofiev, são habituais nos palcos de balé, mas suas partituras também são populares com públicos de concerto. E embora nem todos os balés de Stravinsky sejam regularmente apresentados por dançarinos atualmente, ainda é possível ouvir a música em todos os lugares. Orquestras do mundo todo apresentam constantemente *O Pássaro de Fogo*, *Petrushka* e *A Sagração da Primavera* (que tem um trecho no site da Alta Books — procure pelo título do livro).

Assim como na ópera, em que a ação é interrompida e um personagem canta uma ária para expressar seus sentimentos, o balé tem momentos em que a bailarina *dança* para expressar seus sentimentos — sozinha ou com seu consorte masculino (ou cavalheiro), em uma forma de dança conhecida como *pas de deux*. Nesses momentos, o enredo para. Mas essas são as partes mais animadoras em um balé, porque são as mais expressivas. Assim como as árias são os destaques de uma ópera, essas formas de dança são os destaques do balé.

Entre essas "árias" para dançarinos, a música do balé é frequentemente escrita para imitar a ação no palco. Portanto, a maioria das músicas de balé é *programática* por natureza — o que significa que "conta uma história". Essa música conta uma história de maneira direta e detalhada — ainda mais do que os poemas sinfônicos. Em um poema sinfônico, a música transmite um humor em particular, ou talvez uma cena em particular. Mas, em um balé magistral, quase todas as notas da música correspondem diretamente a uma motivação e ação específicas no palco.

Em concertos de orquestra, a música do balé vem em duas formas diferentes. Em primeiro lugar estão as partituras, que normalmente não têm cortes e consistem exatamente na música que foi escrita para a dança. Essas partituras podem ser difíceis de seguir, a não ser que você entenda qual é a "música de ação" entre as danças. Quando escutar um balé *completo* em um concerto, portanto, faça o melhor para descobrir os detalhes da história de antemão (geralmente olhando no programa).

E então há as *suítes balé*. Uma suíte balé é uma coleção dos destaques mais expressivos do balé original, omitindo-se todo o resto. Como resultado, as suítes balé tendem a ser ainda mais empolgantes do que os balés completos. Quando escutar uma suíte balé, é menos essencial saber exatamente o que acontece na história. A própria música é suficientemente expressiva.

Quartetos de Cordas e Outras Combinações

A coleção musical de sua biblioteca local está cheia de *duetos* — peças para dois instrumentos. E *trios*, para três. E *quartetos*, para — você adivinhou — quatro. *Quintetos*, para cinco. *Sextetos*, para seis. *Septetos*, para sete. *Octetos*, para oito. *Nonetos*, para nove. A lista vai longe. Mas uma combinação de instrumentos provou ser mais popular do que o restante: o *quarteto de cordas*.

O quarteto de cordas consiste em dois violinos, uma viola e um violoncelo. (Para descobrir mais sobre esses instrumentos, veja o Capítulo 7.) Em uma época, um objetivo muito importante para um compositor era provar seu valor dominando a composição de um quarteto de cordas. Na maior parte, a estrutura de uma peça para quarteto de cordas é a mesma que a de uma sinfonia: normalmente quatro movimentos arranjados em uma ordem tradicional rápida-mais lenta-dançante-alegre.

Algumas formas musicais levaram séculos para evoluir, passando pelas mãos dos maiores compositores e ficando cada vez mais refinadas. No caso do quarteto de cordas, no entanto, um homem teve mais influência sobre a forma do que qualquer outro. Esse homem foi Joseph Haydn.

Haydn (1732–1809) foi um dos três melhores compositores do período clássico na música (os outros dois foram Mozart e Beethoven). Como explicado no Capítulo 2, ele foi contratado para viver, compor e reger na corte real do príncipe Esterházy, fora de Viena. Isso é que é baixa rotatividade: Haydn gostou tanto de suas condições de trabalho que ficou lá por 30 anos, até que seu empregador morreu. Durante esse tempo, deveria escrever música para noites de entretenimento musical duas vezes por semana.

Haydn tinha uma banda de ótimos músicos à sua disposição, e eles também eram empregados em tempo integral da corte Esterházy. Então ele escreveu várias músicas para eles: sinfonias, concertos, ópera, oratórios, sonatas para teclados, música para festa — e 83 quartetos de cordas.

PAPO DE ESPECIALISTA

Isolado como estava, fora da cidade, na corte real, Haydn recebeu pouquíssima influência externa em suas composições. Ele era a Ilha de Galápagos da música. Era livre para experimentar, tentar novas formas e estilos, ver o que funcionava ou não. No decorrer desses 30 anos, ele praticamente padronizou sozinho a forma do quarteto de cordas e da sinfonia.

As inovações de Haydn e as padronizações dessas formas tiveram uma grande influência em seus colegas e alunos, Mozart e Beethoven, que se referiam a ele como "Papai Haydn", e cujos quartetos de cordas são igualmente tão sublimes quanto os de Haydn.

Para que Você Precisa de uma Forma?

Ficamos felizes que tenha perguntado. Na verdade, a forma *não é* necessária. Mas, como você já sabe, era *esperado* que os velhos compositores encaixassem seus trabalhos em formas estabelecidas se quisessem ser levados a sério. E a maioria deles obedecia.

Mas não é só por isso. Sem estrutura alguma, o processo criativo é incrivelmente difícil. Como lemos em um livro, as coisas que não têm forma tendem a ser vazias. Mas é mais fácil ser criativo quando há certas orientações com as quais trabalhar. Era mais fácil colorir em livros de colorir com linhas pré--desenhadas quando éramos crianças; é mais fácil compor música se houver um molde musical para usar; e é mais fácil escrever um livro se você tiver um esboço estabelecido de antemão.

NESTA PARTE . . .

Entre no estranhíssimo mundo da sala de concertos e conheça os rituais obscuros e incomuns de ir a um deles.

Descubra o que acontece, segundo a segundo, em uma peça de música clássica.

Desenvolva uma intimidade com nove das melhores obras-primas musicais do mundo.

Vá para os bastidores — o mundo fascinante dos músicos.

> **NESTE CAPÍTULO**
>
> » Sabendo o que vestir, onde se sentar e o que comer
>
> » Decifrando o livreto do programa
>
> » Entendendo o que acontece no palco
>
> » Conhecendo o maestro: raramente fala e carrega uma varinha

Capítulo **4**

Guia Fácil de Sobrevivência para Concertos de Dave & Scott™

r a um concerto parece visitar uma convenção de cientistas, políticos ou japoneses: você anda por uma sala enorme cheia de gente falando uma língua que não entende, vestida de maneira estranha e se comportando de acordo com regras que você não vê. Mas não tema: este capítulo vai salvá-lo da vergonha e da confusão. Quando terminá-lo, será tão sagaz quanto o maior esnobe da música na sala de concertos.

Por um momento, vamos falar sobre concertos de orquestras sinfônicas. Mas tudo o que dissermos neste capítulo também é relevante a concertos de grupos menores, como quartetos de cordas ou quintetos de metais, ou até recitais de piano ou vocal.

Preparando-se... Ou Não

Você não precisa ficar intimamente familiarizado com a música do programa antes da apresentação. Afinal de contas, um concerto clássico, como um show de rock, uma peça de teatro ou um filme, deve ser apreciado.

Mas, como seres humanos, tendemos a gostar do que conhecemos. Sua melodia favorita de todos os tempos um dia foi completamente desconhecida, inclusive para você.

DICA

Então, depois de gastar entre R$10 a R$150 em um ingresso para a sinfônica, o investimento de outros R$9,99 para pedir ou baixar a música que escutará — ou R$0 para ouvi-la no YouTube ou encontrá-la na biblioteca — certamente vale a pena. Pelo menos encontre uma gravação do trabalho *principal* no repertório da noite. (Qual é o trabalho principal? Quase sempre é *qualquer coisa que venha depois do intervalo* — a última coisa no programa.)

Escute a gravação. Leia um pouco sobre o compositor neste livro. Isso já é preparação suficiente, a não ser que você queira ser como aqueles amantes da música empenhados que compram a partitura impressa e estudam a música.

Se não escutar uma gravação de antemão, pelo menos dê uma olhada nas notas no programa depois de chegar à sala de concertos. É possível descobrir coisas legais sobre o compositor, o que acontecia no mundo em seu tempo e o que ele queria dizer quando escreveu a música.

DICA

Algumas orquestras oferecem palestras antes do concerto. Essas palestras normalmente são animadas, informativas e divertidas. Se uma orquestra oferece essas palestras (e cada vez mais o fazem), elas normalmente começam uma hora antes do concerto e são de graça. Ligue e verifique.

Comumente, a pessoa que profere a palestra é alguém que ama e sabe muito sobre música — com frequência o palestrante é o maestro ou seu assistente. Normalmente essa pessoa é interessante e agradável de se escutar, mas há a leve chance, em ocasiões raras, de que seja um esnobe insuportável. Se for um desse tipo, certifique-se de falar para ele exatamente o que você pensa. O mundo da música clássica não precisa desse tipo de atitude.

Sabendo Quando Chegar ao Concerto

Chegue cedo. Você não quer perder um minuto da observação de pessoas. Além disso, se chegar cedo, pode ver todo o aquecimento estranho que os músicos fazem — o que é bem divertido.

O mais interessante é que os músicos provavelmente estarão "passando" pelas partes da música que acham especialmente complicadas. Não entenda mal: eles não estão "praticando" a essa altura — eles já conhecem a música de trás para frente, mas precisam que seus dedos, boca e mente estejam preparados para lidar com uma série de notas incrivelmente difícil.

Posso Usar uma Tanga para A Sagração da Primavera?

As pessoas muitas vezes ficam tensas sobre o que usar para ir a um concerto. Não se estresse: use o que quiser. Não há exigências ou códigos de vestimenta estabelecidos para concertos orquestrais.

Pessoas mais jovens frequentemente se vestem casualmente. Muitos do segmento mais velho do público vestem-se de maneira mais formal — um blazer para homens, um terninho ou vestido para mulheres. Alguns levam essa formalidade ao extremo e usam terno e gravata ou pérolas. Claro que eles têm o direito de fazer isso, e muitos gostam da oportunidade de se vestir bem. Nós, seus autores radicais, por outro lado, sentimos que a roupa formal dificulta muito o relaxamento e a intimidade com a música.

Sim, um concerto frequentemente tem um certo grau de dignidade e cerimônia. Mas essas coisas não são a verdadeira questão, que é escutar (e participar indiretamente) a apresentação de uma declaração humana magistral. Você não precisa de pérolas para isso, precisa de ouvidos.

Se decidir vestir roupas temáticas para um concerto (sarongues, e assim por diante), provavelmente será o único. (E provavelmente receberá olhares estranhos. Só queria avisá-lo disso.) Mas não pedirão que você saia. Na verdade, algumas pessoas acharão que você está fazendo publicidade para a orquestra, e ficarão encantadas.

LEMBRE-SE

Um ponto importante: se alguém, em qualquer momento, lhe der alguma razão para acreditar que desaprova sua vestimenta, faça o seguinte: vire-se para a pessoa, sorria e pergunte: "O que você achou daquela cadência imperfeita absolutamente formidável mais para o final da exposição?" Isso sempre funciona, não importa o que a orquestra tenha acabado de tocar.

Contudo, é melhor sempre esperar até que a orquestra tenha realmente *tocado* alguma coisa.

O Guia Gastronômico para Jantar Antes do Concerto

A regra para o jantar antes do concerto é simplesmente esta: evite criar uma situação em que precise sair constantemente da sala de concerto para usar o banheiro.

Como forma de distração, enriquecimento e aproveitamento depois do jantar, não há nada igual a um concerto clássico. Mas há grandes diferenças entre um concerto e, digamos, um filme. Em um concerto, você é entretido por seres humanos vivos que devem manter o foco, a concentração e a compostura por longos períodos de tempo. Às vezes, o ato de se levantar, caminhar por uma fileira inteira de poltronas e sair em disparada atrapalha os músicos (isso sem falar do público).

Alimentos a serem evitados antes de um concerto:

- » Queijo coalho frito
- » Um filé de costela de 1kg
- » Um sanduíche Reuben
- » Carne enlatada
- » Caçarola de feijão
- » Churrasco
- » 1 litro de refrigerante

Outro aviso: A fila do banheiro feminino nos concertos de hoje em dia tem vários quarteirões de comprimento — os salões sinfônicos médios têm capacidade para 2 mil pessoas, e o banheiro feminino médio, para seis. (Os homens, por outro lado, entram e saem de seu banheiro com rapidez.) Fato: Muitas orquestras foram forçadas a aumentar o tempo de seus intervalos precisamente por isso. Duas sugestões para as mulheres:

DICA

- » Não exagerem nos líquidos antes de um concerto
- » Fantasiem-se de homem

Isso tudo se resume a uma solução que pessoas que frequentam concertos conhecem há muito tempo: comer *depois*.

Descobrindo Onde Se Sentar e Como Conseguir os Melhores Ingressos

Todas as orquestras — e queremos dizer *todas* elas — têm preocupações financeiras atualmente. Dirigir uma orquestra profissional grande custa milhões por ano. Todas as orquestras precisam e merecem nosso apoio moral e financeiro. Nós nos sentiríamos extremamente culpados lhe dando dicas sobre como economizar dinheiro em um concerto de orquestra.

Então eis o que faremos: vamos lhe dar dicas sobre como economizar dinheiro em um concerto de orquestra *bulgraviana*. Orquestras bulgravianas, como você provavelmente já sabe, são fundadas por um governo autocrático. E nós não nos importamos se o governo da Bulgrávia ganha lucros exorbitantes em cima de suas orquestras hoje em dia.

Como Economizar em um Concerto de Orquestra Bulgraviana

por Dmitri Poguinski e Sasha Speckovich

Fato número um: Os melhores lugares em uma sala de concerto nunca são os mais caros. O melhor som frequentemente fica no fundo do balcão superior.

Se ficar bem no fundo do balcão, frequentemente pode ouvir o som refletir no teto diretamente até você. Parece que você está bem ao lado da orquestra, e às vezes é até possível ouvir os cochichos dos músicos. Além do mais, lugares bem em frente ao palco, onde ficam algumas das luminárias, têm a *pior* acústica — sentar lá é como comer *knotchpanitchki* bulgraviano com muito alho e pouca cebola. É coisa demais e pouca harmonia. Deixe que os sabores se misturem sentando bem mais para trás.

Adendo: Por outro lado, ver os músicos e o maestro (ou o solista em um concerto) é divertido, e é possível vê-los melhor sentando-se mais para a frente. Então, o que fazer? Bem, binóculos são uma boa ideia. Você também pode considerar comprar um ingresso no balcão e (a certa altura durante a primeira metade do concerto) procurar lugares vazios mais para baixo e na frente. Depois do intervalo você fica livre para se sentar em um lugar desocupado. Dessa forma, consegue o melhor de todos os mundos possíveis: acústica soberba na primeira metade, uma ótima visão na segunda metade e um ingresso barato.

Adendo do adendo: E se você se sentar em um lugar desocupado e alguém aparecer depois e reclamar? Pegue seu ingresso, pareça surpreso e exclame: "*Hôppla! et hëlá plàta Orkêstu A-1? Jôt dümal shto bîla Tritja Balkôn ZZ-49! Jôt toka requalá*" ("Ah, este lugar é da Orquestra A-1? Eu pensei que fosse o Terceiro Balcão ZZ 49! Sinto muito.") Ou, melhor ainda, diga: "*Môy bônaful! Et hëlá Sámôdi?*" ("Minha nossa senhora, hoje é sábado?")

Na verdade, só um sorriso bastará. **Lembre-se:** Você sempre terá seu assento para voltar.

DICA

Fato número dois: Os preços dos ingressos normalmente caem logo antes do concerto. Procure por ingressos na portaria (especialmente para estudantes), que podem custar apenas 10% do preço original, disponíveis meia hora antes do concerto. Há a tendência de encontrar cambistas de classe em frente a salas de concerto. Eles não poderão usar os ingressos, mas não querem que sejam desperdiçados. Às vezes pedem o preço original, às vezes oferecem um desconto e às vezes simplesmente os dão. Procure amigável e respeitavelmente e tente evitar ser visto pela Polícia Secreta Bulgraviana.

Fato número três: Se o dinheiro estiver curto, mas você realmente não quiser perder a obra principal de um concerto, considere chegar durante o intervalo (mais ou menos às 20h45 no horário do Leste Europeu para a maioria dos concertos). Algumas pessoas sempre vão embora no intervalo por alguma razão. (Estão com dor de cabeça, não estão interessadas na obra final do programa, começam a trabalhar cedo na fazenda comunitária no dia seguinte, e assim por diante.) Normalmente ficam felizes em dar seus lugares. Simplesmente fique do lado de fora nos degraus (ou no saguão de entrada) e peça educadamente. Fizemos isso ocasionalmente em nossos dias de estudante. Agora fazemos sempre.

Adendo do fato número três (e lembre-se, não fomos nós que lhe falamos isso)**:** Os ingressos quase nunca são verificados quando as pessoas voltam do intervalo. E *isso* é tudo o que falaremos.

DICA

Fato número quatro: Muitas orquestras oferecem um ensaio geral aberto para o público. O ensaio geral é de caráter extremamente casual, mas a música é de primeira classe. Geralmente os músicos tocam todo o programa que estão preparando; afinal de contas, esse é o último ensaio. Mas o maestro frequentemente interrompe e trabalha com a orquestra. Esse tipo de coisa pode ser fascinante, especialmente se puder ouvir o que o regente está dizendo. As orquestras que fazem ensaios abertos geralmente vendem seus ingressos por cerca de 36 drachmas bulgravianos (R$10).

Melhor ainda, fique amigo de alguém da orquestra. Os músicos são pessoas fascinantes. Com um pouco de sorte, eles conseguem permissão para que você assista a um ou dois ensaios de graça.

Aplaudir ou Não Aplaudir: Eis a Questão

Bate uma certa estranheza na primeira vez que você vai a um concerto, isso é certo: *Ninguém aplaude quando a música para!*

"Qual é o *problema* com esse público?", você pensa. "Essa música foi *ótima!*" Nós, seus autores, lembramo-nos de ter presenciado esse costume pela primeira vez aos oito anos (e ter ficado com vergonha porque *realmente* começamos a aplaudir) e pensado que era o costume mais estúpido que já tínhamos visto. Aqui está o motivo de ainda nos sentirmos da mesma forma.

Por que ninguém aplaude

O público, seguindo a apresentação com o programa, sabe que a *peça* ainda não acabou — apenas um *movimento*, ou seção de uma peça, terminou. Então eles esperam. É bem vergonhoso começar a gritar e aplaudir loucamente só para descobrir que ainda tem mais música e que 1.864 pessoas estão olhando para você.

Embora não concordemos com o costume de esperar, queremos que você se sinta confortável com isso. Aqui estão algumas dicas gerais de que a música realmente terminou:

» O maestro abaixa as mãos e as mantém abaixadas. (Se ele não quiser aplausos, às vezes sinaliza esse fato mantendo as mãos para cima e esperando pacientemente, ou se vira e olha diretamente nos olhos de quem está aplaudindo, ou grita: "Ainda não!")

» Todos os músicos no palco largam seus instrumentos.

» Todo mundo à sua volta começa a aplaudir.

» As luzes da sala de concerto são acesas.

» Os músicos saem do palco carregando seus instrumentos.

» Todo o público sai do auditório.

» A equipe de limpeza entra e começa a esfregar o palco.

DICA

Claro que há mais dicas práticas que lhe dizem quando a peça inteira — incluindo todas as várias seções — acabou totalmente. Por exemplo, olhe o programa. Ele sempre informa, logo abaixo do nome da peça que você está escutando, quantos *movimentos* (seções) ela tem. (**Lembre-se:** A maioria das sinfonias tem quatro e a maioria dos concertos, três.)

Mas ocasionalmente encontramos uma peça em que alguns movimentos são conectados, ou em que a peça inteira é tocada sem pausa, dificultando descobrir onde começa o movimento seguinte. Nesse caso, o público normalmente começa a aplaudir antes que você saiba que a peça acabou. Sem problemas.

Mais sobre a política insana de "não aplaudir"

Na verdade, aplaudir entre os movimentos é um tópico muito em voga nos círculos de música clássica hoje em dia. As pessoas não o fazem por duas razões: primeiro, por pressão dos demais. Segundo, a seguinte sabedoria popular em vigor apenas nas últimas décadas:

LEMBRE-SE

Uma sinfonia (ou concerto, ou suíte) é concebida como um todo. Os movimentos frequentemente estão relacionados uns aos outros. Eles pertencem a um todo, como frases em um parágrafo ou capítulos em um livro. Aplaudir entre eles faz com que pareçam desconectados em sua mente. Faz com que você esqueça, no final, o que aconteceu no começo.

Aqui está o porquê de isso ser uma besteira:

>> O público, sem querer tossir enquanto a música toca, guarda seus ataques bronquiais para a calmaria entre os movimentos, e então todos tossem juntos. Do ponto de vista da orquestra, essa situação é muito melhor do que tossir *enquanto* eles tocam, mas a tosse mesmo assim quebra o fluxo da música, pelo menos não na mesma proporção que as palmas fariam.

>> Às vezes a orquestra precisa *afinar* entre os movimentos. O som de todos os instrumentos mexendo em suas cravelhas, válvulas, cordas, embocaduras e comprimento dos tubos — em todos os tons ao mesmo tempo — quebra o fluxo de novo.

LEMBRE-SE

>> Mais importante, às vezes o primeiro, segundo e terceiro movimentos de uma peça são tão excitantes que você *quer* os aplaudir. Veja os concertos que apresentam um solista com a orquestra, por exemplo. Desafiamos qualquer um a encontrar uma peça musical que termine com tanta animação quanto o *primeiro* movimento do Concerto para Violino ou o Concerto para Piano nº 1 de Tchaikovsky. Não aplaudir depois do final desses movimentos seria anormal, loucura e totalmente errado. Eles são extraordinariamente emocionantes. Você deveria ficar de pé, gritar, jogar dinheiro e saltitar pelo auditório para celebrar.

Mas o que acontece de verdade? Uma dispersão de tosses, e só.

Antigamente, quando a música clássica *era* música popular, o público expressava regularmente sua aprovação (ou não) à apresentação de uma peça musical *enquanto era tocada.* Os concertos eram grandes, divertidos, saudáveis e excitantes para todos — como os concertos em estádios hoje em dia.

Uma razão da popularidade da música clássica ter caído no último século, em nossa opinião, é a perda da *diversão* na experiência de ir a um concerto. Claro, essas peças são clássicas, mas a santidade foi um pouco ao extremo. Beethoven nunca esperou que o público ficasse quieto antes, durante e depois de suas obras serem tocadas. Se estivesse vivo, *realmente* acharia que estava ficando surdo.

Felizmente, enquanto as orquestras tentam de tudo para levar o público perdido de volta às salas de concerto, essa rigidez muda lentamente. O público agora tem permissão de se expressar mais. Os regentes, que por décadas foram balançadores mudos de braços no palco, agora às vezes têm permissão para falar do pódio. Esperamos ansiosos que essa tendência continue — e pelo dia em que possamos aplaudir a qualquer momento em que o aplauso for merecido.

Quem Levar e Quem Deixar em Casa com o Cachorro

Crianças devem ser expostas à música clássica ao vivo o mais cedo possível. Mas, se acha que podem começar a chorar (ou gritar, ou vomitar) durante a apresentação, é melhor ficar em pé próximo de uma saída do que se sentar no meio do público.

DICA

Todo programa de concerto é diferente: alguns têm várias obras curtas, e outros consistem em apenas duas bem longas. Para determinar se você deve levar uma pessoa específica a um concerto sinfônico, considere o tamanho das peças e o período de atenção da pessoa. Atualmente, cada vez mais orquestras oferecem apresentações específicas para famílias, ou até mesmo só para crianças. Com um pouco de esforço é possível encontrar um programa certo para todo mundo.

Reconhecendo a Quais Concertos Ir ou Evitar em um Encontro

Um concerto é um evento maravilhoso para os enamorados. Pense em todas as canções de amor que se referem à música orquestral: "Eu escuto violinos", "Eu escuto uma sinfonia", "É música para os meus ouvidos!" A música orquestral é sinônimo de romance há décadas. Pense: violinos! Harpas! Tubas!

Ah, tudo bem — violinos e harpas.

Se você estiver em um encontro e quiser impressionar a outra pessoa com seu gosto, cultura e instinto romântico, é impossível ter algo melhor do que uma noite de música clássica. Essa noite de romance bem planejada, contudo, não levará a *mais* romance, a não ser que você leve certas coisas em consideração:

» **Que tipo de grupo escutará?** Se for uma orquestra completa, é quase impossível errar (veja a seguir "*Sobre* o que é a música?"). Se for um grupo de cordas (violinos, violas, violoncelos e contrabaixo), a música provavelmente será suave e melódica. Se for um grupo de metais, é mais provável que seja poderosa, alta e triunfante. Se for um grupo de harpas, verifique se alguém à sua volta está de branco. Se sim, você provavelmente está morto.

» **Que estilo ou período da música ouvirá?** Essa pergunta é excepcionalmente importante. Você pode usar a Linha do Tempo da Música Clássica (veja o Apêndice B) para ver a qual período pertence cada compositor no programa. Isso lhe dará uma ideia do caráter do que está prestes a ouvir. A música *barroca* é expressiva, mas de maneira altamente estilizada. A música do período *clássico* é agradável e graciosa, mas ainda emocionalmente reservada. (Ótima para o primeiro encontro com a filha de um magnata do petróleo.) A música *romântica* é exuberante, linda e muito expressiva.

» ***Sobre* o que é a música?** Ocasionalmente, os trabalhos clássicos têm uma história associada a eles. Essa história é sempre descrita no programa. Como algumas delas podem ser, de certa forma, vergonhosas em situações românticas, é melhor evitar algumas obras em um encontro (especialmente se vocês não se conhecem bem). Por exemplo:

DICA

- *Meditação de Medeia e Dança da Vingança* (de Samuel Barber, 1946): Uma obra-prima brutal sobre um personagem mítico, Medeia, que sai das profundezas e mata os próprios filhos.

- *A Sagração da Primavera* (de Igor Stravinsky, 1913): Uma obra musical verdadeiramente incrível, originalmente um balé, e talvez a obra clássica mais influente do século XX. Mas ela é dissonante, violenta e muito gráfica. Uma jovem virgem é sacrificada para os deuses, forçada a dançar até morrer. Classificação para maiores de 18 anos.

- *Daphnis et Chloé,* **Suíte 2** (de Maurice Ravel, 1912): Uma peça brilhante e charmosa para orquestra e coro, também originalmente um balé, com retratos lindos da natureza. Uma das representações da natureza, contudo, é uma grande "Dança Geral" (leia-se: orgia) no final. Se qualquer peça de música orquestral é apenas para maiores de 18 anos, é essa. A música para essa cena final (especialmente os gemidos sem palavras do coro) é sexualmente sugestiva e pode causar desconforto em algumas pessoas no público (nós adoramos).

- *Sinfonia Fantástica* (de Hector Berlioz, 1830): Outra grande obra-prima, um dos marcos do repertório. É sobre um homem que não consegue tirar sua amada da cabeça, toma ópio o suficiente para esterilizar um alce e sonha em assassinar sua namorada. Guarde essa para seu casamento.

Por outro lado, dependendo do relacionamento, algumas dessas obras podem ser ideais.

Espiando o Programa do Concerto

O livreto do programa é crucial para aproveitar o concerto que está prestes a experienciar. Espere ver todos os elementos a seguir em qualquer programa de respeito:

» Uma lista das obras musicais que serão tocadas

» Uma breve explicação de cada peça e seu compositor, incluindo um pouco de história

» Uma biografia do maestro e qualquer solista convidado do concerto

» Uma lista dos músicos

» Uma propaganda de um banco

Estas seções o levam por diferentes programas do concerto, que são representações de muitos programas que poderá encontrar em um concerto de música orquestral atualmente.

O formato de concerto típico

Por razões quase incompreensíveis, a grande maioria das orquestras sinfônicas usa um formato constante e comprovado para 90% de seus concertos. Esse formato é tão comum, que é quase esperado por um grande segmento da população frequentadora de concertos:

UMA ABERTURA

UM CONCERTO

— INTERVALO —

UMA SINFONIA

Essa listagem significa que há três peças no programa, com uma pausa depois das duas primeiras. Você pode comparar esse formato com o de uma refeição — entrada, prato principal e sobremesa —, só que a sobremesa é quase o dobro do tamanho do prato principal, e leva 45 minutos para ser comida. Tirando isso, é exatamente igual.

Uma *abertura*, como descrita do Capítulo 3, é uma breve introdução musical ou prelúdio para aguçar seu apetite musical. Normalmente é uma abertura *de verdade* roubada de algum musical ou ópera antigos. É uma ótima maneira de começar o concerto. Uma peça curta de abertura é um modo legal de dar uma chance aos atrasados de entrarem sem perder muita coisa.

DICA

Como o Capítulo 3 também descreve, um concerto (pronuncia-se "con-T-CHER-to", em italiano) é uma peça musical na qual um músico (o solista) toca a melodia enquanto o resto da orquestra o acompanha. O concerto é, de longe, a parte mais chamativa de qualquer programa de concerto, e muitas pessoas vão a um concerto de orquestra sinfônica para ter a experiência de ver um solista conhecido.

Depois do intervalo vem a sinfonia. Essa é a obra mais longa do programa. Quase sempre tem quatro movimentos, e a maioria das sinfonias dura de 35 a 45 minutos, o tamanho exato para a metade do concerto.

Eis o exemplo de uma página de programa de concerto usando o formato comprovado: ABERTURA-CONCERTO-*INTERVALO*-SINFONIA:

A ORQUESTRA FILARMÔNICA DE YUCCA FALLS

Yasser Ahmed Hooliham, Maestro
Hector Pernambuco, Violino

Abertura para O Barbeiro de Sevilha .... Rossini

Concerto para Violino nº 2 em Si menor .... Paganini
    Allegro maestoso
    Adagio
    Rondo

Hector Pernambuco, Violino

- INTERVALO -

Sinfonia nº 4 em Lá (Italiana) .... Mendelssohn
    Allegro vivace
    Andante con moto
    Con moto moderato
    Saltarello: presto

Fonte: Creative Commons

O nome da orquestra sempre aparece no topo da página do programa. Essa banda imaginária, a Orquestra Filarmônica de Yucca Falls, escolheu um dos poucos nomes disponíveis para si no mundo orquestral. A maioria das orquestras tem o nome de sua cidade (ou, às vezes, do país ou estado) — normalmente precedido das seguintes palavras: *Sinfônica*, *Orquestra Sinfônica*, *Orquestra Filarmônica* ou simplesmente *Orquestra*. Quase todas as orquestras profissionais do mundo têm nomes assim por duas razões:

» Um nome desse tipo dá, automaticamente, um ar especial de dignidade.

» Deixa claro exatamente o que o grupo faz.

(Verdade seja dita, algumas orquestras usam nomes como "MusicWorks", "Philharnova" ou "Oito Caras e Suas Mães". Mas, mais cedo ou mais tarde, muitas delas mudam para nomes mais tradicionais para que as pessoas saibam do que tratam.)

Depois do nome da orquestra vem o nome do diretor musical ou regente e qualquer solista que estiver no programa da noite. Nesse caso, o violinista Hector Pernambuco provavelmente não é nativo de Yucca Falls, mas é um virtuoso levado pela administração para oferecer algum tempero à temporada sinfônica.

Francamente, sempre damos risada quando lemos "Hector Pernambuco, violino", em vez de "Hector Pernambuco, *violinista*". Com pouquíssimas exceções, o solista convidado não é, de fato, um instrumento musical.

A música

A primeira obra no programa é a Abertura para *O Barbeiro de Sevilha*, de Rossini. O programa não lhe diz nada sobre Rossini — nem seu primeiro nome. Mas se você virar a página, o livreto do programa incluirá uma descrição de cada obra musical, bem como uma biografia curta de cada compositor. Nesse caso, Rossini se refere a Gioachino Rossini (1792–1868), um compositor italiano de óperas. Ninguém mais apresenta suas óperas (com a exceção proeminente de *O Barbeiro de Sevilha* e *Cinderela* — veja *Opera For Dummies*), mas as *aberturas* para essas óperas ainda são muito bem conhecidas e amadas hoje em dia. Se leu o Capítulo 3, você sabe que essa abertura será bem curta. Na verdade, tem aproximadamente sete minutos. Também pode adivinhar pelo título que a obra é bem alegre.

O concerto que vem em seguida é de Paganini. A biografia lhe dirá que é ninguém menos que Niccolò Paganini (1782–1840), aquele grande mestre do violino italiano que escreveu muitas peças pirotécnicas para demonstrar seu virtuosismo.

Note que o concerto tem os três movimentos usuais. Se você leu o Capítulo 3, sabe que são RÁPIDO-LENTO-RÁPIDO, mas as três linhas em italiano abaixo do nome da obra dão dicas mais específicas. A maioria dos compositores escreve algumas palavras na partitura no começo de cada movimento, descrevendo a velocidade e o caráter da música que está por vir. *Allegro maestoso* significa alegre e majestoso. *Adagio* significa tranquilo, calmo. *Rondo* se refere a uma forma musical específica em que o tema principal volta repetidamente — geralmente em um ritmo rápido. (Veja nosso glossário no Apêndice C para uma lista completa das frases italianas que você normalmente encontrará nos programas e o que elas significam.)

Depois do intervalo vem a sinfonia. O título de 99% de todas as sinfonias é simplesmente "Sinfonia" seguido de um número e, às vezes, um tom. Essa é a número 4 e seu tom é Lá. (Não é necessário entender nenhuma dessas informações para apreciar a sinfonia. Mas se quiser saber mais sobre *tons*, dê uma olhada no Capítulo 11.) Essa sinfonia, diferente da maioria, também tem um apelido em seu título: *Italiana*. Com isso, você pode apostar que a música tenta, de alguma forma, retratar o sabor da Itália.

A sinfonia é de Mendelssohn, e o livreto do programa lhe dirá que se trata de Felix Mendelssohn (1809–1847), um compositor alemão que tinha muito talento e teve uma vida curta. (Ele morreu aos 38 anos.) A sinfonia tem os seguintes quatro movimentos esperados: *Allegro vivace* (alegre e vivaz), *Andante con moto* (lento, mas com movimento), *Con moto moderato* (com movimento, moderadamente) e *Saltarello: presto* (uma dança italiana saltitante, extremamente rápida). (Quantos mágicos realmente percebem que "Presto!" significa "Rápido!"?)

Ao ler o programa, você notará que as pessoas espertas da Filarmônica de Yucca Falls fizeram um pequeno brainstorming. Todas as obras do programa têm alguma conexão com a Itália. As duas primeiras foram escritas por italianos, e a terceira tem o apelido de "Italiana". Essas conexões criam uma coerência temática entre as três peças musicais, que são, na realidade, muito diferentes. Isso adiciona uma dimensão de prazer — talvez até de estética — à experiência de ir ao concerto.

Um tipo de programa diferente

Agora vamos ver um concerto em que o programa não se encaixa no formato ABERTURA-CONCERTO-*INTERVALO*-SINFONIA. Na verdade, o programa da próxima página não contém uma abertura, um concerto nem uma sinfonia. E não tem nada a ver com a Itália. Apenas o intervalo é reconhecível.

DICA

Note que a Sinfônica de Salamanca fará essa apresentação três vezes. O público dessas apresentações será notavelmente diferente e, se isso for importante para você, compre os ingressos certos. Os públicos de sexta e sábado à noite provavelmente conterão pessoas de negócios jovens e de meia-idade, com uma atmosfera ligeiramente mais festiva no sábado. O domingo à tarde conta com crianças e cidadãos idosos que não gostam de dirigir à noite. A atmosfera no domingo é mais quieta e provavelmente menos formal.

Sexta-feira, 20 de dezembro, às 20h15
Sábado, 21 de dezembro, às 20h15
Domingo, 22 de dezembro, às 15h15

A Sinfônica de Salamanca apresenta:
UMA SURPRESA DE NATAL!

Paricia Pfeffermühle, Diretora Musical

Andreas Weltschmerz, Barítono

Trichinosis III..Jay P. Walker
(1972–)
Meditação de Medeia e Dança da Vingança.......................Samuel Barber
(1910–1981)
Kindertotenlieder...Gustav Mahler
(1860–1911)

I.	Nun will die Sonn' so hell aufgeh'n
II.	Nun seh' ich wohl, warum so dunkle Flammen
III.	Wenn dein Mütterlein
IV.	Oft denk' ich, sie sind nur ausgegangen
V.	In diesem Wetter

Andreas Weltschmerz, Barítono

••• INTERVALO •••

Suíte de O Quebra-Nozes.......................................Peter Ilyich Tchaikovsky
(1840–1893)

Abertura Miniatura
Marcha
Dana da Fada Açucarada
Dança Russa (Trepak)
Dança Árabe
Dança Chinesa
Dana das Flautas de Bambu
Valsa das Flores

Fon: Creative Commons

Se a Sinfônica de Salamanca for uma orquestra profissional típica, a qualidade da apresentação também será levemente diferente de show para show. A de sexta à noite deve ser bem animada. Os músicos estarão com os nervos à flor da pele — afinal de contas, é a noite de estreia. Você pode ouvir uma ou outra nota errada, mas, no geral, a atmosfera no palco está completamente carregada. A apresentação de sábado pode ser mais perfeita, talvez, mas também pode não ter a animação da sexta à noite. E a de domingo à tarde também pode ser levemente menos animadora: terceira apresentação, preguiça de fim de tarde, público com menos energia.

Note que os horários dos concertos estão listados no topo da página do programa. Cada vez mais orquestras começam suas apresentações em horários estranhos, como 20h15. A razão é clara: elas temem que você chegue atrasado.

DICA

Se o programa indicar que um compositor não está morto, você já sabe que a composição será moderna. Nosso mestre moderno, Jay P. Walker, nasceu em 1972. Quase sem exceção, se uma orquestra profissional toca uma obra moderna (especialmente uma com um título tão apetitoso quanto *Trichinosis III*), ela é a *primeira* do programa. Novamente, há uma razão oculta para esse posicionamento: muitos membros do auditório não gostam de escutar música "clássica moderna", especialmente se acham que soará meio alienígena, discordante e não melódica. O pensamento da orquestra é o seguinte: se a obra nova for tocada *depois* do intervalo, as pessoas podem fugir no intervalo. E se for *antes* do intervalo, muitas planejarão chegar bem na hora da segunda parte. Mas se a nova peça for a primeira parte do programa, ninguém perde nosso novo trabalho — nem aqueles que esperarão o perder chegando às 20h15!

Então, voltamos ao nosso programa: em segundo lugar está a *Meditação de Medeia e Dança da Vingança,* do compositor norte-americano Samuel Barber. Essa obra é um *poema sinfônico:* uma descrição visual de eventos não musicais — uma história contada através da música.

A terceira obra é um *ciclo de canções:* várias canções sob um título. Esse ciclo de canções é de Gustav Mahler, um grande compositor romântico tardio de sinfonias e canções. As cinco canções no ciclo são listadas em ordem — mas, infelizmente, em alemão. As notas nas páginas seguintes no livreto do programa traduzirão não só o título, mas também o texto completo de cada canção. Em tais casos, é uma ótima pedida ler as traduções antes de o concerto começar. Dê uma olhada durante a apresentação se quiser, mas não cometa o erro comum de ficar grudado a elas. Você pode perder uma ótima apresentação musical.

Depois do intervalo vem a amada Suíte *O Quebra-Nozes*, de Peter Tchaikovsky. Novamente, o posicionamento no programa é estratégico: a orquestra sabe que essa obra é a estrela da noite, e nenhum lugar da casa ficará vazio!

Uma *suíte*, como explicado no Capítulo 3, não é nada mais do que uma sequência de danças, uma depois da outra. Nesse caso, todos os títulos das danças aparecem em português na página do programa.

Apresentando o Spalla

Agora que você já se sentou e leu o livreto do programa, se olhar com cuidado, notará um lugar vazio no palco, logo à esquerda do pódio do maestro. Esse lugar é o do primeiro violinista — o *spalla* (ou *concertino*).

O spalla tem muitos deveres essenciais, que discutimos nestas seções. Ele determina (anota na partitura) quando os instrumentos de corda movem seu arcos para cima e quando os movem para baixo. Aborda as questões de *articulação* — por quanto tempo tocar a nota — para todos os músicos de instrumentos de corda. E age como intermediário, às vezes como embaixador, entre os membros da orquestra e o maestro. ("Lenny, as violas ainda estão sentindo uma corrente de ar vindo do lado esquerdo do palco.")

Afinando

Mas todo esse trabalho musical acontece no ensaio. No palco, antes do concerto, o spalla parece ter apenas um dever: afinar a orquestra. Esse trabalho parece tão simples — e, de fato, tão bobo —, que muitas pessoas se perguntam qual é a importância. Até onde podem ver, tudo o que ele faz é subir no palco, agradecer os aplausos do público, ficar de costas e apontar para o oboísta.

Só isso. Apontar para o oboísta. Para isso ele ganha o próprio camarim.

O oboísta senta no meio da seção de madeiras, que fica no meio da orquestra. Sob o comando, ele levanta o oboé e toca uma única nota. Mas não é qualquer nota, é um Lá. E não é qualquer Lá, é um *Lá 440* (veja o box "Lá 440: O que Isso Significa?").

Girando, puxando e empurrando

O oboísta toca seu Lá 440 até que todos os membros da orquestra tenham uma chance de escutá-lo. Os músicos afinam os instrumentos tentando se igualar exatamente à nota do oboé. Os músicos de cordas viram as cravelhas de seus instrumentos. O percussionista no tímpano usa pedais para esticar ou soltar a pele do instrumento. Os músicos de madeiras e metais empurram ou puxam certas partes de seus instrumentos, encurtando (para que fiquem levemente mais agudos) ou alongando (para que fiquem mais graves). Outros podem realizar essa afinação ajustando a posição dos lábios na embocadura.

Depois que todos os músicos afinam com o Lá do oboísta, o spalla senta. A orquestra fica em silêncio e uma quietude cai sobre a sala de concertos. Um momento depois, o maestro entra. O público aplaude muito.

Mas por quê? Ele não *fez* nada ainda!

LÁ 440: O QUE ISSO SIGNIFICA?

Antes de se apresentar, músicos de todo o mundo afinam seus instrumentos para a nota *Lá 440*. Permita-nos explicar essa terminologia musical útil.

Todos os sons que você escuta são produzidos por vibrações, ou ondas, no ar. Imagine que as pudesse ver. Elas se pareceriam com isso:

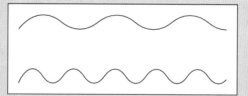

O número de ondas que chegam aos seus ouvidos em um dado segundo é chamado de *frequência*. Veja: *Quanto maior a frequência, mais aguda a nota é*. É só isso. Nas duas ondas da figura, a segunda tem uma frequência mais alta do que a primeira; portanto, cria uma nota mais aguda do que a primeira onda.

No mundo da música, a nota em que todos afinam é chamada de Lá 440, porque essa onda sonora específica tem uma frequência de 440 ondas microscópicas por segundo, produzindo a nota Lá.

Como é possível determinar com uma precisão tão incrível em qual frequência seu instrumento está? Bem, ao longo de muitos anos, grandes músicos foram realmente capazes de aprender a discernir essas diferenças. Essa é uma de suas habilidades. Mas atualmente muitos músicos usam um *afinador*. Essa maquininha, pouco maior do que um celular, tem um metrônomo embutido que mede a frequência exata.

Na verdade, o Lá 440 nem sempre foi o padrão para a afinação: o tom padrão subiu com os anos. Na era barroca (cerca de 300 anos atrás), os músicos afinavam para uma versão mais grave do Lá, com cerca de 430 ciclos por segundo. Como resultado, a música escrita para, digamos, cantoras sopranos da era barroca agora é mais difícil de cantar. As notas agudas do grande oratório *O Messias*, de Handel, por exemplo, são muito mais difíceis para o coro do que eram em 1742.

Hoje, a frequência de afinação *continua* a subir. Muitas orquestras passaram a afinar em Lá 442, uma diferença leve, mas ainda perceptível. Eles sentem que a frequência mais alta lhes dá um som mais vívido.

Ótimo, mais uma moda irritante com a qual se preocupar, junto com o aquecimento global, a deriva continental e o esgotamento da energia solar.

Entra o Maestro

Não fique com vergonha se não souber qual é a importância do maestro. Os novatos na música se perguntam isso. O público também. E até mesmo alguns músicos da orquestra.

Como maestros, nós nos sentimos na obrigação de responder.

Uma orquestra profissional é um grupo de indivíduos altamente habilidosos. Cada um tem uma especialização avançada de um conservatório ou escola de música, e cada um é um artista consumado com gosto, autoridade musical e técnica para brilhar. Mas coloque um monte desses músicos em uma sala juntos e é certo conseguir pelo menos 50 ideias diferentes de como a música deve ser. O resultado são caos e possíveis brigas físicas. Por isso o maestro, cujo trabalho é parte musical e parte política.

A música é uma arte viva, então é perfeitamente válido que pessoas diferentes tenham interpretações diversas de qualquer obra. Escute algumas gravações distintas de um trabalho específico de música clássica e você entenderá o que queremos dizer. Embora a peça musical permaneça exatamente a mesma, algumas apresentações são mais rápidas e outras, mais lentas. Algumas são mais ruidosas; outras, mais suaves. E algumas interpretações são incrivelmente excitantes, enquanto outras parecem monótonas.

Na música orquestral, essas diferenças são, muitas vezes, o resultado de maestros distintos. Eles são responsáveis por determinar a velocidade (também conhecida como *tempo*), o equilíbrio instrumental, os níveis de volume, o comprimento das notas, o fraseamento e o ritmo dramático de qualquer peça musical que a orquestra toque. A combinação de todas essas ideias é chamada de *interpretação*.

Entendendo a interpretação

Mas, você pergunta, essas variáveis não foram especificadas pelo compositor?

Não exatamente. Um compositor pode escrever "Allegro" no começo de uma obra. *Allegro* significa alegre, ou rápido. Claro, mas rápido *quanto*?

PARA VIRTUOSOS

Alguns compositores vão além e marcam exatamente a velocidade em que querem a música. Eles usam um *metrônomo*, um dispositivo que existe desde a época de Beethoven (veja a Figura 4-1). Configure-o em qualquer número entre 30 e 200 e ele fará um som de cliques exatamente naquele número de batidas por minuto. A propósito, um relógio com um ponteiro de segundos "clica" a exatamente 60 batidas por minuto.

Mas se a maioria dos compositores, começando por Beethoven, coloca uma marca de metrônomo no começo de cada peça musical, por que precisamos de um maestro para indicar o tempo?

FIGURA 4-1: Um metrônomo ajuda o maestro a marcar o tempo.

© iStock.com/Katie Fletcher

Ótima pergunta. E ela tem, pelo menos, três respostas:

» Até mesmo o músico mais virtuoso não tem um sentido de tempo absolutamente infalível. Da próxima vez que tiver uma chance, peça a um mestre violoncelista para cantar a 120 batidas por minuto. Ele chegará perto na maior parte do tempo, mas não será perfeito o tempo todo. Então, em um grupo grande de músicos, como uma orquestra, até uma marcação de metrônomo especificamente anotada tem a propensão de receber várias interpretações levemente diferentes. O maestro está lá para unificar o tempo da orquestra.

» Os compositores também entendem que muitos fatores podem alterar esse tempo. Salas de concertos diferentes com acústicas diferentes, orquestras de tamanhos diferentes e até mesmo a pressão atmosférica influenciam o andamento de uma orquestra. Uma velocidade que soa absolutamente perfeita no muito ressonante *Concertgebouw* de Amsterdam pode parecer lenta demais para a acústica relativamente seca do Robert Louis Stevenson Elementary School Cafetorium, em Farfalloo, Wyoming. Determinar o andamento correto para cada situação é o papel do maestro.

PARA VIRTUOSOS

Como resultado, no último século, os maestros se sentiram livres para tratar a marcação do metrônomo como um ponto de partida, ou até para ignorá-la completamente. As sinfonias de Beethoven, por exemplo, são praticamente sempre tocadas em um tempo mais lento do que o próprio Beethoven especificou. A tradição, junto a várias teorias sobre a condição do metrônomo do velho senhor (sem falar de seus neurônios), levou gerações de músicos a contradizerem as especificações do pobre Ludwig.

» Na maior parte do tempo, os compositores não *querem* que suas músicas sejam tocadas exatamente na mesma velocidade do início ao fim. Eles podem indicar uma marcação de metrônomo por conveniência, mas também esperam um certo declínio e fluxo em sua música. Em certos pontos, eles querem que a música relaxe ou diminua a velocidade, e em outros querem que acelere e avance levemente.

O maestro indica tudo isso para os músicos.

Fatiando o tempo

O maestro realiza essa tarefa com sua *batuta*. Se você vir um regente cortar o ar de cima para baixo e da esquerda para a direita, ele está indicando os tempos da música (veja a Figura 4-2). Ou, muito literalmente, está fatiando o tempo em segmentos menores. A orquestra toca um certo número de notas para cada fatia de tempo.

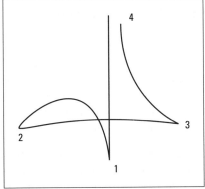

FIGURA 4-2: Fatiando o tempo — o padrão de tempos de um maestro indica as diferentes batidas da música.

Fonte: Creative Commons

Nos primórdios da música clássica, as orquestras *não tinham* maestros. O líder da orquestra era o primeiro violinista ou, às vezes, o cravista. Ele dava a entrada levantando sua mão ou o arco do seu violino no tempo certo. Então todo mundo seguia esse músico enquanto ele tocava sua parte.

PARA VIRTUOSOS

Como a música começou a ficar mais complexa, logo exigiu um músico cujo único propósito fosse indicar o fluxo da música — um maestro. Um dos primeiros foi o compositor barroco Jean-Baptiste Lully (1632–1687). Ele costumava ficar de pé na frente da orquestra com um cajado pesado, marcando o tempo ao batê-lo no chão.

O cajado pesado mostrou ter duas desvantagens. Primeiro, tendia a fazer um som alto em cada batida. Segundo, matou Jean-Baptiste Lully. Um dia, enquanto marcava o tempo alegremente, Lully bateu, sem querer, o cajado em seu pé em vez de batê-lo no chão. O ferimento resultante infeccionou e gangrenou, e ele morreu.

Anos mais tarde, o cajado pesado foi substituído por uma partitura enrolada. Esse pergaminho ficou popular por causa de suas duas grandes vantagens: não fazia barulho e não causava gangrenas.

Finalmente, no século XIX, o pergaminho foi substituído pela batuta de madeira. O maestro podia controlar a batuta entre a ponta dos dedos, moldando a música com gesto sutis e graciosos.

Mais ou menos na mesma época, compositores/regentes como Richard Wagner (1813–1883) e Gustav Mahler (1860–1911) lançaram o estereótipo do diretor musical excêntrico, temperamental, maluco e egomaníaco. Com suas poderosas batutas, eles se estabeleciam como deuses, esperando respeito orquestral perfeito a cada movimento de punho.

O mito do maestro como super-homem continua até hoje, perpetuado amplamente por certos agentes — e, com certeza, pelos próprios maestros.

Lendo a descrição do trabalho

Ser um maestro realmente exige *alguma* força de vontade. Afinal de contas, você está em pé na frente de quase 100 músicos soberbos, e a maioria conhece a música pelo menos tão bem quanto você. É seu trabalho convencê-los a seguir *sua* interpretação musical. Você se sentiria pressionado a fazer isso sem qualquer ego. Mas, além disso, não há nada super-humano em reger música. Só exige uma quantidade incrível de estudo e trabalho.

Maestros são músicos que estudaram todos os aspectos da música, e a maioria já foi um excelente instrumentista. Eles devem ser bem versados na teoria e história da música, entender todos os instrumentos e estilos musicais, ser capazes de dividir a música em suas partes componentes, ser muito familiarizados com a música ocidental e entender várias línguas estrangeiras. Eles também devem ter um ótimo ouvido, habilidades com pessoas e uma técnica eficaz de batuta. Como se isso já não bastasse, também devem ter uma compreensão detalhada da organização de sua orquestra para que possam responder a incontáveis questões artísticas que chegam até eles diariamente.

AS PRINCIPAIS CITAÇÕES DO MAESTRO EUGENE ORMANDY

Eugene Ormandy (1899–1985) foi um maestro famoso da Orquestra da Filadélfia. Ao longo dos anos, os músicos registraram suas falas mais engraçadas. Claramente, as ações de um regente são mais importantes que suas palavras.

- "Quem está sentado naquela cadeira vazia?"
- "Acho que vocês pensaram que eu estava regendo, mas eu não estava."
- "Por que vocês sempre insistem em tocar enquanto estou tentando reger?"
- "Não é tão difícil quanto pensei que era, mas é mais difícil do que é."
- "Em todo concerto eu senti uma certa insegurança sobre o tempo. Claramente está marcando 80... hmm, 69."
- "Você tocou? Soou muito bem."
- "Se não tiver na sua parte, deixe de lado, porque já tem muita coisa faltando."
- "Não conseguimos ouvir o equilíbrio porque o solista ainda está no avião."
- "Conosco, hoje à noite, estará William Warfield. Ele é um homem maravilhoso, e sua esposa também."
- "Bizet era um homem muito jovem quando compôs esta sinfonia, então toquem com suavidade."
- "Serkin estava tão doente que quase morreu por três dias."
- "Deixe-me explicar o que eu faço aqui. Não quero confundir vocês mais do que o absolutamente necessário."
- "Eu não quero deixar vocês nervosos, mas infelizmente preciso."
- "Relaxem. Não fiquem nervosos. Meu deus, é a Orquestra da Filadélfia."

Maestros melhoram com a idade, até seus anos finais. (Alguns músicos acham que os regentes continuam a melhorar depois que morrem. Pelo menos, *achamos* que é isso o que querem dizer com: "O melhor maestro é o maestro morto.")

Depois de fazer sua entrada, o maestro abaixa e levanta sua batuta. A orquestra fica atenta — e o concerto começa!

136   PARTE 2 **Ouça!**

> **NESTE CAPÍTULO**
>
> » Escutando os exemplos musicais disponíveis no site da Alta Books (procure pelo título do livro)
>
> » Fazendo um passeio guiado por algumas das obras-primas da música clássica

Capítulo 5
Para Seu Prazer de Escutar

Este capítulo o apresenta aos exemplos magistrais de todos os principais estilos da música clássica, da era barroca ao começo do século XX. Ele inclui um guia segundo a segundo que o ajuda a desvendar os mistérios de nove grandes obras-primas. Mais do que isso: é garantido que seu prazer de escutar triplique.

CONFIRA

Os exemplos musicais no site da Alta Books (procure pelo título do livro) são um auxílio incrível. Primeiro, estão entre as maiores expressões criativas já escritas pela humanidade. Segundo, oferecem uma chance de descobrir aquilo de que você *gosta*.

Se, ao ouvir pela primeira vez um exemplo específico, descobrir que não está gostando, passe para outra peça. Não estamos aqui para o torturar, só queremos lhe mostrar o que nós amamos.

De novo, se tiver problemas em gostar de uma obra, pode tentar ouvi-la novamente daqui a uma semana, mais ou menos. Algo interessante acontece quando você fica mais familiarizado com uma obra musical. Você pode acabar gostando.

Aliás, nossos comentários são altamente subjetivos e soam como se *nós* estivéssemos falando. *Você* pode descrever essas peças de maneira diferente. Mas, enquanto isso, pode ver como as pessoas pensam sobre música quando ela é sua *profissão*. Só isso já é uma aula.

Nota: Identificamos momentos específicos na música usando códigos de tempo: **1:34**, por exemplo, significa que você pode usar seu cursor para encontrar o ponto que está exatamente em 1 minuto e 34 segundos da peça. (Melhor ainda: encoste-se e apenas *escute* até que a música chegue a esse ponto.)

1 Handel: Música Aquática Suíte Nº 2: Alla Hornpipe

Esse movimento provavelmente é a peça de música instrumental mais conhecida de George Frideric Handel. Handel (1685–1759) foi um grande mestre da era barroca, e esse é um exemplo perfeito de sua música viva e dançante.

0:01 A peça começa com uma melodia familiar de "sailor's hornpipe".

0:16 Entram os trompetes tocando o começo da mesma "sailor's hornpipe". Aos **0:23**, as trompas ecoam o que os trompetes acabaram de tocar.

0:35 Depois de outra breve alternância de instrumentos dos metais, as cordas entram pela primeira vez. Sem olhar o tempo, veja se consegue identificar esse movimento apenas pelo som. A "cor do tom" musical muda drasticamente, e os violinos, violas, violoncelos e contrabaixos assumem o foco.

0:43 Primeiro os trompetes, depois as trompas, e então a orquestra inteira assume o tema, levando-o a uma conclusão satisfatória.

1:03 Mas o que é isso? A música parece ter começado de novo. Os músicos repetem tudo o que tocaram até esse ponto, nota por nota.

2:06 Agora vem algo novo: uma seção de contraste — ou, como os músicos dizem, uma *seção intermediária*. (À medida que ler, verá por que esse título é adequado.) Como contrasta? Primeiro, a melodia é diferente. Segundo, é mais calma do que a anterior — principalmente porque todos os instrumentos dos metais pararam de tocar. E, terceiro, essa seção está em um *tom menor* — criando uma sensação muito diferente de abertura da obra, que está em um *tom maior*. (Para saber mais sobre tons maiores e menores, veja o Capítulo 11.)

3:04 Agora, mais uma vez, escutamos o tema familiar "sailor's hornpipe" do começo da peça. Mas com uma diferença: dessa vez as *cordas* começam, em vez das madeiras. Só um ouvinte muito astuto nota isso. Mas o que *todo mundo* nota, pelo menos subliminarmente, é que a música parece nova, mesmo que o velho tema esteja tocando novamente.

3:20 Daqui até o fim do movimento, a sequência de eventos é exatamente como antes. (Leia de **0:16** a **1:02** para uma descrição detalhada.)

Se nos afastarmos um pouco para "ver" a música à distância, teremos uma boa ideia da estrutura desse movimento. Olha o que acontece se chamarmos o "sailor's hornpipe" de tema A e a seção contrastante em tom menor de B. Temos uma estrutura geral de

A (repetida) – B – A

Essa forma é *incrivelmente* importante para a história da música. Depois da época de Handel, ela se tornou a base da *forma sonata*, sobre a qual você lê no Capítulo 3 — e na discussão da Quinta Sinfonia de Beethoven, daqui a pouco. Milhares e milhares de compositores usaram a forma sonata, de lá até agora, no nosso próprio tempo.

Agora você sabe por que os músicos se referem à seção B contrastante como a *seção intermediária:* porque assim que a escutam, sabem que, mais cedo ou mais tarde, o Tema A voltará.

2 Bach: Cravo Bem Temperado, Livro 2: Prelúdio e Fuga em Dó Maior

Mencionamos no começo deste capítulo que Handel foi um grande mestre da era barroca. Bem, Johann Sebastian Bach (1685–1750) foi *o* maior.

Bach e Handel viveram e trabalharam exatamente na mesma época — na verdade, eles nasceram no mesmo ano. Mas os dois compositores nunca se conheceram, e desenvolveram estilos de escrita pessoal bem diferentes.

A maior diferença está no uso do *contraponto* — várias linhas melódicas tocando ao mesmo tempo. Bach utilizou mais contraponto do que Handel. E não há situação mais evidente do que nessa composição.

PAPO DE ESPECIALISTA

Nos primórdios, instrumentos parecidos com o piano eram afinados de tal maneira que soavam bem apenas quando tocados em certos tons. (Veja o Capítulo 6 para saber mais sobre tons.) Mas, durante a vida de Bach, as teorias de afinação de teclados passaram por uma grande mudança. Pela primeira vez as pessoas começaram a afiná-los para que a distância musical de uma tecla para outra fosse a mesma. Esse desenvolvimento possibilitou tocar música em qualquer tom — começando em qualquer nota do teclado. Para celebrar, Bach compôs um livro de 24 prelúdios e fugas — uma para cada tom maior e menor. Então, em um segundo livro, ele fez tudo de novo. Hoje, "os 48", como são chamados, são algumas das melhores peças para teclados já compostas.

Vamos escutar o primeiro prelúdio e fuga do *segundo livro* de Bach. Como é o primeiro do livro, está no tom mais simples de todos — Dó Maior —, que usa apenas as teclas brancas do teclado.

0:01 Nessa gravação é possível ouvir o som de um *cravo*, um instrumento de teclas antigo que existiu muito antes de qualquer pessoa sonhar com o piano. Bach escreveu algumas de suas melhores músicas para esse instrumento.

Esse é o começo da parte do prelúdio da composição. Ela tem uma qualidade quase monumental; é quase como se Bach abrisse as grandes portas de um prédio enorme.

Uma das coisas que cria essa sensação, em nossa opinião, é o uso que Bach faz da *nota pedal* — uma nota que continua soando enquanto o restante da melodia se desenvolve. Se escutar com cuidado, pode ouvir que a primeira nota (um Dó grave) dura 13 segundos inteiros. A nota pedal dá uma sensação de estabilidade firme à música, e é isso que você sente como algo momentâneo.

Certamente poderá ouvir o contraponto nessa peça à medida que ela progride. A melodia parece estar em todo lugar — às vezes em notas agudas, às vezes em notas graves, às vezes entre elas (nas chamadas *vozes internas*).

No Capítulo 6 destacamos que o cravo não é *sensível ao toque*, ou seja, não importa o quanto você toque as notas de maneira forte ou suave, o volume sai da mesma altura. Uma das maneiras que o cravista consegue simular mais volume é com *arpejos*. Em vez de tocar as três ou quatro notas de um acorde ao mesmo tempo, ele as separa em uma fração de segundo (normalmente tocando a nota mais grave primeiro). O tempo a mais que leva para tocar o acorde dá a ilusão de mais volume. É possível escutar isso em **1:03** e novamente *bem* proeminentemente na última nota do prelúdio, em **2:15**.

Quando o prelúdio acaba, você pode achar que a peça acabou. Mas, como os músicos sabem, a diversão acabou de começar. Aqui vem a *fuga.*

É mais fácil entender uma fuga se você imaginar que ela é cantada por quatro vozes diferentes. O músico precisa imitar todas essas vozes com apenas duas mãos — uma tarefa impressionantemente difícil.

2:22 A Voz Um canta a melodia da fuga, sozinha, sem acompanhamento.

2:27 Agora, enquanto a Voz Um começa a cantar algo novo, a Voz Dois começa a cantar a melodia, um pouco mais aguda do que a Voz Um cantou.

2:32 Fica ainda mais complicado. Enquanto as Vozes Um e Dois continuam, cuidando das próprias melodias separadas, a Voz Três começa a melodia. Veja se percebe o momento exato em que a Voz Três entra. Como a Voz Três canta as notas mais graves que você ouviu até agora, deve ser fácil de identificar.

2:37 Mas, espere, tem mais! A Voz Quatro entra na briga. Você não pode perder essa voz, porque ela é (a) a coisa mais aguda no momento e (b) a coisa mais aguda que você já escutou desde o começo da fuga.

Agora todas as quatro vozes continuam sua discussão acalorada. Embora cada voz tenha algo extremamente individual para falar, todas as quatro vozes conseguem, de alguma forma, misturar-se umas às outras. Essa é a essência do contraponto, a especialidade de Bach; é isso que torna a fuga tão incrível. Não importa o quanto seja difícil *tocar* uma fuga, *compor* uma é um milhão de vezes pior.

Agora você já deve estar familiarizado o bastante com a melodia da fuga para conseguir reconhecer pequenos trechos sempre que surgem. Você deve ouvir um grupo de seis notas: duas bem curtas, duas levemente mais longas e duas ainda mais longas. Essa é a principal característica da melodia. É possível escutá-la em **2:52**, **2:56**, **3:08**, **3:18**, **3:23** e em vários outros momentos.

Em **3:28** Bach introduz uma técnica comum de fuga. Em um ponto próximo do final da peça, as entradas da melodia ficam mais próximas, em uma rápida sucessão. Aqui, uma voz entra cerca de uma vez por segundo, criando o aumento do suspense.

Uma vez que tenha entendido como essa fuga foi criada, você ficará maravilhado com sua complexidade e gostará ainda mais dela. E também entenderá por que muitas pessoas consideram os trabalhos de Bach uma das verdadeiras maravilhas das realizações humanas — como a Catedral de Chartres, a Represa Hoover e a Grande Muralha da China.

3 Mozart: Concerto para Piano nº 22 em Mi bemol, Terceiro Movimento

Essa peça não é a mais *famosa* dos concertos para piano de Wolfgang Amadeus Mozart, mas é uma das melhores. Escolhemos esse movimento entre todos os trabalhos de Mozart (1756–91) porque expressa o que era ótimo dele de várias formas diferentes. É linda, sagaz e dramática, e incorpora o espírito do próprio Mozart: elegante, refinado, caloroso e brincalhão.

Esse movimento é o terceiro e final do Concerto para Piano nº 22 em Mi bemol. É um *rondó* (veja o Capítulo 3), o que significa que o tema principal volta repetidamente, alternando com pequenos temas subsidiários.

0:00 O piano começa direto com o tema principal (ou melodia). Vamos chamá-lo de Tema A. Simples, não? Como uma melodia infantil. Ou como trompetes de caça à distância. Achamos que era com isso que Mozart queria que o som se parecesse... como você ouvirá em algum momento.

0:09 Tema A de novo, alto — exceto que agora é com a orquestra inteira.

0:18 Acontece que a melodia que você acabou de ouvir foi apenas a *primeira parte* do tema. O piano agora lhe conta algo mais.

0:27 Enquanto o piano segura um trinado, as trompas tocam um pequeno refrão: quatro notas rápidas. (Esse segmento foi *definitivamente* feito para soar como uma chamada para caça.) E, um segundo mais tarde, são imitadas pelos clarinetes.

0:29 Agora o piano se move para uma pequena fantasia que o leva de volta ao tema principal.

0:38 A primeira parte do Tema A de novo. Mas, dessa vez, em vez de simplesmente ecoar o Tema A como da primeira, a orquestra parte para uma fantasia própria. No campo musical, podemos dizer que a orquestra está "estabelecendo o tom da peça" ao arranjar uma progressão de acordes que deixa bem claro em que tom estamos.

0:58 Um pequeno adendo agradável: um fechamento para o tema principal. Essa parte começa com dois clarinetes, um fazendo um rápido acompanhamento na extremidade inferior de sua extensão e o outro acompanhado por uma trompa com uma melodia bonitinha.

1:06 Um fagote solitário adiciona mais um fechamento ao tema, ecoado por uma flauta solo quatro segundos depois. Finalmente, a orquestra inteira entra com um propósito, como se dissesse: "Já chega de fechamentos. Vamos começar o rondó."

1:21 Depois do que parece ser o acorde final dessa explosão orquestral, a peça subitamente se aquieta para nada. *Quase* nada, na verdade. Se você escutar com cuidado, poderá ouvir um *ostinato* na seção de cordas (uma pequena figura repetitiva de *espera*), como se os violinos dissessem ao piano solo: "Pode entrar quando estiver pronto. Está tudo bem."

1:24 Duas declarações do ostinato convencem o piano. Ele entra quase timidamente no início — e então...

1:36 O piano começa a imitar a ideia do fagote e da flauta (aquele fechamento extra de **1:05**).

Agora permita-nos fazer uma pausa aqui por um segundo (37 segundos, na verdade). Por que estamos explicando tudo tão detalhadamente? Primeiro, queremos que você veja como a música pode ser desmembrada. E, segundo, todos esses segmentos são repetidos mais tarde no movimento. Se já quis aprender uma peça musical — digamos, para tocar no piano ou reger —, entender essas pequenas subdivisões da estrutura ajuda muito.

1:44 Agora algo muito sutil acontece. Desde o começo do movimento, essa música estava no tom de Mi bemol Maior. Cada progressão de acorde, cada entrada instrumental, cada frase confirmou e reconfirmou esse tom. Mas agora, pela primeira vez, temos uma dica de que a peça está prestes a sair da segurança e conforto de seu tom principal.

Antigamente, se você, o compositor, quisesse mudar de tom, não podia o fazer abruptamente; tinha que passar por uma série de harmonias que o levava *gradualmente* até lá — para não incomodar os ouvidos sensíveis do ouvinte.

Bem entre **1:44** e **1:45** na gravação vem um acorde estranho que sinaliza o começo da mudança de tom. Essa *modulação* continua por algum tempo. Para a pessoa comum, o piano está só improvisando (o termo acadêmico para isso) por 45 segundos. Mas a música fica mais interessante quando você entende que sob essa improvisação ocorre a progressão de acordes necessária para a modulação desejada. E quando você chega a esse novo tom?

PARA VIRTUOSOS

2:23 Agora. Com o novo tom vem um novo tema: o Tema B. Os teóricos da música dizem que esse tema está no tom *dominante*, carregando um relacionamento especial com o tom do Tema A. Se quiser saber mais sobre essas relações, veja o Capítulo 11.

2:32 Depois que o piano declara o Tema B, um lindo clarinete solo entra, imitando e até estendendo o Tema B. Mais improvisação do piano por quase um minuto — e então...

3:19 A música vai para algum outro lugar de novo. No último minuto, toda aquela improvisação confirmou o tom do Tema B. Mas agora estamos prestes a deixar esse tom novamente, e com uma escala descendente de trompas...

3:24 Você volta para o Tema A! E no tom original, para começar! Agora, se for fã de rondó, você *sabia* que isso eventualmente aconteceria. (Todo mundo da época de Mozart sabia, mesmo se não pensassem muito no assunto.) Em **3:33**, mais uma vez a orquestra entra (como fez em **0:11**).

3:40 O que acontece aqui? Em vez de só imitar o que o piano fez, a orquestra faz algo estranho: vai para mais um tom diferente. Então fica quieta, e o piano começa com um trinado à medida que os acordes sob ele mudam.

4:05 O piano aterriza abruptamente em um acorde forte e as madeiras entram com uma nota sustentada. Então o piano improvisa em cima desse acorde — e some para o nada. Tudo para! O que está acontecendo?

4:16 A peça chegou a um novo tema: vamos chamá-lo de Tema C. Esse tema é *muito mais lento* do que o resto do movimento. É como um oásis de tranquilidade no meio de um movimento agitado, um equivalente musical da Avenida Paulista.

Mozart fez esse Tema C soar como uma serenata de madeiras, uma peça que teria sido tocada do lado de fora em um parque, em uma tarde quente, enquanto o rei bebia seus daiquiris. Apenas as madeiras estão tocando: sem violinos, violas, violoncelos ou contrabaixos — pela primeira vez nesse movimento.

4:45   Mas agora o piano entra, imitando esse tema, e as cordas também. Você consegue escutar que esse segmento é a repetição *exata* da melodia que acabou de ouvir?

5:13   As madeiras têm mais a dizer. O Tema C acaba tendo duas partes, e o consorte da serenata das madeiras volta agora, cantando a segunda parte do tema. Aos **5:40**, o piano, acompanhado novamente pelas cordas, também imita essa parte.

6:16   Aqui as cordas tocam em *pizzicato* (puxadas com os dedos), enquanto as madeiras tocam longos acordes que quase parecem nos suspender no ar. Mas então um *crescendo* (um som crescente) leva a...

6:49   Uma cadência genuína! Uma *cadenza*, como você descobre no Capítulo 3, é uma chance para o solista se exibir. Essa cadência em particular não é extremamente chamativa. Na verdade, é bem curta.

7:00   O Tema A, em toda sua glória silenciosa, é seguido logo depois pela entrada da orquestra, como antes.

7:17   Aqui está o fechamento do fagote, seguido pela versão da flauta. Mas dessa vez a flauta nos leva novamente a um tom diferente. Você consegue ouvir que estamos indo para outro caminho? À medida que o piano entra, ele também nos leva para outro caminho. Por vários segundos, não sabemos aonde vamos parar em relação ao tom.

8:02   Alarme falso. Depois de toda essa modulação, acabamos de volta ao tom original. Mas não é o Tema A; é o Tema B, que já não escutamos há uns bons seis minutos!

8:44   Uma entrada brusca e alta da orquestra. Ela nos leva, em **8:49**, a um acorde específico, que tradicionalmente sinaliza o começo de outra cadência de piano.

Esse segmento é a cadência principal do movimento. Na época de Mozart, o solista improvisava na hora — uma arte perdida atualmente, praticada apenas por poucos solistas brilhantes. Hoje em dia, a maioria das pessoas memoriza uma cadência previamente composta.

9:48   Aparição final do Tema A. Agora você provavelmente o conhece tão bem que Mozart não se sentiu compelido a repetir a primeira frase, como fez em **0:09**.

10:33   E aqui vêm os fechamentos: primeiro o pequeno do clarinete (escutado pela primeira vez em **0:58**), então o do fagote e flauta (ouvido pela primeira vez em **1:06**). Mas dessa vez o piano adiciona os próprios ornamentos enquanto os fechamentos ocorrem.

144   PARTE 2 **Ouça!**

10:50 A orquestra inteira, como antes, diz: "Já chega de fechamentos." E parece que a peça terminou.

10:55 Mas tem mais uma coisa. Lembra-se do ostinato de **1:21**? Ele volta, enquanto o piano faz sua declaração silenciosa final.

11:04 "E agora é isso *mesmo*!", diz a orquestra. O movimento acabou.

Então agora você tem uma ideia da estrutura dessa linda música. Os temas se resumem assim: A – B – A – C – A – B – A. Em outras palavras, um exemplo perfeito de um *rondó*.

4   Beethoven: Sinfonia n° 5, Primeiro Movimento

Essa peça é um dos movimentos mais conhecidos em toda a música por uma boa razão. Nesse primeiro movimento da Quinta Sinfonia, Ludwig van Beethoven (1770–1827) nos dá uma declaração musical de raiva, forte intensidade e grande beleza — e o primeiro movimento quintessencial, a *forma sonata*.

Se você leu o Capítulo 3, deve se lembrar de que a forma sonata é uma estrutura prescrita de três seções: (1) uma *exposição*, na qual o compositor apresenta dois temas principais; (2) uma seção de *desenvolvimento*, em que ele brinca com eles; e (3) uma *recapitulação*, em que ele os traz de volta. Nesse caso, você também encontrará uma *coda* — uma cauda.

Exposição

0:00 O movimento começa em uma fúria, com cordas e clarinetes gritando um tema conciso. A famosa melodia de quatro notas no começo é a base de todo o movimento: "tã-tã-tã TÃAAAN!" Beethoven chamou isso de "o destino batendo à porta".

O compositor Richard Wagner imaginou como Beethoven teria descrito aquelas notas "TÃAAAN!": "Minhas notas sustentadas devem ser longas e sérias. Você acha que as escrevi de brincadeira, ou porque não conseguia decidir o que escrever em seguida? É claro que não! Esse tom forte e exaustivo... torna-se um espasmo entusiástico e brutal. A força vital da nota deve ser espremida até a última gota, com força suficiente para parar as ondas do mar e revelar o fundo do oceano; para prender as nuvens em seus cursos, dispersar as névoas e expor o céu azul puro e a cara ardente do próprio sol. Esse é o significado das notas repentinas sustentadas por bastante tempo!"

CAPÍTULO 5 **Para Seu Prazer de Escutar**   145

Estamos com você, Richard.

0:08   E começou! O tema de quatro notas passa pela orquestra como um raio: violinos, violas, violinos. Depois a orquestra inteira entra, levando a um mini-clímax. Depois todos param de tocar e os primeiros violinos sustentam sua nota... e sustentam. Suspense... grande suspense...

0:20   Bum! A orquestra inteira bate no tema de quatro notas de novo, sustentando a última nota como antes. E, de novo, rapidamente a música decola. Mais uma vez, a pequena melodia é arremessada, e a orquestra fica cada vez mais alta, até que, com dois acordes vigorosos, para momentaneamente.

0:46   Orgulhosas, as trompas anunciam o começo do segundo tema, que está em um novo tom, e a peça permanece nesse tom até o fim da exposição. Ela começa com as mesmas três notas rápidas "tã-tã-tã" que você ouviu no primeiro tema, mas agora elas são seguidas por *três* notas longas.

0:48   Quando os violinos entram, o humor fica mais lírico. Essa linha é assumida tranquilamente pelo clarinete e, depois, pela flauta. Mas se escutar com cuidado, ainda poderá ouvir o tema de quatro notas fervilhando bem grave nos baixos. Gradualmente, a música vai criando outro miniclímax. A orquestra ferve e borbulha.

1:23   Nós ouvimos três declarações decisivas do tema de quatro notas. Então, silêncio. E esse é o fim da exposição.

1:28   Mas espere: o tema furioso de quatro notas começa novamente, exatamente como no princípio. Na verdade, agora ouvimos uma repetição completa da exposição inteira, desde o início. À medida que escuta, tente identificar as diferentes seções enquanto elas recomeçam.

Desenvolvimento

2:55   Quando o desenvolvimento começa, as trompas sinalizam o tema de quatro notas no volume mais alto, ecoado pela seção de cordas.

3:00   Agora o movimento rápido recomeça — quietamente, como no começo — nas cordas. Não se esqueça: na seção de *desenvolvimento* esperamos ouvir as ideias principais da exposição de uma forma levemente diferente, à medida que o compositor as desenvolve. E, de fato, esse desenvolvimento é feito quase inteiramente da melodiazinha de quatro notas. Incrível como Beethoven consegue usar esse tema repetidamente, sempre explorando novas maneiras de apresentá-lo para que nunca fique sem graça.

3:09   A música se desenvolve aparentemente para um clímax. Mas então, no último segundo, logo antes de alcançá-lo, Beethoven desiste. Ah, a frustração musical!

3:14 A música segue em direção a outro clímax... que ele também impede.

3:27 Mas dessa vez é definitivo. Essa terceira preparação não foi falsa. O céu se abre e a tempestade cai.

3:35 Até agora essa seção desenvolveu apenas uma coisa: o tema de quatro notas. Mas agora ouvimos as notas de chamada da trompa que começam o segundo tema. Na verdade, isso é *tudo* o que ouviremos do segundo tema nessa seção de desenvolvimento. O lado lírico e submisso não tem lugar no turbilhão.

3:45 Agora Beethoven faz algo especialmente engenhoso. Ele para o movimento constante de notas rápidas e desenvolve as notas longas por algum tempo. As madeiras se alternam com as cordas. Enquanto isso, ficam cada vez mais silenciosas, até que, de repente, em **4:05**, a orquestra explode com o tema de quatro notas.

4:09 De novo, alternação, silenciosamente... e, novamente, uma explosão, levando à...

Recapitulação

4:13 Dessa vez a orquestra inteira faz a explosão (não só as cordas e os clarinetes, como no começo). Aqui há duas declarações do tema de quatro notas, cada uma com uma sustentação poderosa, enquanto Beethoven balança os punhos em direção aos céus.

4:26 Novamente, eles começam: o tema de quatro notas chega à seção de cordas. Mas agora, em **4:36**, todos param de tocar, exceto pelo oboé, que toca uma pequena passagem livre sozinho. Uma *cadência* curta para um oboé solo, coisa rara em um lugar como esse! (Você lê sobre *cadências* no Capítulo 3.) Estudiosos da música descreveram esse solo como uma pequena flor nascendo de uma pausa.

4:48 O movimento começa novamente e se acumula, chegando a um clímax com dois acordes poderosos, sinalizando que o segundo tema está prestes a começar.

5:09 Beethoven anuncia o segundo tema nas trompas. Mas aqui ele teve um problema. Como podemos ler no Capítulo 9, as velhas *trompas naturais* só podiam tocar algumas notas, em um único tom. Essa peça está agora em um tom diferente do começo, e as trompas não têm as notas para a tocar! Então Beethoven substitui pela próxima coisa melhor à mão: fagotes.

Devemos destacar que muitos maestros hoje em dia, entendendo esse fato, simplesmente substituem os fagotes pelas trompas modernas. (A maioria das trompas modernas pode tocar em qualquer tom.) Mas essa gravação preserva a instrumentação original de Beethoven, e escutamos fagotes.

O que vem a seguir é quase idêntico à música correspondente na exposição, mas, novamente, em um tom diferente. A música se acumula gradualmente, alcançando um som de clímax final.

Coda

5:54 Bem quando você achou que a música seria interrompida (como aconteceu no final da exposição), ela continua. E não para! A intensidade continua a se acumular, enquanto Beethoven nos leva para a *coda*, ou cauda, do movimento. O tema de quatro notas é tocado repetidamente; as notas se repetem em um ritmo frenético e forte.

5:59 Então, para aumentar a animação, a nota da melodia nos violinos *sobe* um pouco exatamente nesse ponto, como se mudasse para uma marcha maior. Depois, por um momento, a tempestade para — apenas tempo suficiente para uma rendição calma do tema de quatro notas pelo fagote.

6:05 E então a música se enfurece novamente. Daqui em diante, Beethoven é implacável. Ele grita, se enfurece, bate seus punhos, até que...

7:00 Todas as forças da natureza e da música se reúnem nesse momento único. Uma declaração final dos dois temas de quatro notas, com uma sustentação de tremer a terra. E, então, com uma série de explosões concisas, Beethoven finaliza o movimento.

5 Brahms: Sinfonia nº 4, Terceiro Movimento

Johannes Brahms (1833–1897) foi incrivelmente autocrítico. Ele nunca deixou uma peça fora de vista até que estivesse perfeita. Ele não deu à luz sua primeira sinfonia até os 43 anos, e escreveu apenas quatro sinfonias no total.

A sinfonia final talvez seja a mais severa e intensa das quatro, exceto pelo terceiro movimento. Esse charmoso movimento *Allegro giocoso* ("alegre e jovial") é um raio de sol. É Brahms em um de seus raros humores "casuais". Em sua primeira apresentação, esse movimento causou aplausos tão espontâneos que teve que ser repetido.

Também tem a distinção de ser o único movimento de uma sinfonia de Brahms que usa um triângulo.

0:00 Uma explosão em *fortissimo* (muito alto) da orquestra inteira (exceto pelo triângulo) começa o clima turbulento. Lembre-se desse ritmo, porque ele volta mais tarde. "Venham pegar seus feijões, meninos! Venham pegar seus feijões, meninos!", descreveria precisamente esse ritmo, embora tenhamos certeza de que não é como *Brahms* o teria descrito.

0:04 De repente a música descansa em um acorde grave e acentuado, como se dissesse: "Nã-o-o-o...!" Esse acorde também volta mais tarde.

0:06 Como se esse acorde reunisse energia, ele agora começa um curso alegre e irregular, uma série de acordes em um ritmo de "Vai, vai, vai, vai..."

0:09 ... levando a uma fanfarra de metais estimulante. Essa fanfarra é cheia de *tercinas* — três notas em uma batida. Elas também voltam mais tarde, então coloque-as em seu banco de memória.

0:18 De repente a música se acalma e suaviza, tocando um tema *transicional* (que leva a uma nova ideia musical). Escute as vozes das cordas graves, imitando silenciosa e agitadamente o ritmo do começo (como se sussurrasse "Venham pegar seus feijões" entre os dentes). Elas se recusam a o deixar relaxar completamente.

0:34 No clímax desse crescendo, o tema "Venham pegar seus feijões, meninos!" parece retornar. É possível ouvi-lo nas cordas graves, bem graves. Para os violinos, Brahms faz algo engenhoso aqui: vira a melodia principal *de cabeça para baixo*. Enquanto o tema *desce* a escala nos contrabaixos, subindo no último minuto, nos violinos ele *sobe* a escala, *descendo* no último minuto. Mudando uma ou outra nota, Brahms consegue encaixar ambos, tema e inversão, na mesma harmonia!

0:38 Aqui está aquele acorde grave e acentuado "Nã-o-o-o..." — só que dessa vez não é apenas tocado no grave, mas também bem agudo em alguns instrumentos, continuando a inversão da melodia de Brahms. (Escute a tão prometida primeira entrada do triângulo!) Mas novamente esse acorde se lança nos acordes "Vai".

0:43 Tudo é acelerado. O que está acontecendo?

0:50 É o segundo tema principal, muito mais silencioso e lírico do que o primeiro. Aqui está, cantado primeiro pelos violinos e, depois, ecoado pelas madeiras (com acompanhamento do triângulo), mas em um ritmo diferente.

1:23 Isso tudo leva a um grande acúmulo — enorme, na verdade. Então, em **1:28**, o tema principal "feijões, meninos" retorna.

1:32 E aqui está aquele acorde grave "Nã-o-o-o". Mas assim que o acorde termina, é ecoado bem agudo pelas madeiras suaves e pelo triângulo — quase como se o "Nã-o-o-o" fosse negado por um suave "Si-i-im".

1:41 A discussão entre o grave e agudo, "Não" e "Sim", fica acalorada agora.

1:52 O debate ainda não acabou. No meio de uma versão estranha e menor de "Venham pegar seus feijões" nos violoncelos, os violinos giram furiosamente em suas órbitas. Então, contra alguns acordes ferozes fora do tempo no resto da seção de cordas, os violinos tocam uma versão selvagem em *tom menor* daquele tema *transicional* calmo e suave que ouvimos pela primeira vez em **0:18** — ecoado alguns segundos depois pelas madeiras.

2:18 Agora as madeiras tocam a versão invertida de "Venham pegar seus feijões" — e as cordas, em uníssono, respondem com o tema em sua forma original. Depois, em **2:34**, as profundezas da quietude, os sons do silêncio.

2:47 Com uma batida do triângulo, as madeiras entram com uma linda rendição inocente de "Venham pegar seus feijões", e o pulso se desacelera, junto com o próprio batimento cardíaco.

3:03 Uma linda melodia de trompa, completamente nova e diferente — tem certeza? Na verdade, esse tema é a mesma melodia que você ouviu na fanfarra estimulante de metais lá em **0:09** (aquela cheia de tercinas). Só que agora esse tema aparece fantasiado de ovelha, uma melodia relaxante e cantarolada pela trompa...

3:29 Só para despertá-lo abruptamente. O tema está de volta em sua forma de fanfarra original de metais com *tercinas*, quase a repetição exata do que escutamos de **0:09** a **0:38**, levando àquela versão aguda *e* grave do acorde "Não-o--o-o" e a uma grande bagunça de "Vais".

4:16 Aquele belo segundo tema originalmente ouvido em **0:50**. Mas agora, em vez de uma imitação calma nas madeiras, Brahms nos dá uma rendição superalta da orquestra inteira (em **4:27**), com o ritmo modificado para que consista principalmente em *tercinas* — lembrando-nos, assim, daquela fanfarra de metais. (Ideia engenhosa, você não acha?) Essas tercinas culminam em notas staccato curtas... mas em vez de gotas de chuva, como antes, temos golpes de karatê (em **4:45**).

4:51 Agora tudo fervilha... e um longo crescendo leva a uma rendição grave e alta de "feijões, meninos" em **5:18**.

5:25 "Siiiiiim", "Não-o-o-o", "Siiiiiim", "Não-o-o-o", "Siiiiiim". E os "sim" ganham. Finalmente, uma última fanfarra de metais e um final muito divertido, turbulento, borbulhante e ritmado. Só podemos supor que os meninos realmente foram e pegaram seus feijões.

O mais incrível sobre Brahms é como todos os elementos de sua música se encaixam e estão complexamente inter-relacionados, mesmo quando parecem ser completamente diferentes — mesmo em suas obras mais alegres. A música de Brahms é um quebra-cabeças magistral, reunido de tal forma que você não vê apenas as peças, mas a imagem completa também.

150   PARTE 2 **Ouça!**

6 Dvořák: Serenata para Cordas, Quarto Movimento

No meio dessa coleção de obras-primas musicais cheias de ação há um oásis de tranquilidade de Antonín Dvořák (1841–1904) — o protegido de Brahms, nascido na Boêmia, mestre da melodia e um cara bacana no geral. A personalidade brilhante de Dvořák irradia por grande parte de sua maravilhosa Serenata para Cordas.

Quando não estava se deleitando com a beleza de sua terra natal, Dvořák sentia-se nostálgico. Esse sentimento é transmitido muito quieta e diretamente nesse movimento.

Embora essa peça tenha uma estrutura coerente, não queremos o afundar em uma análise muito detalhada. Músicas como essa são feitas para serem apreciadas com os pés para cima. Daremos apenas o esboço mais simples da forma do movimento para orientá-lo.

Como o movimento de *Música Aquática* de Handel, essa obra é uma estrutura A–B–A expandida.

0:00 Essa melodia inicial é o Tema A, tocado pelos violinos. A melodia parece girar infinitamente, uma linda ideia dando vida à próxima. O clímax expressivo do tema chega em **1:11**, e então a música diminui calmamente.

Em **1:31**, os violoncelos tocam as primeiras notas do Tema A novamente, ecoadas pelos violinos. Um clima tranquilo parece prevalecer. Mas com um crescendo em **2:02**, Dvořák muda o tom e o leva para um mundo mais agitado, começando com uma rendição fervorosa do Tema A nos violoncelos em **2:06**.

2:49 Aqui, de repente, está o Tema B. Com notas leves, curtas e rápidas, ele é a antítese do Tema A — uma dança two-step da Boêmia. Ocasionais acentos fortes e pontuados no ritmo. Em **3:07**, uma melodia aguda e tranquila do violino é sobreposta a esse fundo, subindo a um clímax em **3:20** e se acomodando novamente no...

3:38 Tema A, primeiro nos violoncelos e, então, ecoado pelos violinos em **4:04**.

4:45 Esse é o clímax expressivo do movimento, e, então, como antes, a música se acalma.

5:07 Uma última declaração do tema, resumindo-se ao nada.

7 Tchaikovsky: Sinfonia nº 6, Quarto Movimento

Se você leu o Capítulo 2, sabe que vida horrivelmente difícil Peter Tchaikovsky (1840–1893) teve, e em nenhum outro lugar ele expressa sua frustração mais apaixonada ou precisamente do que em sua Sinfonia nº 6.

Não entendemos direito quando ouvimos o quarto movimento dessa sinfonia pela primeira vez. Nós o escutamos repetidamente, sem compreensão. Mas éramos jovens.

Quando revisitamos esse movimento depois de adultos, ele nos impressionou. Algo havia acontecido conosco nesse meio tempo: *a vida.* Qualquer pessoa que já amou e perdeu instantaneamente entende as emoções desencadeadas aqui.

0:00 A partitura diz *Adagio lamentoso* no topo: "Lamento lento." O tema está em um tom menor; a explosão é o choro de uma alma ferida.

Essa melodia soa como uma *escala descendente* (quando você toca teclas consecutivas no piano da direita para a esquerda). Na verdade, a primeira e a segunda seções de violino da orquestra *compartilham* essa melodia: os primeiros violinos tocam a primeira nota; os segundos, a segunda; e assim por diante. Na época de Tchaikovsky, os primeiros e segundos violinos ficavam um em oposição ao outro, em lados opostos do palco (não ao lado, como hoje em dia). O efeito, então, era uma grande experiência de escuta em estéreo.

0:18 Choro quieto. Mas quase imediatamente a paixão aumenta. Tchaikovsky o leva cada vez mais alto para um miniclímax, e dele cresce uma melodia longa e lânguida para flautas e fagote, acalmando-nos novamente.

1:08 Logo ouvimos outra explosão do lamento. E, de novo, um choro quieto, levando a um longo solo para fagote. Dessa vez a música some para o nada.

2:22 As trompas, no registro grave, "Bum-bum, bum-bum, bum-bum": as batidas de um coração.

2:27 Agora, apressado, vem o segundo lamento: de um tipo bem diferente. Ao contrário do primeiro, está em um tom maior. E começa quieta e gentilmente em vez de explosivo. Para nós, ele evoca memórias doces de um amor antigo. Como o tema de abertura, começa com uma escala descendente. Na verdade, *muitas* das melhores melodias de Tchaikovsky começam assim.

Mas que escala descendente é essa! Ela só desce quatro notas (a primeira nota é repetida), toca as mesmas quatro notas de novo, e então termina com uma pequena nota desejosa ascendente. Tchaikovsky consegue criar o tema mais eloquente e agridoce que já escreveu.

Esse tema é tocado quatro vezes: primeiro em **2:27**, depois em **2:57**, levemente mais alto, com os trombones imitando as cordas. Ainda mais alto em **3:24**, e finalmente, em **3:51**, ainda mais alto. Em **4:16**, alcança o clímax — *fff* ou *fortissimo* ("muito, muito forte"), de acordo com Tchaikovsky — à medida que os tímpanos entram e os metais o impressionam.

4:42 Depois de uma pausa para se recuperar, você ouve uma explosão. É o segundo lamento, *fortissimo*. Depois de novo, mais grave. E de novo, mais grave. A música afunda no âmago da depressão impotente.

5:10 A vontade de viver um pouco mais cresce, apenas tempo suficiente para se lamentar mais um pouco, e o primeiro lamento retorna.

5:30 Um momento de choro quieto agora (assim como em **0:18**), dessa vez levando a uma melodia grave da trompa e a um *crescendo* forte para as cordas.

6:06 Novamente, esse primeiro lamento se reafirma. Mas, em vez do momento de choro, **6:27** traz cada vez mais repetições dessa linha descendente, cada vez mais rápida, alta e aguda. A peça está prestes a alcançar o pico da paixão.

6:48 No ponto mais alto, Tchaikovsky escreve *fff* na partitura novamente. A melodia começa a descer na afinação, mas o fervor passional continua aumentando. (É possível ouvir os metais graves ficando cada vez mais agudos para equilibrar a melodia descendente nas cordas.)

7:15 Um choro total para a orquestra. Esse segmento é a explosão final de emoção, e então a música parece cair em exaustão...

7:50 ... e morre. Essa batida única e apressada no tam-tam (talvez você precise de fones de ouvido para a escutar) é um dos exemplos mais incríveis de controle em toda a música: a batida de desolação total, em que o herói de Tchaikovsky libera toda sua esperança. Os trombones entoam um encantamento fúnebre.

8:27 Novamente a batida do coração, dessa vez nos contrabaixos. As cordas entoam o segundo lamento, agora em um tom menor, desprovido de belas lembranças, apenas cheio de tristeza.

8:59 Tudo cai: o volume da orquestra, a própria melodia e o registro dos instrumentos que a tocam. Algumas arfadas finais e o coração para.

Esse é o trabalho mais autobiográfico de Tchaikovsky e talvez também seja sua maior realização. Nessa sinfonia, conhecida como *Patética*, Tchaikovsky retrata engenhosamente em notas musicais a angústia que experimentou durante seus últimos meses de vida. Uma semana depois da primeira apresentação dessa sinfonia, Tchaikovsky faleceu.

8 Debussy: La Mer: Dialogue du Vent et de la Mer

Em contraste aos grandes românticos, como Tchaikovsky, alguns dos compositores da virada do século tentaram lidar mais com as *impressões* do que com as emoções. Claude Debussy (1862–1918) foi um mestre do Impressionismo musical. Como os pintores franceses Monet e Renoir, tentou descrever o humor e a atmosfera de uma época e lugar específicos.

Para nós, a maior obra-prima de Debussy é *La Mer* (*O Mar*). Nos três movimentos, ele recria todos os vários humores do oceano em uma colagem caleidoscópica de melodia, cor tonal e harmonia. O último movimento da peça, incluído aqui, é o mais empolgante. O título (*Dialogue du Vent et de la Mer*) significa "Diálogo entre o Vento e o Mar".

Agora queremos destacar que o que *você* imagina enquanto escuta essa música pode ser muito diferente do que o que *nós* imaginamos. Temos certeza de que isso era exatamente o que Debussy queria.

0:01 É um dia nublado e tempestuoso. A música começa com um rufar silencioso nos tímpanos e no bumbo. Então os violoncelos e contrabaixos entram com uma declaração ameaçadora, que Debussy marca como *Animé et tumultueux:* "Animado e tumultuoso."

A declaração ameaçadora se repete. De novo, e de novo, e de novo.

0:12 Uma nota calma no prato, e o vento entra com uma chamada distante.

0:21 Como no começo de novo: ouvimos a declaração ameaçadora, e novamente escutamos a chamada distante, um pouco mais alta dessa vez.

0:33 Notas graves e rápidas no violoncelo e contrabaixo, acompanhadas por um crescendo: uma tempestade está se formando. Em **0:47**, um trompete com surdina solitário toca um aviso, e essa chamada se repete mais alta e com mais urgência.

1:05 O vento chicoteia no mar em um frenesi de cristas espumosas. Em **1:20**, uma batida de ondas, tocada pelos pratos. Uma nota enorme do tímpano. E tudo fica momentaneamente silencioso.

1:26 Enquanto o mar fervilha nas cordas graves, as madeiras tocam um tema. Vamos chamá-lo de "tema das madeiras", a primeira melodia de verdade.

1:53 A flauta e os violoncelos lhe dão a segunda parte do tema, começando com duas notas rápidas; a primeira delas é acentuada. (Lembre-se dessa pequena melodia, ela voltará mais tarde!) Três vezes, Debussy usa uma técnica empregada por Beethoven (veja a seção sobre sua Quinta Sinfonia, anteriormente nesse capítulo): ele faz um grande crescendo, mas recua logo antes do clímax.

154   PARTE 2 **Ouça!**

2:09 O vento repentinamente chicoteia, criando cristas espumosas de novo.

2:28 Agora nos sentimos como se viajássemos sobre o mar nessa condição. Pequenas ondas rápidas sobem e descem abaixo de nós, e algumas maiores quebram ocasionalmente. Debussy usa um movimento rápido de subida e descida nos violinos para evocar as ondas pequenas, e uma nota de prato aqui e ali para sugerir as grandes.

Sobre esse fundo tempestuoso, essa seção combina dois temas: uma chamada de trompa com as mesmas duas notas rápidas; a primeira acentuada, e a chamada do trompete com surdina solitário de **0:47**, agora tocada por violoncelos com cordas puxadas com os dedos.

3:04 Uma batida climática especialmente forte, possibilitada por uma entrada simultânea do bumbo, prato, tímpano, trombones e tuba — e, como se tudo isso não bastasse, um tam-tam um momento depois.

Depois dessa batida, a música desaparece, como se a tempestade fosse soprada para o mar.

3:28 Uma melodia calma e majestosa para quatro trompas, sobre um fundo brilhante de cordas, evoca o poder inspirador do mar. (Lembre-se desse tema também, pois ele voltará mais tarde com uma aparência diferente.) As frases desse tema se alternam com notas preguiçosas, lânguidas e varridas pela brisa no violino.

4:00 Por um momento, Debussy parece dizer: "Ahhhhh. Não é bom estar aqui no mar?" Mas só por um momento...

4:17 Ô-ou.

4:24 Ah — alarme falso. Está tudo calmo ainda. Você escuta o tema das madeiras de antes, ou, melhor, uma variação mais brincalhona.

5:07 O Glockenspiel (sinos) entra na brincadeira.

5:27 A orquestra fica mais barulhenta, um inchaço inofensivo. Então a orquestra inteira assume o tema das madeiras, muito mais alto do que antes, com uma contramelodia brincalhona nos trompetes.

6:03 Algo está cozinhando. Trompas, trompetes e cordas puxadas o avisam, e então a melodia do trompete com surdina solitário volta, muito mais rápida e mais urgente.

6:18 Temas do passado: o tema do violoncelo com as duas notas rápidas, depois a melodia do trompete solitário, tocada dessa vez pelas flautas e oboés.

6:40 Urgência, enquanto as cordas trêmulas crescem cada vez mais.

CAPÍTULO 5 **Para Seu Prazer de Escutar**   155

6:52 As cristas espumosas estão de volta, e novamente sentimos que viajamos sobre as águas. As cordas fornecem ondulações rítmicas, e o tímpano bate quieta e incessantemente, mantendo-nos no limite. O som de toda a orquestra cresce em intensidade.

7:11 E aqui está — e aqui está — aquela melodia majestosa e inspiradora que você ouviu em **3:28**, agora tocada com muito mais força, com um som cheio e redondo.

7:28 Um prato bate sob o poder e a beleza do mar. O vendo chicoteia o oceano em um frenesi, ondas se quebram por todos os lados, e a música nos lava em uma conclusão emocionante.

9 Stravinsky: A Sagração da Primavera: Abertura para o Fim do Jogo do Rapto

Como lemos no Capítulo 2, *A Sagração da Primavera*, de Stravinsky, teve um grande efeito no público em sua estreia, em 1913 — eles começaram um tumulto. Parte dessa reação teve a ver com a falta de familiaridade do público e parte, com o caos e a violência da própria música.

Se nunca ouviu essa música antes, pode ficar surpreso, perguntando-se que diabos está acontecendo. Mas continue escutando se puder, porque a maioria dos acadêmicos de música a considera como a peça mais importante da música clássica escrita no século XX. Depois de escutá-la repetidamente, você pode até chegar a amá-la. (Também demoramos algum tempo.)

Se houver uma vaga ideia de que possa passar a gostar desse tipo de música, faça um favor a si mesmo e consiga uma gravação da obra completa. Ela abrirá um mundo totalmente novo para você.

Aliás, muitas pessoas reconheceram as possibilidades dramáticas dessa música. Concebida como um balé, foi usada como trilha sonora em filmes. Walt Disney até devotou uma porção substancial de seu filme *Fantasia* à obra.

A Sagração da Primavera, com o subtítulo "Cenas de uma Rússia Pagã", é dividida em várias seções. Queríamos ter espaço para incluir todas, mas vamos aguçar seu apetite com as três primeiras: *Introdução*, *Danses des adolescentes* (*Danças das Adolescentes*) e *Jeu de rapt* (*Jogo do Rapto*).

Introdução

0:00 Um fagote solitário, bem agudo, começa a peça. Quase nenhum compositor escreveu tais notas agudas para fagote antes. Qualquer compositor *normal* teria dado essas notas para um instrumento mais agudo, como o corne-inglês.

Os músicos fazem piada cantando a seguinte letra para a melodia: "Eu... não sou um corne-inglês! Eu não sou um corne-inglês! Isso é *agudo* demais para mim. Eu não sou um corne-inglês!" Mas, para nós, o fagote chegando lá em seu registro rouco sugere as primeiras tentativas de gritos de um ser pré-histórico.

0:10 Outra voz entra — a trompa. Em **0:20**, uma segunda frase, e outros instrumentos entram: clarinetes e clarinete-baixo.

0:32 O fagote repete o choro, respondido dessa vez por outra tentativa de melodia — *esse é* o corne-inglês. As melodias ondulam à medida que outros fagotes entram.

1:16 Com uma entrada de cordas puxadas, escutamos chamadas de pássaros e outros animais evocando a floresta primitiva.

1:49 Um trinado nos violinos e a música parece ter ficado mais acalorada. Pela primeira vez, começamos a sentir um acorde harmônico sendo criado, como um embrião. Mais chamadas de pássaros, interrompidas pela melodia solitária dos cornes-ingleses, e outras de clarinetes e flautas.

2:26 Um dueto brincalhão para oboé e flauta alto, e um clarinete agudo entra.

2:40 Um pulsar insistente nos contrabaixos dá uma sensação de ritmo fora do tempo para os eventos. Todos os chamados de pássaros e outros se reúnem agora, formando uma cacofonia de vozes. Então, de repente, em **3:04**, tudo é silêncio, exceto pelo choro do fagote do começo.

3:17 Violinos, com cordas puxadas, dizendo que algo incrível está para acontecer!

3:27 Silêncio: a calma antes da tempestade.

Danses des adolescentes (Danças das Adolescentes)

3:37 Nunca escutamos adolescentes que soassem assim! A seção de cordas pulsa ferozmente, pontuada por acentos fora do tempo, perturbadores e difíceis de prever nas trompas. Essa é uma passagem *muito* famosa.

3:46 O corne-inglês repete a parte do violino de antes da explosão, com um acompanhamento saltitante dos fagotes. Em **3:50**, as cordas ferozes estão de volta, com acentos de madeiras e metais.

3:56 Outra seção contrastante, com o tema do corne-inglês de um momento atrás e alguns outros visitantes rebeldes (especialmente os trompetes). Absorva enquanto o som cresce. Em **4:13**, as cordas ferozes — uma repetição exata do começo dessa seção.

4:22 Com esse movimento de cordas constante no fundo, os fagotes assumem com uma melodia turbulenta, parecida com uma escala, mais tarde também com oboés agudos. De vez em quando, as cordas ferozes voltam à superfície.

4:50 Uma parada abrupta, com uma nota ameaçadora sustentada nas trompas e trombones e notas batidas nos tímpanos.

4:54 O movimento se resume com um grito do trompete agudo. Em **5:10**, o movimento rítmico se acalma e uma melodia alegre de trompa assume. O som cresce cada vez mais até o fim da seção.

Jeu de rapt (Jogo do Rapto)

6:41 De repente, o movimento rítmico dos últimos três minutos desaparece. Você é abruptamente envolvido por um furacão, um tipo de cena de caçada pré--histórica. O som cresce até...

7:38 ... um clímax. Com batida após batida, chega a uma parada abrupta e violenta. Stravinsky chegou aos tempos modernos.

> **NESTE CAPÍTULO**
>
> » Observando a vida de um músico profissional
>
> » Sabendo o que acontece nos bastidores de um concerto orquestral
>
> » Entendendo o que mantém o relacionamento entre uma orquestra e o maestro

Intervalo

Dando uma Volta pelos Bastidores

Como os Capítulos 4 e 5 apontam, não é preciso se esforçar muito mentalmente para dominar a arte de ir a um concerto ou ouvir música clássica. Agora gostaríamos que você desligasse totalmente seu cérebro. Deixe-nos fornecer um intervalo entre as principais seções desse livro para que possamos o levar a um pequeno passeio.

Quando o público vai a um concerto, observa somente o que acontece no palco. Pouco sabe o expectador comum que o drama nos bastidores é tão atraente quanto o do palco! Em qualquer noite, todos os membros da orquestra, a equipe de produção, o maestro e os artistas convidados estão envolvidos em uma comédia humana de proporções shakespearianas.

Ah, tudo bem. Talvez não shakespearianas. Mas, pelo menos, Dr. Seussianas.

Vivendo em um Aquário Orquestral

Uma orquestra é um microcosmo do mundo. É como um tanque populado por todos os tipos de peixe existentes.

Membros da orquestra são boas pessoas, em sua maioria. Mas, como músico da orquestra, você está fadado a encontrar pessoas cujos objetivos de vida, filosofias e visões de mundo contrariam os seus. Pessoas que você nunca convidaria para o visitar e que, se pudesse escolher, nunca veria novamente. Mas você *precisa* as ver, e vocês também precisam fazer lindas músicas juntos.

Para piorar as coisas, como músico de orquestra, você se senta a 30cm de distância de quatro ou cinco pessoas diferentes — as *mesmas* quatro ou cinco pessoas, várias horas por dia, todos os dias da semana. É impossível esticar os braços sem bater inadvertidamente em um violinista, ou, no mínimo, enfiar um oboé na boca de alguém.

Essa vida em estreita proximidade lembra a vida em um submarino, só que em um submarino há um pouco de espaço para se mover. Além disso, é claro, um submarino está embaixo d'água.

Qualquer coisa pode acontecer quando músicos estão juntos dia após dia. Sabemos de erupções de brigas aos berros, seguidas de brigas de socos, e até — em um caso célebre — de um violista arremessar uma cadeira em outro.

Mas, na verdade, essa proximidade traz outro perigo: algo muito mais arriscado e perigoso.

Casamento.

O que Fiz por Amor

Em qualquer orquestra profissional é possível encontrar casais. Mais do que provavelmente, eles se conheceram enquanto tocavam *na* orquestra.

Dependendo do casal, estar casado com alguém da mesma orquestra pode ser maravilhoso, ou extremamente difícil. Pense: você está junto de seu companheiro, literalmente, todos os dias do ano. Não é de se estranhar que os músicos frequentemente procurem hobbies diferentes de seus companheiros, como pesca, golfe ou fazer ligações telefônicas obscenas.

QUE TAL UM RELACIONAMENTO A DISTÂNCIA?

Dos desafios que casais *felizes* enfrentam dentro de uma orquestra, a maior preocupação é em relação a encontrar outro emprego. A não ser que você tenha um trabalho de período integral em uma das maiores orquestras do mundo, provavelmente estará constantemente buscando algo melhor. O que fazer se conseguir um emprego melhor do outro lado do país, mas seu companheiro não?

Uma porcentagem surpreendente de casais de músicos de orquestra escolhem a solução de um relacionamento a distância.

Ambos os músicos têm empregos, às vezes a milhares de quilômetros de distância. Os dois esperam que, um dia, novamente encontrem lugares na mesma orquestra, ou pelo menos no mesmo fuso horário.

Esse sonho não é impossível, mas é muito difícil de alcançar. E a razão é o próprio processo de seleção.

Ocasionalmente, casais dentro de uma orquestra decidem se separar. Essa situação causa ainda mais um conjunto de dificuldades que apostamos que você nunca considerou. Trabalhos em orquestras são extremamente raros e difíceis de se conseguir, e só porque você não está mais casado com a pessoa que compartilha sua estante e partituras não é razão para desistir do seu emprego. Você consegue se imaginar terminar com seu amado e, então, sentar-se ao lado dele por cinco horas todos os dias para o resto da vida? Temos quase certeza de que Dante escreveu um longo poema sobre isso.

Passando por uma Audição

A cada ano os alunos de música que se formam em conservatórios têm um nível de habilidade mais alto. As vantagens das orquestras e públicos são óbvias, mas esses músicos talentosos e bem preparados enfrentam uma escassez de empregos brutal.

Quando uma orquestra anuncia vaga, o número de inscrições é enorme. Passar em uma audição é como ganhar na loteria (só que você não fica rico).

Uma história quase verdadeira

Para lhe mostrar como funciona o processo de audições, vamos contar a história de uma amiga nossa que toca flauta como um sonho. Vamos chamá-la de Sally (embora seu nome verdadeiro seja Heather Witherspoon, more na 13 East Broad

INTERVALO **Dando uma Volta pelos Bastidores** 161

Street, Plano, TX, 75012; telefone 214-364-9287; e-mail embouchure@wind.com; Twitter: @blowsnotesalot).

"Sally" mudou-se para Plano originalmente porque seu ex-marido, "Jerry" (um flautista que desistiu da música por uma carreira em sistemas de informação de gestão de computadores), conseguiu um emprego lá quando haviam acabado de se casar. Desde o divórcio, ela tem tocado flauta em meio período para a Plano Pluckers (nome fictício), uma orquestra pequena, e dado aulas cobrando US$25 por meia hora. Mas ela sempre quis tocar em uma grande orquestra sinfônica, e tinha o necessário: entonação perfeita, um tom lindo e uma habilidade técnica incrível.

Sally era (e ainda é) membro da união de músicos locais, e como membro recebe uma publicação chamada *International Musician*. Todos os meses, músicos profissionais procurando por trabalho esperam ansiosamente por esse periódico, publicado pela Federação Norte-americana de Músicos. As páginas finais de cada edição estão lotadas de anúncios de emprego de orquestras do mundo todo. Quando a nova edição chegou, o anúncio a seguir chamou sua atenção:

FILARÔMICA DE LOS ANGLICAN
Marvin Taylor-Thomas, Diretor Artístico
anuncia a seguinte vaga:

FLAUTA PRINCIPAL

Audições preliminares serão realizadas em Los Anglican nos dias 24 e 25 de junho, com semifinais no dia 26 de junho e finais no dia 27 de junho.

O Comitê de Audições se reserva ao direito de dispensar imediatamente qualquer candidato que não satisfizer os padrões profissionais mais altos nestas audições. Candidatos altamente qualificados, por favor, enviem um currículo impresso de uma página, incluindo endereço atual e número de telefone para:

Filarmônica de Los Anglican
A/C: Gerente de Audições
355 Philharmonia Hall
Los Anglican, USA

Informações sobre as audições não serão fornecidas pelo telefone.

Fonte: Creative Commons

O fato de o cargo de flauta principal nessa ótima orquestra estar aberto só podia significar uma coisa: o flautista principal morrera em um acidente bizarro. Nenhum flautista principal do mundo desiste de um cargo como esse.

162   PARTE 2 **Ouça!**

Audições manipuladas

Antes de se inscrever, Sally fez uma ligação telefônica para sua amiga Rita, uma violinista que conhece há anos. Rita trabalhava como violinista de seção na Filarmônica de Los Anglican, e conhecia o funcionamento da orquestra.

Sally fez a Rita uma pergunta muito importante: "Essa audição é manipulada?"

Algumas orquestras realmente manipulam suas audições. As regras exigem que a audição seja nacional e aberta, mas ao mesmo tempo já sabem quem querem. Essa pessoa de sorte pode ser alguém que já toca com a orquestra há anos em meio período, uma estrela de outra orquestra que expressou o desejo de se mudar ou talvez até a esposa ou marido de alguém que já está na orquestra.

Rita disse que não. Pelo que ela sabia, a audição não era manipulada. A orquestra não tinha ninguém específico em mente. Sally escreveu para a gerente de pessoal da orquestra expressando seu desejo de fazer a audição.

A lista

Dez dias depois, Sally recebeu uma carta confirmando sua candidatura. Junto com a carta havia uma lista de trechos de 16 obras para flauta que podiam ser requisitados na audição. Eles incluíam o Concerto para Flauta em Sol Maior, de Mozart, e alguns dos solos para flauta mais famosos da literatura orquestral: peças como *Tarde de um Fauno*, de Debussy, *Sonho de uma Noite de Verão*, de Mendelssohn, Sinfonia nº 4, de Brahms, Abertura *Leonora* nº 3, de Beethoven, e *Daphnis et Chloé*, de Ravel.

Sally não ficou surpresa ao ver essas obras na lista, pois já estiveram nas listas de quase todas as audições das quais participou. Orquestras querem músicos que consigam lidar com as músicas mais difíceis existentes. Os músicos, portanto, passam boa parte de suas vidas praticando essas passagens repetidamente.

Embora Sally pudesse imaginar quais *porções* de cada obra seriam pedidas na audição, essas seções não estavam mencionadas na lista. Sally passou cerca de quatro semanas reaprendendo intensamente *o equivalente a nove horas* de música para uma audição que provavelmente teria menos de dez minutos.

Sally decidiu reservar um quarto de hotel. Em sua última audição (para uma orquestra menor, em Nova Jersey), ela ficou com amigos, e sua decisão havia sido um erro. Com dois filhos, dois cachorros e uma iguana na casa, ela não conseguiu se concentrar. Não tinha passado das preliminares. Dessa vez, a audição era importante demais para desperdiçar por uma razão dessas.

A prescrição médica

Três dias antes de entrar no avião, Sally tinha uma consulta com sua médica, Ellen Smyles. Dra. Smyles era uma flautista amadora, e Sally sempre gostou de sua compreensão da vida de um músico. Dra. Smyles deu a Sally uma nova receita para o medicamento de uso habitual, Inderal, 10mg em tabletes, porque a antiga havia vencido.

Inderal é o nome da marca de *propranolol*, um medicamento leve e não viciante conhecido como betabloqueador. Entre ouras coisas, betabloqueadores evitam que o coração bata rápido demais. Depois que os músicos tomam betabloqueadores, podem ainda ficar muito nervosos, mas seu coração não acelera e suas mãos não tremem.

DICA

(Se você abrisse uma loja BetabloqueadoreZ SomoZ NozeZ do lado de fora de qualquer audição de orquestra internacional, faria rios de dinheiro.)

Arriscando

Sally voou para Los Anglican no dia anterior à sua audição, fez check-in no hotel e pediu um quarto silencioso em um andar alto. Ela passou o dia inteiro em seu quarto praticando os trechos da audição. No fim do dia, sentia-se calma e feliz com sua música. Depois de uma refeição rápida e uma hora de televisão para distrair, ela foi dormir.

Na manhã seguinte, depois de um longo aquecimento em seu quarto de hotel, ela apareceu no Philharmonia Hall na hora marcada: 9h. Cinquenta outros flautistas já estavam lá, e ela sabia que provavelmente outros 150 chegariam antes de as audições terminarem. Ela foi conduzida para uma grande sala de aquecimento com outros flautistas, muitos velhos amigos seus, todos ocupados praticando a mesma música que ela para a audição.

Sally olhou seu cronograma e viu que sua audição só seria às 14h54. O flautista de antes dela estava marcado para as 14h48, e o de depois dela tocaria às 15h. Sally percebeu que sua audição duraria apenas seis minutos!

Ela decidiu não esperar na sala de concerto por quase seis horas antes da sua vez. Enquanto voltava ao hotel para relaxar, fez algumas contas em sua cabeça. Até agora, o custo total da viagem, incluindo a passagem de avião, transporte terrestre, hotel e refeições, havia somado US$986,52. Quase US$1 mil para uma audição de seis minutos! Sally ficou nervosa.

Uma ideia estranhamente a reconfortou. Por mais que estivesse gastando com essa audição, quase todo mundo estava gastando mais. Vindo de Plano, Texas, Sally não havia viajado muito. Ela sabia que, por um trabalho como esse, flautistas vinham de todas as partes do mundo, incluindo Suíça, Inglaterra e Austrália.

Esse pensamento a deixou nervosa novamente.

Um encontro inesperado

No saguão do hotel, a porta do elevador se abriu. Uma pessoa que ela conhecia saiu dele. Seu rosto era estranhamente familiar. A mente de Sally era um borrão agora. De onde ela conhecia aquele homem? Ela definitivamente já o havia visto antes...

Então, de repente, ela se lembrou. Era seu ex-marido, Jerry!

"Jerry! Minha nossa!", exclamou ela. Eles se abraçaram desajeitadamente. "Você viajou até aqui só para me desejar boa sorte na minha audição?"

"Bem, na verdade, não", respondeu embaraçosamente. "Eu também decidi fazer a audição."

Seu queixo caiu. "O quê? Mas você desistiu da carreira de flautista profissional! Há três anos você trabalha com computadores!"

"Sim", respondeu ele, "mas é impossível deixar uma oportunidade como a Filarmônica de Los Anglican passar. É um tiro no escuro, mas não tenho nada a perder".

Sally não sabia o que pensar. Ela sentiu dores de saudade de Jerry — memórias doces e apaixonadas de seu romance passado. E ainda assim, ao mesmo tempo, lembrou que ótimo flautista ele era, e como seria difícil ganhar dele.

O retorno

Às duas, ela pegou um táxi de volta para o Philharmonia Hall e entrou na sala de aquecimento para esperar. O relógio parecia se mover em câmera lenta. Alguns outros flautistas, também visivelmente nervosos, tentavam conversar, mas paravam no meio das frases. Suas mentes estavam no palco.

Às 14h49, um dos flautistas saiu da sala declarando em voz alta a necessidade de ir ao banheiro.

Às 14h50, outro flautista entrou na sala, agarrado a uma linda flauta dourada. Ele pegou seu case de flauta com raiva e desapareceu pela porta.

Às 14h51, nada especial aconteceu.

Às 14h52, um jovem foi até a sala e chamou o nome de Sally. Ela respirou fundo e ficou em pé, pegou sua flauta, seu flautim e sua música, e seguiu o homem pela porta.

O corredor era longo, escuro e serpenteava como um labirinto. Ela sentiu como se andasse pelo corredor da morte para sua execução. Pior, tinha que subir dois lances de escada, o que aumentou seus batimentos cardíacos e a deixou levemente sem ar.

INTERVALO **Dando uma Volta pelos Bastidores**   165

Exatamente às 14h54 eles chegaram ao final do corredor. À sua frente, iminente, estavam duas grandes portas pesadas. Sally sabia que elas levavam ao palco do Philharmonia Hall de Los Anglican. Ela já esteve nesse salão antes, na primeira fila do balcão, escutando um concerto de seu flautista favorito. E agora estava prestes a pisar no mesmo palco...

No palco

O jovem sorridente, usando toda sua força, abriu as poderosas portas. Sally ficou cega pela explosão de luzes brilhantes no palco. Sentiu como se milhares de lâmpadas tivessem se acendido ao mesmo tempo.

Sally andou até o centro do palco, onde havia uma única estante de partituras, como... bem, como uma estante de partituras. "Agora, lembre-se", disse o jovem, "não fale nada. O comitê de audições está atrás de uma tela. Ninguém sabe quem você é. Toque bem!" E foi embora.

LEMBRE-SE

O propósito da tela é eliminar antecipadamente qualquer acusação de discriminação ou favoritismo — garantir que a *música* seja a única base de julgamento do comitê. Às vezes a tela fica no palco, na frente do músico. Às vezes fica na plateia, na frente do comitê de audições.

Ao lado dela havia outro homem, calvo e de óculos. Ele era o monitor. Como Sally não podia falar com o comitê, seu trabalho era garantir que ela tivesse tudo de que precisasse. Se tivesse qualquer pergunta, tudo o que precisava fazer era a sussurrar para ele, e ele a transmitiria ao comitê.

Por trás da tela

De repente, ela escutou uma voz. "Boa tarde. Vamos começar com *Tarde de um Fauno*, por favor." A voz veio de cima, do primeiro balcão. Sally forçou os olhos para ver. Lá estava: a tela. Era uma barra de cortinas grande e portátil com cortinas pretas.

Atrás da tela, o comitê de audições não sabia a etnia, o gênero, a idade ou qualquer outra coisa sobre Sally. Para eles, ela era o Número 48. E, para eles, o Número 48 deveria se apressar a tocar, porque estavam muito cansados e com fome, e depois do Número 48 tinham apenas mais dois flautistas para ouvir antes do tão desejado intervalo que os seduzia como uma doce ambrosia.

"*Tarde de um Fauno*, por favor", repetiu a voz exaustivamente, pela 49ª vez naquele dia.

Sally espalhou sua partitura na estante e exalou devagar. Chegou a hora. Uma vida de sacrifícios e preparação, quatro longas semanas de prática intensiva, US$986,52... e tudo resumia-se àquele momento.

PARA VIRTUOSOS

Ela levantou sua flauta até os lábios, respirou fundo e começou a tocar. As notas de abertura de *Tarde de um Fauno*, de Debussy, aquela sensual descida cromática sobre uma quarta aumentada, aquela entrada suave, porém chocante, para o movimento impressionista da música, emanou de sua flauta. Era tão lindo! O som era caloroso, rico e cheio de imaginação e sensualidade. Era ela mesmo?

Ela sentiu seus medos diminuírem, e começou a derramar toda sua vida, experiência e paixão na música. Tocou a música de Debussy como o próprio a havia imaginado.

Depois do que pareceu quase nada, a voz a fez parar. "Sinfonia nº 4 de Brahms, último movimento, compasso 97, por favor."

Ah — compasso 97! Esse era o trecho que Sally esperava. Ela o tocou gentil e pacificamente, no começo, e então com cada vez mais paixão à medida que a frase chegava a seu zênite. Ela nunca havia atingido o Fá Sustenido agudo com uma combinação tão perfeita de intensidade e beleza suave de tom.

A voz pediu mais trechos, um depois do outro. Ela tocou cada um com mais confiança, sempre estimulada pela beleza do som da própria flauta.

O único erro que cometeu foi um deslize no movimento scherzo de *Sonho de Uma Noite de Verão*, de Mendelssohn. Era um deslize pequeno, uma ninharia, na verdade — e ela nunca havia cometido esse erro antes. Era uma das passagens mais fáceis, com a qual não havia se preocupado. Todas as passagens mais difíceis foram muito bem.

Finalmente, os seis minutos terminaram. Eles pareceram seis segundos. "Obrigado", disse a voz. É isso. Ela baixou seu instrumento, reuniu suas partituras e saiu do palco. O jovem sorridente esperava além das portas pesadas. "Bom trabalho", falou. Eles caminharam de volta à sala de aquecimento sem dizer uma palavra.

Sally sorriu. Foi a melhor audição que já fizera.

A espera

De volta à sala de aquecimento, Sally olhou em volta. A sala estava vazia agora. Com exceção de Jerry.

Como uma deixa, o jovem entrou na sala e chamou o nome de Jerry. "Até logo", disse Jerry, piscou, e então seguiu o homem.

Alguns minutos mais tarde, Jerry retornou. "Foi ótimo!", exclamou ele — e, antes que pudesse impedir, deu um beijo na bochecha de Sally.

"Foi ótimo para mim também", disse Sally.

Mas a parte mais difícil ainda estava por vir: o período de espera. As preliminares estavam quase no fim, e logo depois o comitê de audições decidiria quem do grupo de Sally iria para as semifinais. A sala de aquecimento se encheu de pessoas tagarelando, de vez em quando olhando em direção à porta.

Pouco depois das 18h, o jovem sorridente apareceu na entrada da porta. Ele não estava sorrindo. Todas as cabeças se voltaram em sua direção. Ele segurava uma única folha de papel.

Limpou a garganta. "Bem, quero agradecer a cada um de vocês pelo tempo, dinheiro e energia que gastaram para estar conosco hoje. Todos foram estupendamente talentosos e devem ficar orgulhosos do que realizaram. As semifinais começam amanhã, quarta-feira, às 9h. Desse grupo, um flautista irá para as semifinais."

Ele mencionou o nome de Jerry e desapareceu da sala.

Jerry abriu um sorriso largo. "Ei", sussurrou timidamente. "Eu consegui!"

Lágrimas brotaram nos olhos de Sally, mas ela as segurou. "Foi o Mendelssohn", disse ela suavemente. "Perdi uma nota no Mendelssohn."

"Ah, não seja tão dura consigo mesma", respondeu Jerry. "Eles não eliminam por uma nota."

"Acho que fizeram", disse Sally.

A consequência

Queríamos poder lhe dizer que Sally passou em sua audição, mas ela não conseguiu. Além disso, se tivesse conseguido, não teríamos realizado nosso propósito de lhe mostrar uma experiência *típica* de audição.

De qualquer forma, Jerry também não conseguiu o emprego. Ele perdeu uma nota nas semifinais.

"Então quem conseguiu o emprego de flauta principal?", perguntou Sally a ele mais tarde.

"Algum cara da Austrália. Nenhum de nós ouviu falar dele antes. Ele entrou lá e acabou com todos os concorrentes."

Esse conto, infelizmente, é a triste história de Sally e Jerry — e de *muitos* outros músicos de orquestra que conhecemos.

Mas, para Sally, a experiência não foi uma perda total. Jerry ligou para ela depois da audição e logo começou a visitá-la a cada poucas semanas. Gradualmente, Sally e Jerry redescobriram o amor que um dia sentiram. Eles se casaram novamente seis meses mais tarde no topo do Skyline Bungalows, com vista para a arrebentação da Highway 1 da Califórnia.

A Vida de um Músico de Orquestra, ou O que Acontece na Sala de Ensaios?

Muitas pessoas têm a impressão de que uma orquestra é apenas uma banda de pessoas felizes passando o tempo tocando para o próprio prazer. As pessoas imaginam que elas nunca tiram suas casacas e vestidos pretos longos, nem por um segundo. Por que fariam isso?

Verdade, a música *é* um prazer incrível. E, verdade, algumas pessoas nunca tiram seus vestidos pretos longos, o que apresenta dificuldade apenas para jogar esportes com raquetes. Mas um trabalho de orquestra, como qualquer outro, pode ser incrivelmente intenso. Os estresses de um cronograma agitado de trabalho às vezes diminuem o prazer que os músicos têm no contato diário com a maior de todas as artes.

Em uma orquestra profissional, os cronogramas de ensaio e apresentação dos músicos é raramente, se algum dia é, regular. Os músicos nem tiram um dia de folga estabelecido da semana necessariamente. E o sábado à noite, esqueça! Enquanto o resto do mundo está aproveitando, os músicos estão *tocando.*

Um cronograma típico de orquestra consiste em sete a nove ensaios e concertos por semana. A maioria dos ensaios tem duas horas e meia de duração. É exigido que cada membro da orquestra esteja no palco de cinco a dez minutos antes de o ensaio começar. Se um músico se atrasa, pode receber uma advertência ou até ter uma multa descontada em seu pagamento.

Para compensar esse tempo restrito de início, os ensaios de orquestra têm horários igualmente restritos para o término. Assim que o relógio diz que as duas horas e meia acabaram, mesmo que a orquestra ainda esteja no meio de uma peça, no meio de uma frase ou até mesmo *no meio de uma nota*, o ensaio acaba. Se o maestro decidir (normalmente com a aprovação da gerência) continuar o ensaio depois que o ensaio oficial acaba, os músicos recebem hora extra.

Mas os ensaios são apenas a ponta do iceberg comparados ao tempo que se passa na sala de ensaios. Músicos profissionais têm uma quantidade incrível de músicas para aprender. Em uma semana comum, uma orquestra toca até quatro programas de concerto completamente diferentes. Isso é o equivalente a seis horas de música para dominar em uma única semana.

Como é de se esperar, toda essa prática traz certos riscos ocupacionais: tendinites e bursites são muito comuns nas orquestras mundiais. Também é possível encontrar o que os alemães chamam de *hodenentzündung*; vamos só dizer que é uma enfermidade muito especial e única em violoncelistas do sexo masculino.

Vendendo o Produto

Mas os músicos são apenas o componente *sobre o palco* de uma orquestra local. A equipe de *fora do palco* também é importante. Por exemplo, se você foi a um concerto de orquestra sinfônica recentemente, é muito provável que o *diretor de marketing* o tenha levado até lá. Responsável por toda a propaganda paga, o diretor de marketing está sempre tentando encontrar novas maneiras criativas de levar a orquestra à atenção do público.

Digamos que a orquestra esteja prestes a apresentar um concerto de músicas do compositor russo Sergei Rachmaninoff (1873–1943), incluindo o Concerto para Piano nº 2 e a Sinfonia nº 2. Com uma orquestra mais estabelecida e antiga, é possível ver a seguinte propaganda:

FILARMÔNICA BEUX ARTS

Maximillian Goo, Diretor Musical

Sexta-feira, 3 de novembro de 2006, 20h

Sábado, 4 de novembro de 2006, 20h

Domingo, 5 de novembro de 2006, 15h

Vivian Wedge, Piano

Rachmaninoff: Concerto para Piano nº 2 em Dó menor, opus 18

Rachmaninoff: Sinfonia nº 2 em Mi menor, opus 27

Por outro lado, com uma orquestra que esteja tentando ganhar um público mais jovem e mais moderno, você pode ver este tipo de anúncio:

PEGUE

O SEU

RACHMANIN-

OFF!!!

na SINFÔNICA DE LONG BAY

Sexta e sábado às 20h, Domingo às 15h

Esteja lá e seja pontual!

Em uma organização menor, o diretor de marketing também é o diretor de relações públicas, responsável por toda a propaganda *gratuita* (ou seja, informações publicadas sem custo em jornais, rádio ou televisão). Seu objetivo é conseguir o máximo possível de publicidade para a orquestra. Para isso, ele trabalha a lei das médias, enviando novos releases — informação sobre *tudo* — constantemente, na esperança de que *alguém, em algum lugar*, ache a informação interessante o suficiente para publicar.

PARA RELEASE IMEDIATO

Contato: Cathy Sandow
          Sinfônica de Farfalloo
          Farfalloo, WY 34876

A Sinfônica de Farfalloo Adquire Novos Escudos Sonoros

A Orquestra Sinfônica de Farfalloo anunciou a aquisição de novos escudos sonoros para seus músicos.

Escudos sonoros são barreiras de plástico duro e transparente colocadas no palco diretamente na frente de instrumentos mais barulhentos da orquestra. Eles protegem a audição dos músicos que sentam diretamente em frente a esses instrumentos.

"Estamos extremamente gratos por esses escudos sonoros", disse Anthony DeMare, gerente geral da Sinfônica de Farfalloo. "agora temos uma maneira de proteger os ouvidos de nossos músicos do volume extremamente alto de som com que entram em contato no palco diariamente. Isso representa o começo de uma nova era para nós."

Polly Platelett, presidente do Comitê da Orquestra Sinfônica de Farfalloo, ecoou esse sentimento. "Nós, músicos, estamos há anos pedindo por esses escudos", ela disse. 'Eles provavelmente teriam sido uma estipulação em nosso próximo contrato, mas estamos muito felizes em recebê-los anes Os músicos estão extasiados."

O prefeito de Farfalloo, John Thompkins, ficou igualmente elogioso. 'Toda a Farfalloo se beneficiará com esses escudos sonoros", ele disse. "Hoje é um dia de orgulho para nossa grande cidade. Eu declaro este dia como o Dia Honorário do Escudo Sonoro."

Um desfile em homenagem aos escudos sonoros será realizado amanhã ao meio-dia, começando na praça da cidade de Farfalloo, passando pela Fábrica de Salsichas de Farfalloo e terminando na Lanchonete da Escola Primária Robert Louis Stevenson, casa da Série de Concertos Masterwork Plus! da Sinfônica de Farfalloo.

Os escudos sonoros foram um presente da sra. Consuelo Grossman, moradora da 42 Pennytree Lane. Eles são a terceira geração de presentes generosos da sra. Grossman desde que seu marido faleceu em um acidente com um separador de grãos no outono passado.

Em homenagem a seu marido, os escudos estão recebendo o nome de Escudos Sonoros Memoriais Aberto Z. Grossman.

"Alberto sempre odiou som alto", riu a sra. Grossman. "O fato de salvar os ouvidos de seus músicos amados o faria morrer de rir — ops!"

Entendendo Exigências Contratuais

Para muitos membros do público, a parte mais excitante de um concerto é o artista convidado, que frequentemente é um virtuoso mundialmente famoso. Os artistas convidados se aproveitam desse fato cobrando somas exorbitantes dos serviços de seus clientes.

Não é incomum que o artista convidado de importância internacional ganhe entre US$50 mil e US$100 mil em uma apresentação, como visto no Capítulo 3. Para o gerente de uma orquestra, os honorários valem a pena. A organização pode receber essa quantia de volta em venda de ingressos, assinaturas e prestígio.

LEMBRE-SE

Mas alguns artistas convidados ficam tão acostumados a conseguir o que querem, que simplesmente se recusam quando não recebem. Então adicionam uma preocupação nova e bizarra à vida nos bastidores de um concerto na forma de exigências contratuais.

Uma *exigência contratual*, anexada aos termos regulares do contrato de um artista, pode variar de uma única frase a mais de 20 páginas. Não passam de exigências, às vezes inacreditáveis, que *devem* ser satisfeitas se a orquestra ou a organização da apresentação quiser exibir aquele artista:

- "Srta J. deverá ser buscada em seu hotel em uma limusine azul, preta ou verde-escura (a ser escolhida pela gerência), mas de forma alguma caramelo ou branca."
- "Anexa está uma amostra da cor (cáqui pasta de amendoim) com que o camarim do Sr. Q deve ser pintado. O camarim também deve ter carpete de 15 a 19 milímetros de espessura (também em cáqui pasta de amendoim), e deve ter, no mínimo, 4x7 metros, mas menos do que 8x9 metros, ar-condicionado, umidificador e ser completamente à prova de som."
- "A equipe de bastidores deve se abster de envolvimentos em conversas gratuitas com Sr. N."
- "Sra. R. consente em assinar até dez (10) autógrafos imediatamente após o concerto. Depois desse tempo a equipe está instruída a remover todos os simpatizantes."
- "O camarim deve ser abastecido com dois (2) perus assados, uma (1) hora antes da apresentação."
- "Uma grande tigela de M&Ms deve ser fornecida, *sem nenhum dos verdes, todos devem ser removidos!* Nenhuma exceção a essa exigência será tolerada."

O incrível desses exemplos absurdos é que são *reais!* Esses exemplos são baseados em exigências reais feitas por divas reais da música clássica.

O Relacionamento Estranho e Arriscado da Orquestra e Seu Maestro

Maestros têm um enorme poder sobre a vida de músicos com quem trabalham, pelo menos dentro dos confins da sala de concertos. Um bom regente tem a habilidade de fazer uma orquestra se sentir inspirada, orgulhosa e entusiasmada em fazer música.

Como maestros, sabemos o quanto esse trabalho é difícil. É impossível agradar a todos o tempo todo. Estamos constantemente na situação de agradar alguém e desagradar a outros simultaneamente.

Alguns maestros parecem desagradar *todas* as pessoas o tempo *todo*. Eles também têm uma grande parcela de poder sobre a vida de seus músicos. Eles são os regentes com egos para queimar, que colocam a própria glória acima da música. As orquestras muitas vezes não têm outro recurso além de criar receitas de vingança, como demonstrado no exemplo a seguir (que encontramos na internet, enviado por músicos clássicos).

Como Cozinhar um Maestro

INGREDIENTES	MODO DE PREPARO
1 maestro grande ou 2 regentes assistentes pequenos Ketchup 2 dentes de alho grandes Gordura vegetal sólida (pode-se usar banha) 1 barril de vinho barato 1/2 kg de brotos de alfalfa 1 kg de comida sortida de jovens profissionais urbanos, como tofu ou iogurte	**1.** Pegue um maestro. Remova a cauda e os chifres. Separe cuidadosamente o grande ego e reserve para o molho. Remova qualquer batuta, lápis e longas articulações e descarte. Remova o aparelho auditivo e descarte (nunca funcionou mesmo). Limpe o regente como limparia uma lula, mas não separe os tentáculos do corpo. Se tiver um maestro mais velho, como o de uma grande orquestra ou festival de música de verão, deve amaciá-lo batendo-o em uma pedra com baquetas de tímpano ou esmagando-o repetidamente entre dois grandes pratos. **2.** Despeje metade do barril de vinho em uma banheira e coloque o maestro de molho por pelo menos 12 horas. (*Exceções:* maestros norte-americanos e alemães muitas vezes têm gosto de cerveja, que algumas pessoas gostam; o vinho pode interferir nesse sabor. Siga seu paladar.) Depois que o maestro estiver bem encharcado, remova qualquer roupa que esteja usando e esfregue o alho pelo corpo todo. Depois cubra-o de gordura vegetal, usando movimentos circulares vagos e lentos, e tomando cuidado para cobrir cada centímetro do corpo dele com a gordura.

3. Encontre uma orquestra. Coloque o máximo de partituras que as estantes conseguirem aguentar sem cair e certifique-se de que haja passagens bem altas para todos. Grandes acordes altos para madeiras e metais, e trêmulos para as cordas. Ensaie essas passagens várias vezes; isso deve garantir as chamas adequadas para cozinhá-lo. Se não, insista em fazer todas as repetições possíveis, especialmente as segundas repetições em sinfonias realmente grandes!

4. Depois que as chamas tiverem diminuído para um inferno médio, coloque o maestro sobre sua orquestra (eles não vão ligar; já estão acostumados) até que esteja bem dourado e o cabelo volte para sua cor natural. Tenha cuidado para não passar do ponto, ou o regente pode acabar com gosto de presunto recheado. Faça um molho combinando o ego, os brotos e ketchup a gosto, colocando tudo no liquidificador e batendo até ficar um purê uniforme. Fatie seu maestro como faria com qualquer peru e sirva acompanhado de comida sortida de jovens profissionais urbanos e o restante do vinho.

Por que Vale a Pena Sofrer por uma Carreira em Orquestra

Então por que os músicos, artistas convidados e maestros fazem o que fazem? Com todo o sofrimento que enfrentam, por que tudo vale a pena?

Vale a pena por aqueles raros momentos em que tudo dá certo, quando a orquestra é estimulada, unida em um mesmo sistema nervoso e toca belamente como uma coisa só. A causa de tal momento pode ser um salão de concertos acusticamente perfeito; a temperatura, umidade e pressão atmosférica perfeitas; um público especialmente responsivo; um evento especial; uma primeira nota tocada lindamente, ou apenas uma compreensão compartilhada entre os músicos de que *hoje à noite será fantástico*.

E, no fundo, os músicos realmente amam seu trabalho. Arranhe a superfície do profissional mais exausto e encontrará um aluno de conservatório entusiasmado que vive para sua arte.

174   PARTE 2 **Ouça!**

3

Um Guia de Campo para a Orquestra

NESTA PARTE . . .

Conheça as cinco famílias de instrumentos: teclas, cordas, madeiras, metais e percussão.

Espie dentro de um piano e saiba como ele funciona (tanto as teclas brancas quanto as pretas).

Descubra o básico da técnica de violino e como se aplica a toda a família de cordas.

Explore o ofício obscuro de fazer flautas, a arte de pedalar na harpa, um jeito de lavar um trompete e até as palavras de *Moby Dick*! Continue lendo para descobrir como até a baleia da história se relaciona com a música clássica.

NESTE CAPÍTULO

» **Olhando o piano mais de perto e por que ele tem pedais**

» **Examinando o cravo e por que suas cordas são pinçadas**

» **Vendo órgãos e sintetizadores e por que são 100% livres de cordas**

» **Acesse os áudios no site da Alta Books (procure pelo título do livro)**

Capítulo **6**

Teclas & CIA

No dia a dia, temos mais probabilidade de ver teclados do que qualquer outro instrumento. Os teclados estão em todos os lugares, na verdade.

A grande igreja no fim da rua tem um órgão. O filho do seu vizinho tem um sintetizador (e imaginamos que também tenha umas caixas enormes). A moça estranha com o monte de gatos que mantém todas as cortinas fechadas em sua velha casa cheia de ervas daninhas bambeando no topo da colina tem um cravo. E alguém no seu quarteirão tem um piano.

O Piano

A melhor maneira de descobrir sobre o mais comum de todos os instrumentos de teclas, o piano, é experimentá-lo em primeira mão. Talvez você tenha um, mas, se não tiver, não se preocupe — seu vizinho deve ter. Seu vizinho é uma pessoa muito interessante e, apesar do flamingo no quintal, é uma pessoa com requinte e discernimento. Por isso, o piano. Essa é a oportunidade perfeita de entender como ele funciona.

Olhando dentro do piano

Na próxima oportunidade que tiver, confira o piano do seu vizinho. Peça para vê-lo ou entre em sua casa de fininho enquanto ele estiver cortando a grama.

Você notará várias coisas no piano comum. Primeiro, ele tem 88 teclas. Para usar a terminologia técnica musical, as teclas brancas são chamadas de *as teclas brancas* e as pretas, de *as teclas pretas*. Você acha que consegue se lembrar disso?

Claro, alguns especialistas se referem às notas brancas como notas *naturais* e às pretas como *sustenidos* e *bemóis* — mas você não precisa saber disso.

Agora toque na tecla mais grave (à extrema esquerda) do piano do seu vizinho. O piano é precisamente construído para ser extremamente sensível ao toque, com uma *amplitude dinâmica* surpreendente. Isso significa que, se você acariciar a tecla bem de leve, produzirá um som macio, doce e calmo, ao passo que se bater nela com uma marreta, destruirá o piano.

Dessa nota mais grave, toque a próxima tecla branca. E a seguinte. Continue tocando as teclas brancas da esquerda para a direita. Esse processo é chamado de *subir a escala*. Mas as notas que está tocando não são anônimas. Desde os primórdios da música, os compositores precisaram dar nome às diferentes notas. Essa era a única maneira de conseguir escrever música para reproduzi-la mais tarde.

Dando nomes às notas

No sistema norte-americano, a nota mais grave, bem à esquerda do teclado, foi designada, com grande originalidade, como a letra *A*. A próxima tecla branca é chamada de *B*. E, então *C*, *D*, *E*, *F* e *G*, como o esperado. E então vem... o quê? *H*? Não. Observe o teclado com todas as letras (veja a Figura 6-1).

Minha nossa, não tem H nenhum. É A de novo.

Os nomes equivalentes às letras que usamos são, respectivamente: *Lá*, *Si*, *Dó*, *Ré*, *Mi*, *Fá* e *Sol* (que serão os utilizados no decorrer do livro).

FIGURA 6-1: As notas do piano no teclado. A(Lá) B(Si) C(Dó) D(Ré) E(Mi) F(Fá) G(Sol) A(Lá)

Fonte: Creative Commons

Encontrando uma oitava

Note que toda a sequência de notas se repete de Lá a Sol, várias vezes. A razão para isso é simples: todas as notas chamadas de Lá são, na verdade, a mesma nota, embora cada uma seja sucessivamente mais aguda que a última.

Isso é possível? Imagine que você esteja em um jogo de basebol da Little League e todo mundo esteja cantando "The Star-Spangled Banner" (o hino nacional norte-americano) em uníssono: homens, mulheres e pequenos mascotes do Beavers, todos cantando as mesmas notas ao mesmo tempo. Mas, em qualquer nota, os homens estão cantando uma versão mais grave dela, as mulheres estão cantando uma versão mais aguda e as crianças e mascotes talvez estejam cantando uma ainda mais aguda.

PARA VIRTUOSOS

No teclado do piano acontece a mesma coisa. Todas as notas chamadas de Lá são a mesma, mas são cantadas com vozes cada vez mais agudas. Ou, como dizemos no mundo da música, estão em *oitavas* diferentes. Homens, mulheres e crianças cantam a nota Lá, mas as mulheres geralmente a cantam em uma oitava mais alta do que os homens.

O que exatamente significa uma *oitava*? Uma oitava é a distância entre um Lá e o seguinte, ou a distância entre um Si e o seguinte... e assim por diante. Se você contar de um Lá para o seguinte (contando as duas notas Lá), conta *oito* notas brancas — por isso a palavra *oitava*, que contém o mesmo número que em *octógono* (oito lados), *polvo* (oito tentáculos) e *oitometrista* (um médico com oito olhos).

Tocando as teclas pretas

Você notou que o padrão das teclas pretas no teclado do piano se repete em pequenos grupos de dois e três? A maioria dos pianistas usa esses padrões de teclas pretas como marcos para saber onde estão no teclado. Sem as teclas pretas como marcações, tocar a nota que você quer entre um mar confuso de brancas seria quase impossível.

O propósito principal de uma tecla preta, no entanto, é tocar uma nota que esteja no meio do caminho entre uma branca e a próxima. Digamos que você queira uma nota mais aguda que um Lá, mas não tanto quanto um Si. Então você toca a tecla preta entre elas.

Essa tecla preta tem dois nomes. Ela pode ser chamada de *Lá Sustenido*, porque é levemente mais *aguda* do que um Lá. Ou de *Si bemol*, porque é levemente mais *grave* do que um Si. Para nossos propósitos, Lá Sustenido e Si bemol são exatamente a mesma nota.

Olhando dentro do piano

A essa altura, você pode querer determinar se lida com um *piano de cauda* ou um *piano vertical*. A diferença é que, se puder deitar dentro dele, é um piano de cauda. (Se puder deitar dentro dele apenas em posição fetal, pode ser um *piano de quarto de cauda*.) Confira a Figura 6-2 se ainda não tiver certeza da diferença entre um piano de cauda e um piano vertical.

Agora é uma boa hora para falar que você nunca deve *realmente* deitar dentro do seu piano. (Já para o piano do seu *vizinho*, é melhor pedir permissão antes.)

Como vê na Figura 6-2, a tampa superior de um piano de cauda pode ser mantida aberta por meio de uma sustentação, que sempre vem incorporada ao piano de cauda. (Nunca deixe que um vendedor de pianos o faça pagar a sustentação como equipamento opcional. Ela é padrão.)

O som de um piano vem de dentro, então, quanto mais aberta você mantiver a tampa superior, mais alto e cheio será o som. Em um salão de concerto, provavelmente será preciso usar a sustentação. Se quiser abrir a tampa só um pouquinho, não completamente, pode usar a sustentação menor, que também é um equipamento padrão.

Sob a tampa há zilhões de fios metálicos, bem esticados e presos a pinos. Há, na verdade, duas ou três dessas *cordas do piano* para *cada* uma das 88 teclas do piano. A força de todas essas cordas pinçadas ao mesmo tempo é tão grande, que a estrutura do piano tem que ser feita de um metal extremamente rígido para que o instrumento não quebre ao meio violentamente e impluda durante um prelúdio.

Ao girar os pinos, é possível fazer as cordas ficarem mais tensas ou soltas, produzindo, assim, notas mais agudas ou graves, respectivamente — ou seja, *afinar* o piano. E, ao pressionar uma tecla, um pequeno martelo de feltro bate na corda, fazendo-a vibrar.

FIGURA 6-2: Um piano de cauda (topo) e um piano vertical.

Fonte: Creative Commons

Pisando nos pedais

A maioria dos pianos tem, pelo menos, dois *pedais*. O da direita é chamado de *pedal sustain* (ou pedal de sustentação). Se pisar nele com o pé direito enquanto toca, as notas continuam a soar mesmo depois de tirar o dedo da tecla. (Sem o pedal, cada nota para assim que você para de a pressionar.)

O da esquerda é o pedal *surdina*. Ele suaviza todas as cordas, exceto por uma, usadas para cada nota do piano, produzindo um som mais suave e menos ressonante. Também é conhecido como *una corda*, que é o italiano para "uma corda".

EXPERIMENTE

Alguns pianos têm um terceiro pedal no meio. Por quê? Bem, digamos que queira destacar apenas uma nota da música sobre as outras. Eis o que você faz: toque essa nota e, ao mesmo tempo, pise no pedal do meio. Agora pode soltá-la, e o piano ainda a sustenta. Se mantiver o pedal pressionado e começar a tocar várias outras notas, elas desaparecem assim que são tocadas, mas a nota que você tocou primeiro continua soando até sumir naturalmente. Se você teve problemas *lendo* esse negócio complicado, tente *fazer* isso a 100 batidas por minuto na frente de uma multidão. Em outras palavras, agora entendemos por que alguns fabricantes de piano não fornecem mais o pedal do meio.

Ouvindo o piano

Se seu instrumento favorito é o piano, você está com sorte: foram escritos mais concertos para piano do que para qualquer outro instrumento. (*Concertos*, como você descobre no Capítulo 3, são peças em que um instrumento solo é a atração principal.)

CONFIRA

Na verdade, se acessar o site da Alta Books (procure pelo título do livro), poderá ouvir um exemplo impressionantemente lindo na Faixa 3: o final do Concerto para Piano nº 22, de Mozart, em que ele exibe as capacidades desse belo instrumento. Confira.

DICA

Aqui estão alguns de nossos concertos para piano favoritos:

» **Ludwig van Beethoven:** Concerto para Piano nº 4 e nº 5

» **Johannes Brahms:** Concerto para Piano nº 2

» **Frédéric Chopin:** Concerto para Piano nº 2

» **Sergei Rachmaninoff:** Concerto para Piano nº 3

» **George Gershwin:** Concerto para Piano em Fá

E aqui estão algumas das peças mais belas para piano solo:

>> **Bach:** *O Cravo Bem Temperado*

Esse conjunto de 48 prelúdios e 48 fugas é considerado como o "ancestral" de muitas das peças para piano atuais. Muitos compositores encontraram inspiração nessa tentativa de Bach de escrever música em todos os tons, maiores e menores.

>> **Beethoven:** Sonata para Piano nº 14 *(Sonata ao Luar)*

>> **Chopin:** Prelúdios, opus 28

>> **Gershwin:** *Três Prelúdios*

Pelo mestre do jazz, um conjunto de três peças para piano, cujo título é influenciado pelos prelúdios de Bach.

>> **Wolfgang Amadeus Mozart:** Sonata para Piano em Dó Maior, K. 545

(O "K" se refere a Ludwig Ritter von Köchel, o homem que catalogou as obras de Mozart.)

O Cravo

Nem todos os instrumentos de teclas são sensíveis ao toque como o piano. O seu teclado eletrônico portátil e barato de R$200, por exemplo, não é. E nem o predecessor do piano foi, o *cravo*. Nesse teclado, todas as notas saem em um volume médio, não importa a força que se aplique nas teclas.

Canto da Poesia: Haiku

pobre cravo

nenhuma sensibilidade ao toque

todas as notas são iguais

Eis por que vale a pena conhecer o cravo.

Ganhando a medalha de ouro Barroca

O cravo (veja a Figura 6-3) foi o instrumento de teclas número um da música nos períodos barroco e início do clássico (veja o Capítulo 2), e ainda é possível ouvir com frequência músicas desses períodos. Várias das músicas de grandes compositores como Bach, Handel e Vivaldi seriam difíceis de tocar sem ele, o verdadeiro medalhista de ouro da Olimpíada Barroca.

CAPÍTULO 6 **Teclas & CIA** 183

FIGURA 6-3: Um cravo com teclado duplo.

Fonte: © Dorling Kindersley/Getty Images

Em vez de soar doce ou rico como o piano, um cravo soa — bem, metálico, vibrado ou, às vezes, até mesmo dissonante. E por uma boa razão: em um cravo as teclas não são *marteladas*, mas sim *pinçadas*.

Canto da Poesia: Limerique

Era uma vez um homem de Palmas
Que pediu que o seu cravo fosse às favas.
Quando questionado sobre o motivo de se livrar,
Ele gritou: "Não consigo aguentar!
As cordas não são marteladas, mas sim pinçadas!"

Enquanto o piano tem martelos de feltro bem leves para tocar as cordas, produzindo uma variedade de sons, o cravo tem pequenas palhetas (conhecidas como *plectros*), que ficam perto das cordas. Ao pressionar uma tecla do cravo, a palheta (ou *plectro*) correspondente alcança a corda e a toca, como uma unha vibrando um arco de tiro.

Ouvindo o cravo

Se escutar a Faixa 2 dos exemplos disponíveis no site da Alta Books (procure pelo título do livro), ouvirá um prelúdio e uma fuga de Bach tocados no cravo.

Se, particularmente, você ama o cravo, aqui estão mais algumas peças que simplesmente precisa ouvir:

- **Bach:** Concerto em Ré menor para Cravo e Orquestra de Cordas
- **François Couperin:** *Les barricades mystérieuses*
- **George Frideric Handel:** Suíte em Mi Maior, G 145-148 (inclui variações agradáveis de "O Ferreiro Harmonioso")
- **Domenico Scarlatti:** 550 sonatas (São todas ótimas. É só escolher.)

O Órgão

É possível ouvir o *órgão de tubos* (veja a Figura 6-4) em muitos casamentos (e simulado em todos os jogos de beisebol) a que você for. Órgãos de tubos têm um número variado de tubos, de dúzias a milhares. Os maiores órgãos do mundo têm tubos suficientes para preencher várias paredes de uma catedral. Os tubos, de todos os tamanhos e formatos, fazem diferentes tipos de sons quando o ar passa por eles, imitando qualquer coisa, de trompete a oboé ou flauta.

FIGURA 6-4: Um órgão de tubos.

Fonte: © iStock.com/ Aiselin82

Dentro do órgão há uma bomba de ar. Atualmente as bombas funcionam com eletricidade — um motor garante que um fluxo constante de ar fique disponível para o órgão. Mas antigamente a bomba era movida por dois adolescentes contratados para pular no subterrâneo enquanto o órgão tocava. Se os adolescentes ficassem sem energia, o órgão também ficava, e o volume ou a afinação da música sofriam.

Os órgãos de hoje tocam bem mesmo sem a ajuda de adolescentes. Veja como funcionam.

Puxando os registros

Para cada nota que o órgão pode tocar há de um a centenas de tubos diferentes. Cada um toca um som levemente diferente: um som de trompete, de corda, e assim por diante. Se o organista quiser ouvir um desses sons, puxa uma pequena maçaneta (chamada de *registro*) na consola do órgão, perto do teclado. A consola de um órgão muito grande é uma coisa inspiradora, parece um cruzamento entre um painel de controle de avião e uma máquina de pinball. Puxar um desses registros para um certo tipo de tubo deixa que o ar da bomba flua para aquele tubo, fazendo com que soe. Ao empurrar o registro de volta, o suprimento de ar para o tubo é cortado.

Mas esse é só o começo da diversão! O órgão não está limitado a um registro por vez. É possível escolher quantos você quiser. Se quiser um som de cordas, trompete e oboé na nota Lá, puxe os três registros. Se quiser uma explosão sonora realmente grande, puxe *todos* eles. (Por isso a frase "Ele puxou todos os registros".)

Quase todos os órgãos também têm *pedais*. Eles não são como os pedais do piano; cada um deles toca uma nota grave quando pressionado. São distribuídos como um pequeno teclado, completo, com sustenidos e bemóis, para que os organistas possam tocá-lo com seus pés, bem como com as mãos. Em sua época, Bach era muito famoso, não por suas composições, mas por sua destreza incrível no teclado e nos pedais. As pessoas percorriam milhas para assistir ao organista com mãos e pés voadores. Você tem que admitir que seria bem divertido o ter em sua próxima festa.

Se tocar uma peça musical no órgão, pode querer mudar de um conjunto de registros para outro bem rapidamente. Você deve ser um mestre da velocidade e destreza (a maioria dos organistas é) para empurrar todos os registros de volta e puxar todos os novos sem perder o tempo da música. Uma alternativa mais simples é usar um órgão equipado com *dois* teclados (também conhecido como *manual*) e configurar cada um com um punhado de registros diferentes. Se quiser mudar os sons, é só mover suas mãos de um teclado para o outro.

Ouvindo o órgão

DICA

Se quiser ouvir o órgão em ação, temos as músicas para você...

» **Bach:** Tocata e Fuga em Ré menor (Essa é a famosa peça de Dia das Bruxas que se houve em todos os lugares. Você definitivamente a reconhecerá.)

» **Handel:** Concerto em Fá Maior (*O Cuco e o Rouxinol*)

» **Cesar Franck:** *Pièce héroique* em Si menor

» **Charles-Marie Widor:** Sinfonia nº 5 (Sim, é chamada de sinfonia, mas é apenas para órgão. O movimento *Toccata* é especialmente impressionante.)

» **Camille Saint-Saëns:** Sinfonia nº 3 (*Sinfonia para Órgão*) (Essa realmente é uma sinfonia para orquestra, mas com uma parte grande, atrevida e altamente notável para órgão.)

O Sintetizador

Como perdeu a Era de Ouro da Música Clássica por alguns séculos, o *sintetizador* não aparece com muita frequência nas melhores sinfonias do mundo. Contudo, é possível encontrá-lo em algumas das músicas "clássicas novas" compostas pelos jovens músicos famintos em universidades.

As teclas de plástico do sintetizador disparam qualquer um de centenas de sons de instrumentos diferentes — que você escolhe apertando botões — armazenados em chips eletrônicos. Em uma música de rock ou pop, o sintetizador moderno deixou muitos músicos tradicionais sem trabalho. Mas como pode ser conectado a um computador, que então toca o equivalente a sons de uma orquestra inteira simultaneamente, o sintetizador também transformou cantores individuais em estrelas da gravação.

NESTE CAPÍTULO

» **Tendo uma ideia do violino, viola, violoncelo e contrabaixo**

» **Entendendo como todos se movem**

» **Acesse os áudios no site da Alta Books (procure pelo título do livro)**

Capítulo **7**

As Cordas

"Molhe a ostaxa! Molhe a ostaxa!", gritou Stubb para o remador da selha (ele sentado perto da selha), o qual, tirando o chapéu, jogou água nela.

Da ostaxa vibrante, esticada por toda a extensão da parte superior do bote, e do fato de estar mais tensa que a corda de uma harpa, a impressão era de que a embarcação tinha duas quilhas — uma cortando a água; a outra, o ar —, pois o bote corria agitado através dos dois elementos opostos de uma só vez.

— HERMAN MELVILLE, *MOBY DICK*

Uma corda bem esticada e vibrando pode criar um dos sons mais agradáveis já escutados pelo ouvido humano. Em um concerto orquestral, cordas vibrando dão voz ao violino, à viola, ao violoncelo, ao contrabaixo, à harpa, ao violão — e ao piano, se pensar bem. (Mas como as cordas de um piano são marteladas, ele é considerado um instrumento de percussão, e não um instrumento de corda.)

Pergunte a uma grande violinista se pode tocar algumas notas em seu violino e ela provavelmente se afastará devagar, com o violino nas costas, oferecendo palavras de calma e conforto, até que esteja longe o bastante para correr enlouquecidamente. A razão: há cerca de 175 maneiras de quebrar um violino sem nem tentar — e isso *antes* de tocá-lo. Violinos, e todos os instrumentos de corda, são extremamente delicados, esculpidos primorosamente de peças extremamente finas de madeira, envernizados e assados à perfeição. Eles têm vários pequenos recursos conhecidos como *cravelhas*, *almas* e *cavaletes*, que podem rachar, quebrar ou se romper. Se tal desastre acontece, o dono do instrumento geralmente também racha, quebra e se rompe.

O Violino

Desde o começo da música clássica, o violino tem um papel extremamente proeminente em toda a música orquestral. Na verdade, a seção de violinos toca muito da melodia em todas as peças de música orquestral clássica que você provavelmente ouvirá.

PARA VIRTUOSOS

Enquanto um piano tem 88 conjuntos de cordas, um violino tem apenas quatro delas. Essas cordas se esticam por todo o comprimento do instrumento, presas no topo pelas *cravelhas* e na parte inferior, pelo *estandarte*. A partir das cravelhas no topo, as cordas fazem uma longa jornada sobre uma pequena peça de madeira chamada *pestana*, passando pelo *espelho*, e sobre uma peça de madeira que parece uma ponte (chamada de *cavalete*) até a casa da vovó (o *estandarte*). (Veja a Figura 7-1.)

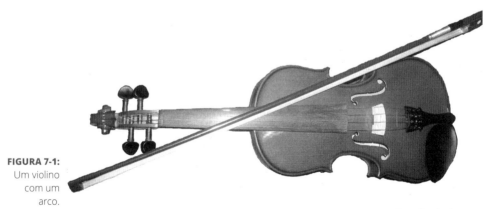

FIGURA 7-1: Um violino com um arco.

Fonte: Creative Commons

Originalmente, essas cordas eram feitas de tripa de carneiro — assim como as cordas de raquetes de tênis ainda são, de vez em quando. A razão é que a tripa de carneiro pode ser muito esticada, o que faz um som maravilhoso e agradável (para todo mundo, menos para o resto da família do animal).

Atualmente, pouquíssimos músicos usam tripa de carneiro, parcialmente porque seu som não é alto o suficiente para um salão de concertos moderno, e parcialmente porque a Sociedade Humana não gosta muito disso. Então cordas de metais são um padrão para os violinos hoje em dia.

De dar arcadas até criar lindas notas, eis como o violino é tocado.

Dando arcadas

Além das cordas, todo violino tem outro equipamento essencial: o *arco*. O violinista desliza o arco pelas cordas do instrumento para produzir tons musicais. O nome *arco* é histórico, porque costumava ser mais curvado, quase como um arco de caça.

PARA VIRTUOSOS

Entre as extremidades de um arco de madeira, um monte de crina de cavalo é esticada. (Claramente, os fabricantes de instrumentos de antigamente não eram muito fãs do tratamento humanitário aos animais.) A crina de cavalo pode tirar sons lindos de um pedaço de tripa de carneiro. Mas como nós, como espécie, somos capazes de determinar esse fato está além de nossa imaginação, então basta dizer que "crina de cavalo e tripa de carneiro" estão na mesma classificação de "manteiga de amendoim e chocolate" no departamento de combinações inspiradas.

Para dar uma tração melhor aos arcos sobre as cordas, os violinistas passam *breu* regularmente em seus arcos. O breu é um pó de giz que vem no formato de um bloco frequentemente circular cor de âmbar, com o tamanho de uma moeda. Ele melhora muito o som que um violino produz. Nenhum violinista seria pego desprevenido sem breu.

A produção de um violino de superioridade requer quase uma combinação mágica e alquímica de materiais, mão de obra, verniz, cozedura, envelhecimento e sorte. Da mesma forma, bons violinos são assustadoramente caros: muitos músicos devem escolher entre comprar um violino ou uma casa. Os melhores violinos, criados há 300 anos pelo famoso luthier italiano Stradivari e Guarneri, custam milhões de dólares.

Afinando

Para afinar um violino é preciso girar as quatro cravelhas no topo; elas ajustam a tensão das cordas. Apertar uma corda a faz tocar uma nota mais aguda. Afrouxá-la deixa a nota mais grave. (A maioria das cordas também tem microafinadores em seu estandarte, que podem ser girados para uma afinação mais precisa.)

Para afinar as cordas do seu violino, primeiro escute uma nota Lá perfeita, tocada por um diapasão, um afinador eletrônico ou outro instrumento já afinado. Em uma orquestra, o oboísta principal é o responsável por tocar esse Lá perfeito para os demais. Explicamos esse processo de afinação mais detalhadamente no Capítulo 4.

Usando um Lá perfeito e seu ouvido perfeito, afine uma de suas cordas. Depois afine as outras três para outras três notas tendo a já afinada em Lá como guia.

Você está pronto para tocar!

Tocando o violino

Você está no palco, em um salão de concertos lotado, banhado em luz, vestido com suas roupas de concerto mais chiques, afinado e pronto para tocar a Sonata *Kreutzer*, de Beethoven, com o grande Vladimir Horowitz como acompanhamento no piano, um fato que é duplamente incrível, porque (1) você nunca fez uma aula de violino sequer e (2) Vladimir Horowitz já morreu. Muitos pesadelos começam assim.

Nesse momento, a pergunta em sua cabeça provavelmente é: *Como é que se toca esta coisa?*

EXPERIMENTE

Para entender como se tocam instrumentos de cordas, gostaríamos que fizesse um pequeno experimento. Pegue um elástico de borracha.

Sente-se no chão, coloque seus pés mais ou menos a 45cm de distância e estique o elástico entre seus dedões dos pés. Agora, com as mãos, faça-o vibrar. Veja a altura do som que ele faz.

Em seguida, segure o elástico firmemente no meio, exatamente na metade da distância entre um dedão do pé e outro. Com sua outra mão, faça-o vibrar novamente. Note que você está realmente fazendo uma ou outra metade do elástico vibrar. Agora ele faz a mesma nota de uma forma mais aguda, certo? Na verdade, a nota que você tocou estava uma *oitava* acima do tom original.

Você se lembra da analogia da Little League no Capítulo 6, em que todos cantavam as mesmas notas do hino nacional norte-americano, mas com vozes graves, médias e agudas? Agora você sabe o segredo dessas oitavas. Se apertar seu elástico (ou corda do violino) para que apenas metade dela vibre, o som produzido é exatamente uma oitava acima do som original.

Ao afinar, poucos momentos atrás, você afinou as *cordas soltas* — definindo as notas que elas fazem quando passa o arco por elas.

PARA VIRTUOSOS

Suponha que tenha acabado de passar o arco pela corda Lá solta, criando, é claro, um Lá perfeito. Agora suponha que queira tocar a nota Lá *uma oitava acima* do Lá original. Como no experimento do elástico, simplesmente coloque o dedo firmemente sobre a corda exatamente na metade das extremidades. Essa posição corta o comprimento da corda pela metade. Apenas a parte *entre seu dedo e o cavalete* vibra quando o arco passa pela corda. *Voilà!* Uma oitava acima.

Agora, digamos que você não queira subir tanto. Nesse caso, não deve encurtar tanto a corda. Em vez disso, coloque seu dedo um pouco mais próximo da cravelha e mais distante do cavalete, para que, quando passar o arco na corda, dois terços dela vibrem. Essa posição cria uma nota diferente — nesse caso, um Mi perfeito.

Todas as notas no violino — e de praticamente todos os instrumentos de corda — são produzidas dessa forma. Você encurta eficazmente a corda com os dedos da mão esquerda, deixando as notas mais agudas. Sua mão direita segura o arco. Com anos de prática, os violinistas aprendem exatamente onde colocar cada dedo da mão esquerda para conseguir cada nota.

Agora, é realmente possível tocar mais de uma nota no violino de uma vez só tocando várias cordas simultaneamente. Mas, como pode imaginar, o dedilhado de mais de uma corda ao mesmo tempo não é uma coisa simples — especialmente quando você tenta tocar *três ou quatro* cordas simultâneas. Um mestre violinista pode conseguir, mas só jogando Twister com os dedos.

Vibrando a corda

Quando um violinista dedilha a nota com sua mão esquerda e passa o arco com a direita, não deve deixar o dedo em um lugar só por toda a duração da nota. Em vez disso, ele *balança* o dedo da mão esquerda que está na corda. Essa vibração cria uma variação quase imperceptível na afinação da nota. Esse efeito é chamado de *vibrato*, e ele adiciona uma simpatia incrível ao tom do instrumento, dando a ele uma qualidade que é estimada sobre todas as outras na música clássica: a qualidade da voz humana.

Todos os bons violinistas usam o vibrato. Em geral, quanto mais romântica e profunda é a música, mais os músicos usam o *vibrato*. Da próxima vez que estiver assistindo a um concerto no YouTube, na TV ou pessoalmente, confira a mão esquerda dos instrumentistas de corda — será possível vê-los balançando os dedos.

A insuportável leveza da arcada

Quando um violinista usa seu braço direito para mover o arco para frente e para trás, ele está *dando arcadas*. Elas têm duas direções: para baixo ou para cima.

Acredite se quiser, há uma arte para decidir quando dar arcadas para cima, quando dar arcadas para baixo e que parte do arco usar em qualquer ponto específico da música. Instrumentistas de cordas fazem um grande esforço para criar a melhor técnica para cada situação. Se querem um som incrivelmente leve e etéreo, que pareça surgir do nada, provavelmente tocarão próximo da ponta do arco. Por outro lado, se quiserem um som pesado, robusto e até crocante, começarão perto do *talão* (a parte em que você segura o arco).

CAPÍTULO 7 **As Cordas** 193

ARCADAS LIVRES

A arcada livre é um conceito apresentado por Leopold Stokowski (1882–1977), o grande, e já falecido, maestro da Orquestra da Filadélfia.

Stokowski achou que a seção de cordas soaria melhor se todos os músicos tivessem a liberdade de escolher as arcadas que funcionavam melhor. Então, durante o meio desse século, as arcadas da Orquestra da Filadélfia iam em todas as direções ao mesmo tempo. Esse método de arcada livre foi um dos componentes do incrivelmente cheio e rico "Som da Filadélfia", conhecido no mundo todo.

Mas a arcada livre tem suas desvantagens. Primeiro, dificulta que uma seção de cordas inteira toque com a mesma interpretação unânime. Segundo, a visão de todos aqueles arcos indo um contra o outro parece caótica. E, finalmente, se você estiver tocando uma arcada para cima e a pessoa ao seu lado tocar uma arcada para baixo, vocês provavelmente baterão um no outro.

Por causa dessas desvantagens, a maioria das orquestras perdeu o interesse pela arcada livre. Hoje o método é usado apenas em situações isoladas em que um som particularmente rico, cheio e sustentado é necessário.

Da próxima vez que assistir a uma orquestra tocar, seja em uma tela ou em um salão de concertos, você notará que todos os arcos viajam na mesma direção ao mesmo tempo. Isso não é por acaso. Os líderes de cada seção escreveram toda essa informação na partitura. Eles determinaram essa direção fazendo pequenas marcas na partitura, para *cada nota de cada peça de música que eles tocam.*

Se você algum dia vir uma falta de precisão unânime entre os músicos de cordas em uma dada seção, uma das três coisas a seguir pode ter acontecido:

» O líder de seção não colocou as marcas de arcada nas partituras impressas a tempo.

» Algumas pessoas leram as arcadas errado e as tocaram de maneira incorreta.

» O maestro quer "arcadas livres" nesse ponto da música. (Veja o box "Arcadas Livres", a seguir.)

Puxando as cordas

Há uma maneira de se tocar violino (ou qualquer outro instrumento de corda) sem nunca usar o arco. Esse método é chamado de *pizzicato* ("pitsy-CA-to"), que significa "beliscado". O som de uma corda de violino puxada é encantador, seja solo (sozinho) ou combinado com o resto da seção. Cordas puxadas tocam melodias também. A mais famosa delas está no terceiro movimento da Sinfonia nº 4 de Tchaikovsky, em que os músicos de cordas não usam seus arcos e, na verdade, os deixam de lado pela duração do movimento inteiro.

CONFIRA

Se quiser ouvir o som de um violino em pizzicato agora, não precisa procurar nada além dos exemplos disponíveis no site da Alta Books [procure pelo título do livro]. A Faixa 9 é um trecho de *A Sagração da Primavera*, de Igor Stravinsky. Aos 3:17 você ouvirá os violinos fazendo pizzicato alegremente, desavisados sobre o inferno que está prestes a surgir.

Ouvindo o violino

DICA

Se encontrou uma nova razão para viver no som do violino, temos algumas obras para você escutar. Primeiro, a seguinte lista oferece uma amostra dos melhores concertos:

- » **Johann Sebastian Bach:** Concerto para Dois Violinos em Ré menor
- » **Ludwig van Beethoven:** Concerto para Violino em Ré Maior
- » **Johannes Brahms:** Concerto para Violino em Ré Maior
- » **Jean Sibelius:** Concerto para Violino em Ré menor
- » **Peter Tchaikovsky:** Concerto para Violino em Ré Maior

Começou a notar uma similaridade aqui? Muitos compositores antigos usaram o tom de Ré para seus concertos para violino. Esse tom abre possibilidades extraordinárias para o instrumento, que tem, entre outras coisas, uma corda Ré muito proeminente. Claro, alguns compositores escreveram concertos em outros tons, e com frequência esses tons também correspondiam às outras cordas do violino (Sol, Lá e Mi). Confira as peças a seguir, por exemplo:

- » **Max Bruch:** Concerto para Violino nº 1 em Sol menor
- » **Felix Mendelssohn:** Concerto para Violino em Mi menor
- » **Wolfgang Amadeus Mozart:** Concerto para Violino nº 5 em Lá Maior

Agora, duas belas sonatas para violino e piano:

- » **Beethoven:** Sonata para Violino e Piano nº 9 em Lá Maior, opus 47 (*Kreutzer*)
- » **Brahms:** Sonata nº 1 em Sol Maior, opus 78

Outros Instrumentos de Cordas

Todo o funcionamento do violino também se aplica aos outros instrumentos orquestrais da família das cordas: viola, violoncelo e contrabaixo.

A principal diferença entre esses instrumentos e o violino está em seus tamanhos e extensão musical. À medida que o tamanho dos instrumentos aumenta, as cordas ficam mais longas — e tocam notas mais graves. O violino toca notas bem agudas; a viola, notas na extensão média; o violoncelo, graves; e o contrabaixo toca notas *realmente* graves. Aqui estão as qualidades mais importantes de cada membro da família das cordas.

A viola

Qual é a diferença entre um violino e uma viola?

O tamanho: a *viola* é levemente maior. (Veja o box "Uma Coleção de Piadas de Viola" para uma resposta diferente.) Mas não é fácil ver essa diferença sutil do auditório.

Contudo, o som da viola é distinto. Comparado ao do violino, seu som é mais encorpado e rouco. As notas agudas soam menos naturais do que em um violino, e as mais graves são poderosas e ricas.

A viola é o instrumento de cordas mais difícil de tocar. Como é maior do que um violino, os dedos do músico devem se esticar ainda mais entre as notas. As contorções que um violista deve fazer para tocar são inacreditáveis. É um jogo de Twister mais intenso.

DICA

Violistas passam a maior parte de seu tempo na orquestra tocando acompanhamentos para as melodias dos violinos. Como resultado, concertos para viola são raros, e os violistas que os sabem tocar são mais raros ainda. (Brincadeira! É brincadeira!) Aqui estão alguns deles:

- » **Paul Hindemith:** *Trauermusik* (*Música de Luto*) para viola solo e cordas
- » **Georg Philipp Telemann:** Concerto para Viola em Sol Maior
- » **William Walton:** Concerto para Viola

Aqui estão algumas sonatas para viola muito bonitas:

- » **Hindemith:** Sonata para Viola e Piano, opus 25, nº 1
- » **Johann Hummel:** Sonata em Mi bemol Maior, opus 5, nº 3

Finalmente, você pode ouvir a bela e rouca qualidade desse instrumento sendo muito bem utilizada nas seguintes obras orquestrais, que apresentam solos de viola lindos e estendidos:

» **Hector Berlioz:** *Haroldo na Itália*

» **Richard Strauss:** *Don Quixote*

UMA COLEÇÃO DE PIADAS DE VIOLA

Como é difícil de tocar a viola, há pouquíssimos grandes violistas no mundo. Outra suposta razão para isso é que muitos violinistas de habilidade menos que perfeita, sentindo que têm poucas chances no mundo competitivo dos concertos, mudam para a viola para ter uma chance melhor de conseguir trabalho.

A combinação desses dois fatores transformou a viola (e seus instrumentistas) em um alvo de mais piadas do que qualquer outro instrumento. Músicos de todos os tipos (incluindo violistas) passam muitas horas contando essas piadas.

Piadas de viola são grosseiras, ofensivas e não valem o papel em que são impressas. Temos o prazer de apresentá-las aqui.

- **P:** Qual é a diferença entre um violino e uma viola?
- **R:** Uma viola demora mais tempo para queimar.
- **P:** Qual é a diferença entre uma viola e uma cebola?
- **R:** Você não chora quando pica uma viola.
- **P:** Quantos violistas são necessários para trocar uma lâmpada?
- **R:** Nenhum — eles não conseguem subir tanto.
- **P:** Como você faz com que três violistas toquem em sintonia perfeita?
- **R:** Mata dois deles.
- **P:** Qual é a diferença entre uma viola e um trampolim?
- **R:** Você tira os sapatos quando pula em um trampolim.
- **P:** Qual é o alcance de uma viola?
- **R:** Dezoito metros, se você tiver um arremesso bom.
- **P:** Como você sabe que a viola está desafinada?
- **R:** O arco está se movendo.

Recentemente, em um voo, um amigo nosso decidiu começar a conversar com a pessoa sentada ao seu lado. "Tenho uma ótima piada de viola", começou ele. "Quer escutar?"

"Primeiro devo lhe dizer que sou violista", respondeu seu vizinho.

"Tudo bem. Vou contá-la bem devagar!"

O violoncelo

Ah, o violoncelo! Não conseguimos nem *escrever* sobre esse instrumento sem suspirar. Que som lindo, rico e melodioso esse instrumento faz. De todos os instrumentos de corda, o violoncelo (veja a Figura 7-2) é o que soa mais próximo da voz humana.

Também chamado de *cello* (TCHé-lo), uma abreviação de *violoncello*, que é o italiano para "pequeno contrabaixo", o violoncelo é o único instrumento que *deve* ser tocado enquanto o músico está sentado — como você notou se já assistiu a orquestras tocando o hino nacional. Você verá, o violoncelo é grande demais para ser colocado debaixo do queixo do músico, como o violino ou a viola, mas ainda pequeno demais para se tocar em pé, como o contrabaixo.

FIGURA 7-2: O violoncelo, instrumento de cordas que soa mais próximo da voz humana.

Fonte: Creative Commons

Por causa de seu tamanho, o violoncelo tem uma extensão mais grave do que o violino e a viola. Como resultado, quase nunca pode tocar a *melodia* em uma orquestra sinfônica. Durante séculos, os compositores o rebaixaram (junto com o contrabaixo) para tocar notas graves, a base musical na qual as melodias do violino são construídas.

Em quartetos de cordas (formados por dois violinos, uma viola e um violoncelo), sobre os quais você lê no Capítulo 3, o violoncelo, da mesma forma, normalmente toca as notas mais graves — principalmente porque é o único instrumento dos quatro que tem essas notas disponíveis.

Felizmente, os compositores acabaram descobrindo a beleza do som do violoncelo, e isso estimulou sua imaginação. Começaram a escrever trabalhos em que o violoncelo ocupava o lugar principal, acompanhado pelos outros instrumentos. As sonatas e concertos escritos para esse instrumento são extasiantes.

Talvez por causa do contato físico diário com esse lindo instrumento vibrante, os violoncelistas são algumas das pessoas mais felizes que conhecemos. Eles tendem a ser bondosos, tranquilos e agradáveis. E quando, no decorrer de eventos orquestrais, conseguem uma melodia rara para tocar — cuidado! Eles se jogam nela com paixão e convicção total.

DICA

Se está a procura de concertos para violoncelo, é impossível errar com estes:

- **Antonín Dvořák:** Concerto para Violoncelo em Si menor
- **Joseph Haydn:** Concerto para Violoncelo nº 1 em Dó Maior
- **Tchaikovsky:** Variações em um Tema Rococó para Violoncelo e Orquestra

E para violoncelo solo com acompanhamento de piano, confira o seguinte:

- **Johannes Brahms:** Sonata para Violoncelo nº 2 em Fá Maior
- **Claude Debussy:** Sonata para Violoncelo e Piano

É claro que não podemos deixar de mencionar algumas das melodias de violoncelo mais bonitas do repertório orquestral:

- **Debussy:** *La Mer (O Mar)* (primeiro movimento)
- **Gioachino Rossini:** *Abertura William Tell* (começo)
- **Strauss:** *Don Quixote* (Nessa peça, o violoncelo solo toca a parte do homem confuso de La Mancha.)

O contrabaixo

O mais grave de todos os instrumentos de cordas, o contrabaixo é enorme, maior ainda do que o ser humano médio. (Veja a Figura 7-3.) O instrumento pode tocar muito mais graves do que qualquer pessoa consegue cantar, e fornece a base para o som da orquestra. Em uma orquestra, os contrabaixos ficam quase sempre bem à direita do palco. Contrabaixistas tocam sentados em um banco bem alto ou em pé.

PARA VIRTUOSOS

A propósito, não existe essa coisa de um baixo contra o outro. As palavras *baixo* e *contrabaixo* significam a mesma coisa.

Obras para contrabaixo solo são particularmente raras, mas valem a pena ouvir. Se concertos de baixo o deixam ligado, escute as seguintes peças:

- **Carl Ditters von Dittersdorf:** Concerto para Contrabaixo em Mi Maior
- **Domenico Dragonetti:** Concerto em Sol Maior (composta, na verdade, por um baixista chamado Nanny, usando várias melodias de Dragonetti)
- **Serge Koussevitzky:** Concerto para Contrabaixo em Fá Sustenido menor, opus 3

E vale a pena ouvir estas sonatas:

- **Franz Schubert:** Sonata Arpeggione

    Essa é uma das peças mais populares para contrabaixo e piano, e Schubert nem a escreveu para contrabaixo. Ela foi escrita para um antigo instrumento de cordas chamado arpeggione, que ninguém mais tem!

- **Henry Eccles:** Sonata em Lá menor (originalmente escrita em Sol menor)

Finalmente, escute estas famosas passagens de contrabaixo da literatura da música clássica:

- **Beethoven:** Sinfonia nº 9 (quarto movimento)
- **Gustav Mahler:** Sinfonia nº 1 (terceiro movimento)
- **Igor Stravinsky:** Suíte Pulcinella

FIGURA 7-3: O contrabaixo, avô da seção das cordas, toca as notas mais graves.

Fonte: Creative Commons

A harpa

A harpa tem um efeito mágico em todos que a escutam. Tem um som leve, suave e agradável. A entrada repentina de uma harpa em uma obra orquestral sempre adiciona uma bela cor ao som.

PARA VIRTUOSOS

A harpa tem 47 cordas (veja a Figura 7-4). Como outros instrumentos de corda, deve ser afinada antes de cada ensaio e apresentação. Como resultado, um harpista deve chegar pelo menos 47 minutos antes de qualquer ensaio só para afinar essas 47 cordas.

Para realizar essa tarefa formidável, o harpista usa uma chave especial que se encaixa sobre um monte de pinos no topo da harpa. Cada pino pode ser girado, assim como os do piano, para apertar ou soltar uma corda específica.

Enquanto afina cada corda, o harpista escuta por um fone de ouvido conectado a um pequeno afinador que parece um celular. O dispositivo lhe dá o tom que procura. Seu trabalho é combinar o som da corda com o do afinador.

FIGURA 7-4: A harpa e todas as suas 47 cordas.

Fonte: Creative Commons

CAPÍTULO 7 **As Cordas** 201

Mas mesmo quando as cordas estão afinadas, os desafios não acabam. Você tem 47 cordas; como as distingue?

DICA

Resposta: Da próxima vez que estiver perto de uma harpa, observe atentamente. As cordas têm um código de cores! Todas as cordas Dó são vermelhas, e todas as cordas Fá são pretas ou azuis. Harpistas identificam todas as cordas em relação à sua distância de Dó ou Fá.

Além das 47 cordas, a harpa tem sete pedais. Esses pedais mudam a afinação das cordas enquanto o harpista toca. Cada pedal corresponde a uma nota da escala: há um pedal Si, um pedal Dó, e assim por diante. Além disso, cada pedal tem três posições de travamento: em cima, embaixo e no centro. Os pedais têm molas; você pode usar os pés para os empurrar para baixo ou soltá-los, indo e vindo de cada posição. (Veja a Figura 7-4).

PARA VIRTUOSOS

Se os pedais estiverem todos na posição central, as 47 cordas da harpa tocam exatamente as notas que as teclas brancas do piano: Lá, Si, Dó, Ré, Mi, Fá e Sol, seis oitavas e meia acima. Isso é ótimo se você quiser tocar *essas* notas. Mas e se quiser tocar as notas *entre* elas?

Suponha, por exemplo, que queira tocar um Lá Sustenido (no meio do caminho entre as notas Lá e Si). Com seu pé direito, pressione o pedal Lá para a posição inferior. Essa ação deixa todas as cordas Lá da harpa um pouco mais apertadas, fazendo-as soar o Lá Sustenido.

Para voltar do Lá Sustenido para o Lá original, destrave o mesmo pedal e mova-o de volta para a posição central. E se mover o pedal *para cima* na posição *superior*, as cordas ficarão um pouquinho mais soltas, diminuindo sua afinação. Agora elas soam o Lá bemol.

Empurrar um pedal *para baixo* quando você quer que as notas *subam* pode parecer contraintuitivo no começo. Mas, ei, o leme de um barco também é complicado no início: para ir para a esquerda, temos que virá-lo para a direita.

O efeito mais conhecido na harpa é o *glissando*. Essa palavra italiana significa "deslizando". Você já viu e escutou o efeito várias vezes: o harpista desliza os dedos de uma ponta do instrumento à outra, fazendo todas as notas soarem em uma escala apressada (normalmente de baixo para cima). Harpo Max foi um mestre do glissando bidirecional — ele frequentemente deslizava os dedos de baixo para cima e de cima para baixo novamente com um floreio. Um glissando de harpa sempre dá uma beleza dramática à música — veja os feitiços mágicos comuns ou as sequências de aberturas na TV, por exemplo. Por essa razão, ele é usado com um excesso incrível, especialmente por compositores de trilhas para filmes.

DICA

Para uma introdução maravilhosa ao mundo da harpa, escute as seguintes peças:

- » **Mozart:** Concerto para Flauta e Harpa em Dó Maior
- » **Maurice Ravel:** Introdução e Allegro para Harpa e Cordas

No mundo da música orquestral, confira essas famosas passagens para harpa:

- » **Mahler:** Sinfonia nº 5 (quarto movimento).
- » **Nikolai Rimsky-Korsakov:** *Scheherazade.*
- » **Tchaikovsky:** *O Quebra-Nozes,* "Valsa das Flores".
- » **Debussy** ou **Ravel:** Qualquer um dos trabalhos orquestrais impressionistas de grande atmosfera desses compositores. Acesse o site da Alta Books [procure pelo título do livro] e escute a Faixa 8, um movimento da maior obra de Debussy, La Mer (O Mar).

CONFIRA

O violão

De todos os instrumentos usados na música clássica, o violão é o preferido das pessoas fora da música clássica. Violões podem ser encontrados em todas as lojas e escolas de música e, provavelmente, em mais casas do que qualquer outro instrumento. Se você não tiver um violão em casa, seu vizinho tem.

O violão clássico tem seis cordas (e nada elétrico). As notas nas quais as cordas são afinadas não são igualmente espaçadas, complicando afiná-lo perfeitamente. Talvez seja por isso que escutamos tantos violões desafinados.

Em um violino, viola, violoncelo ou contrabaixo, o braço é liso. Você precisa adivinhar (ou praticar por *anos*) onde colocar os dedos da sua mão esquerda para produzir certa nota. Mas, no violão, produzir uma certa nota é fácil: o violão tem *trastes.* São faixas de metal elevadas por todo o espelho no braço do instrumento que lhe mostram onde colocar o dedo para obter uma ou outra nota (veja a Figura 7-5).

Mas, na música para violão, você não toca sempre uma ou outra nota, mas sim uma *e* outra nota. E mais uma. Todas ao mesmo tempo. Para isso, é preciso torcer a mão esquerda para parar várias cordas ao mesmo tempo, geralmente em casas (o espaço entre os trastes) diferentes.

Enquanto um violino normalmente toca uma nota de cada vez, no violão o *normal* é tocar mais de uma. Essa é a questão do dedilhado. Você quase nunca faz dedilhado em um violino.

FIGURA 7-5:
O braço de um violão tem trastes.

Fonte: Creative Commons

Algumas pessoas dizem que o violão clássico é o instrumento mais difícil de tocar realmente muito bem. Os violonistas clássicos verdadeiramente virtuosos que conhecemos são um tipo seleto e incrível. Não perca a chance de ouvir um se puder!

DICA

Alguns dos melhores sons de violão que você pode ouvir estão nestas peças:

- » **Joaquin Rodrigo:** *Concierto de Aranjuez*
- » **Rodrigo:** *Fantasía para un gentilhombre*
- » **Antonio Vivaldi:** Concerto para Violão (originalmente para alaúde) em Ré Maior, RV 93 (Aqui "RV" se refere ao número do catálogo, que o ajuda a encontrar a gravação que procura na loja.)

INSTRUMENTOS DE CORDA INCOMUNS

Este capítulo fala sobre os principais instrumentos de corda que você vê no mundo da música clássica. Mas outros ainda encontram seu caminho ocasionalmente nesse mundo — principalmente para criar efeitos especiais em músicas incomuns, exóticas ou modernas.

Se observar e escutar com cuidado, pode encontrar um *alaúde* (o ancestral do violão moderno) em uma peça que tenta criar uma sensação renascentista; um *bandolim*, para um clima mediterrâneo; uma *balalaica*, para música folclórica russa; um *banjo*, para quadrilhas clássicas; ou uma *cítara*, para um sabor picante indiano. (Para entreter crianças, existe até a possibilidade de uma *cítara miniatura*.) Todos esses são instrumentos de corda e funcionam de acordo com os mesmos princípios do violino e violão.

NESTE CAPÍTULO

» **Assoprando com oboés, saxes e flautas**

» **Entendendo como músicos de sopro fazem isso o tempo todo**

» **Examinando a física dos tubos de ar vibratórios**

» **Acesse os áudios no site da Alta Books (procure pelo título do livro)**

Capítulo **8**

Assoprando como o Vento

Mas, finalmente, depois de termos rumado para leste, os ventos do Cabo começaram a uivar à nossa volta, e subimos e descemos nas águas turbulentas dali; quando o Pequod com os seus dentes de marfim se inclinou bruscamente diante da tempestade e feriu as ondas! Negras com sua loucura, até que, como uma chuva de prata, os flocos de espuma ultrapassaram sua amurada; então todo esse desolado esvaziamento da vida se foi, mas deu lugar a visões ainda mais sinistras do que antes.

"Psiu! Você ouviu esse barulho, Cabaco?"

— HERMAN MELVILLE, *MOBY DICK*

Ah, o lindo som dos instrumentos de sopro! Quem consegue resistir ao som dourado da flauta, flutuando como se fosse a voz de um anjo? Ou o tom rico e lamentoso de um oboé, soando acima de uma orquestra silenciosa? Ou a voz melodiosa e ágil do clarinete, pulando com destreza de nota em nota? Ou o versátil e majestoso fagote? Quem entre nós, de fato, poderia se dizer real e totalmente realizado sem o som das madeiras?

(Não responda.)

CAPÍTULO 8 **Assoprando como o Vento** 207

Os instrumentos de madeira são as flautas, oboés, clarinetes, fagotes e saxofones, sobre os quais discutimos neste capítulo. Antigamente, a maioria deles realmente era de madeira, mas agora apenas os oboés e os fagotes são sempre feitos desse material. Flautas são feitas de todos os tipos de metal, incluindo prata, ouro e platina; clarinetes às vezes são feitos de plástico; e os saxofones sempre foram feitos de latão. Vai entender!

PARA VIRTUOSOS

Um instrumento da família das madeiras cria um tom ao fazer uma coluna de ar (que está dentro do instrumento) vibrar. Pressionar as chaves do instrumento muda o comprimento dessa coluna de ar, e isso muda a afinação da nota. Assim como uma corda mais curta cria uma nota mais aguda no violino (veja o Capítulo 7), uma coluna de ar mais curta cria uma nota mais aguda no instrumento de sopro.

EXPERIMENTE

Você já soprou em uma garrafa vazia de refrigerante? Ao assoprar uma corrente de ar sobre a boca da garrafa, o ar dentro dela começa a se mover e produz um tom. Encha a garrafa com um pouco de água e tente novamente. Dessa vez, o tom é mais agudo. Ao adicionar água, a quantidade de ar que se move dentro da garrafa diminui. Menos ar para vibrar é igual a um tom mais agudo. Essa é a ideia básica por trás dos instrumentos de sopro.

A Flauta

Diferente de todos os instrumentos de sopro, você não sopra para *dentro* da *flauta*, mas *sobre* ela, assim como uma garrafa de refrigerante. Mas a flauta é muito mais bonita de se olhar do que uma garrafa (veja a Figura 8-1), e soa melhor também. Ao fazer a coluna de ar dentro da flauta se mover, ela produz um som lindo e prateado. Eis como a flauta cria tal beleza e onde escutá-la.

FIGURA 8-1: A flauta.

Fonte: Creative Commons

Criando música com o ar

Os fãs de Monty Python devem se lembrar da paródia do programa de TV em que, em um episódio de quatro minutos, os Pythons prometeram solucionar todas as guerras, curar o câncer e ensiná-lo a tocar flauta. As instruções foram: "Bem, você sopra por um lado, move seus dedos para cima e para baixo do lado de fora, e é assim que você toca flauta."

De fato, é exatamente isso que você faz. Se cobrir todos os buracos do lado do instrumento e soprar sobre o buraco, toda a coluna de ar dentro do instrumento vibra. Essa posição de dedos produz o tom mais grave.

Agora, eis como mudar as notas na flauta (ou *qualquer* coluna de ar que tiver por aí dando sopa). Mantenha suas mãos sobre o instrumento, abra um buraco próximo da extremidade mais longe dos seus lábios. Esse buraco *interrompe* a coluna de ar vibrando. Agora ela vai *apenas até o buraco recém-aberto*. Em outras palavras, a nova coluna é mais curta, e o tom sobe.

Continue abrindo novos buracos sucessivamente, a coluna de ar ficará cada vez mais curta e o tom continuará a subir.

É claro, uma flauta de verdade é mais complicada. Ela tem um mecanismo complexo de chaves para cobrir alguns buracos e abrir outros. Como na maioria dos instrumentos de sopro, algumas notas são produzidas por várias *combinações* complexas de buracos abertos e fechados. Mas você entendeu a ideia.

Ouvindo a flauta

Você provavelmente já ouviu o som da flauta. Se por acaso acha que não, bem, minha nossa, vá escutar uma agora. O som que uma flauta produz é lindo.

CONFIRA

Para começar, é possível ouvir algumas passagens adoráveis de flauta online no site da Alta Books [procure pelo título do livro]. O terceiro movimento do Concerto para Piano nº 22 de Mozart tem um solo bem curto, vivo e agradável para flauta (Faixa 3, 1:11). E é possível ouvir uma passagem baixa e perturbadora para três flautas tocando juntas no último movimento da Sinfonia nº 6 de Tchaikovsky (Faixa 7, 0:52).

Vários concertos foram escritos para flauta solo. Aqui estão alguns dos melhores:

DICA

» **Wolfgang Amadeus Mozart:** Concerto para Flauta nº 1 em Sol Maior

» **Mozart:** Concerto para Flauta e Harpa em Dó Maior

» **Antonio Vivaldi:** Concerto para Flauta em Ré Maior, opus 10, nº 3 (*O Pintassilgo*)

» **Gabriel Fauré:** Fantasia para Flauta e Orquestra de Câmara

Aproveite e escute estas lindas sonatas para flauta:

- **Francis Poulenc:** Sonata para Flauta e Piano
- **Johann Sebastian Bach:** Sonata nº 1 em Si menor

Além disso, você realmente deve ouvir esses solos para flauta da coleção orquestral:

- **Bach:** Suíte Orquestral nº 2 em Si menor
- **Claude Debussy:** Prelúdio à *Tarde de um Fauno*
- **Felix Mendelssohn:** Música Incidental para *Sonho de uma Noite de Verão*
- **Maurice Ravel:** *Daphnis et Chloé* Suíte nº 2
- **Johannes Brahms:** Sinfonia nº 4 (quarto movimento)

O Flautim (Piccolo)

Esse instrumento funciona como uma flauta em miniatura — na verdade, tem a metade do tamanho da flauta normal. Assim, a coluna de ar dentro do flautim também tem metade do tamanho da que fica dentro da flauta. Isso quer dizer que, quando você pressiona as mesmas chaves que pressionaria na flauta, as notas soam uma oitava acima que as da flauta.

PARA VIRTUOSOS

A palavra *piccolo* é o italiano para "pequeno" (como em *"Mamma, per piacere dammi un piccolo pezzo di pesce blu alla salsa di senape"* — que quer dizer "Mamãe, por favor, me dê um pedaço pequeno de anchova com molho de mostarda"). Depois que alguém inventou uma flauta pequena, esse instrumento foi chamado de *flauto piccolo* ("pequena flauta" ou "flautinha"). O nome ficou. Agora todo mundo se refere à irmãzinha da flauta como piccolo ou flautim.

As notas agudas do flautim são brilhantes e podem ser ouvidas acima de quase todo o resto, incluindo uma orquestra inteira. As notas graves são suaves e fracas, mas se você quisesse notas graves não precisaria de um flautim, precisaria?

O Concerto para Flautim em Dó Maior, p. 79, de Antonio Vivaldi, é um concerto adorável para flautim e orquestra. Provavelmente foi originalmente escrito para um gravador pequeno, porque, na época de Vivaldi, o flautim que conhecemos não havia sido inventado ainda. Mas hoje ele é normalmente tocado no flautim.

Aqui estão alguns trechos maravilhosos para flautim da literatura orquestral:

>> **Gioachino Rossini:** *La gazza ladra (A Pega Ladra)* (abertura)

>> **Sergei Prokofiev:** *Suíte Lieutenant Kije*

>> **Peter Tchaikovsky:** Sinfonia nº 4

>> **Nikolai Rimsky-Korsakov:** *Scheherazade* (quarto movimento)

A propósito, existem outros instrumentos parecidos com a flauta além do flautim. Uma versão maior e mais grave é a *flauta alto* (ou *contralto*). Ela raramente é usada, mas dá uma qualidade sedosa e rica para as notas mais graves. (Para uma amostra realmente exótica e temperada, confira os solos para flauta alto em *A Sagração da Primavera*, de Igor Stravinsky — especialmente próximo do começo da Parte 2. Ou, se preferir, confira a trilha da versão original da Disney do desenho *Mogli, O Menino Lobo*.)

Uma flauta ainda maior e mais grave que a flauta alto é chamada de *flauta baixo*. Esse instrumento é tão longo, que a extremidade deve ser curvada, e ele produz notas realmente muito graves. Entre todos os instrumentos, a flauta baixo é a que chega mais próximo de soar como uma garrafa de refrigerante.

O Oboé

Como a flauta, o *oboé* (veja a Figura 8-2) produz sons fazendo uma coluna de ar vibrar. Mas, em vez de soprar *sobre* um buraco, o oboé tem uma *palheta* para que o ar seja soprado para *dentro*.

Se você fosse um oboísta (ou fagotista), passaria a maior parte do seu tempo *fazendo* palhetas. Sim, palhetas mesmo, cortadas da parede de um talo de cana. Isso sim é baixa tecnologia.

Quase todos os oboístas fazem as próprias palhetas. O processo de fabricação de palhetas é considerado um requerimento para o trabalho tanto quanto é o próprio ato de tocar, enquanto o domínio das palhetas não é um componente essencial da técnica básica de apresentação de maracas, por exemplo.

Na verdade, o gosto pessoal de cada oboísta por palhetas determina o tipo de som que ele produz. Oboístas normalmente mantêm várias palhetas disponíveis de uma vez, e deixam as melhores para ocasiões especiais, como concertos importantes e encontros. Aqui está tudo o que precisa saber sobre o oboé — a não ser que você seja um oboísta, claro.

CAPÍTULO 8 **Assoprando como o Vento** 211

FIGURA 8-2: Natureza morta — oboé com palheta.

Fonte: Creative Commons

FAZENDO UMA PALHETA DE OBOÉ EM CASA

Ingredientes:

1 colher de sopa de água
1 pequeno pedaço de linha
1 tubo pequeno e fino de cortiça
3 a 5 ferramentas de raspagem
1 gomo de cana médio

- Selecione uma fatia da parede de um talo de cana do seu gomo de cana.*
- Molhe a fatia com água e dobre-a ao meio.
- Usando a linha, amarre as extremidades da cana em volta de um tubo fino.
- Corte a cana, agora dupla, no comprimento desejado.
- Com suas ferramentas especiais de raspagem, raspe as novas extremidades das duas metades até que tenham a grossura certa. *Cuidado:* Elas não devem ficar finas ou grossas demais; você precisa do tamanho ideal.
- Repita centenas de milhares de vezes por um período de mais de 20 anos até conseguir uma técnica perfeita.

(*Ou só compre a cana em uma loja de materiais de música.)

Tocando o oboé

Para se tornar um virtuoso do oboé, siga estes três passos simples:

1. **Insira uma palheta recém-esculpida na extremidade de um oboé, certificando-se de que ainda esteja úmida.**

   A palheta sempre deve — repito, *sempre* — estar úmida.

2. **Posicione a extremidade da palheta entre seus lábios.**

   Seus lábios controlam as vibrações da palheta enquanto sopra.

3. **Sopre.**

Dependendo de há quantos anos você estuda o oboé, pode não conseguir tirar nenhum som dele. O oboé é um dos instrumentos mais difíceis de tocar. Diríamos que ele fica no topo, junto com o trompete, como o instrumento com a maior discrepância entre seu som quando tocado mal e quando bem tocado. Quando tocado por um iniciante, o oboé soa como um pato estridente e fanho sendo cozido vivo. Quando tocado por um virtuoso, produz um dos sons mais bonitos da Terra: claro, vibrante, doce, lamentoso e cheio.

Ouvindo o oboé

CONFIRA

O primeiro lugar no qual encontrar o som de um oboé é no site da Alta Books [procure pelo título do livro]. Confira a famosa cadência do oboé na Sinfonia nº 5 de Beethoven (Faixa 4, 4:37).

Se quiser ouvir ainda mais do oboé em toda sua glória (ou seja, tocado por um virtuoso), recomendamos os seguintes concertos:

DICA

- » **Bach:** Concerto para Violino e Oboé em Dó menor, BWV 1060 (a propósito, BWV refere-se a três palavras alemãs que simplesmente significam "Catálogo de Obras de Bach")
- » **Mozart:** Concerto para Oboé em Dó Maior
- » **Ralph Vaughan Williams:** Concerto para Oboé
- » **Richard Strauss:** Concerto para Oboé em Ré Maior

E escute as seguintes peças menores:

- » **Robert Schumann:** Três Romances para Oboé e Piano, opus 94
- » **Ludwig van Beethoven:** Trio em Dó Maior para Dois Oboés e Corne-inglês, opus 87

Veja também se você consegue colocar as mãos nestas obras clássicas para ouvir alguns solos de oboé realmente maravilhosos:

- **Johannes Brahms:** Concerto para Violino (segundo movimento) — de verdade! Bem no começo do segundo movimento desse concerto para violino está o melhor solo de oboé que você pode esperar ouvir na vida.
- **Brahms:** Sinfonia nº 1 (segundo movimento)
- **Ravel:** *Le Tombeau de Couperin*
- **Gioachino Rossini:** Abertura para *La scala di seta* (*A Escada de Seda*)

O Corne-inglês

Cornes-ingleses não são nem ingleses nem cornes. Reflitam.

Na verdade, são um primo maior do oboé. Como são maiores, tocam notas mais graves. O corne-inglês usa uma palheta dupla, assim como o oboé. Na verdade, além do seu tamanho, ele é praticamente idêntico ao oboé. A maioria dos oboístas consegue tocá-lo, porque o *dedilhado* (que dedos colocar e onde para produzir uma certa nota) é o mesmo do oboé.

CONFIRA

Um dos solos de corne-inglês mais conhecidos pode ser encontrado em um exemplo disponível no site da Alta Books [procure pelo título do livro], próximo do começo de *A Sagração da Primavera*, de Stravinsky (Faixa 9, 0:44).

É possível ouvir um corne-inglês até mais proeminente nestas obras orquestrais:

DICA

- **Hector Berlioz:** *Abertura Carnaval Romano*
- **Antonín Dvořák:** Sinfonia nº 9 (*Do Mundo Novo;* segundo movimento)
- **Jean Sibelius:** *Lendas: O Cisne de Tuonela*

O Clarinete

O *clarinete* parece um pouco com o oboé, porém faz um som bem diferente: cheio, mas sem a aspereza. Uma razão importante para essa diferença é que, enquanto o oboé tem uma palheta dupla (uma peça de cana raspada dobrada ao meio), o clarinete tem uma palheta *única*. A Figura 8-3 mostra como é um clarinete.

FIGURA 8-3: Um clarinete.

Fonte: Creative Commons

Diferente dos oboístas (e fagotistas), os clarinetistas não precisam fazer as próprias palhetas; podem comprá-las já prontas, porque as palhetas de clarinetes são muito menos temperamentais que as de oboé. Consequentemente, os clarinetistas, assim como seus instrumentos, tendem a ser uma espécie bem doce. As próximas seções abordam os fatos mais importantes sobre os clarinetes.

Instrumentos de transposição

PARA VIRTUOSOS

A doçura dos clarinetistas é algo bom, porque eles devem lutar com um dos conceitos musicais mais estranhos deste livro todo: o de que o clarinete é um instrumento de *transposição* (um dos vários na orquestra). Isso significa que quando você toca uma nota, ouve outra.

Não entre em pânico: vamos explicar.

Em seu instrumento comum — uma flauta, por exemplo —, você ouve o que toca. Você vê um Sol em sua partitura, toca um Sol e um Sol sai. Mas toque um Sol em um clarinete padrão e a nota *Fá* sairá! Em outras palavras, ele *transpõe* uma nota para baixo.

E esse é só o tipo *mais comum* de clarinete. Desde os primórdios — muito antes da Era da Razão — há clarinetes disponíveis em uma variedade impressionante de tamanhos: grandes para tocar notas graves, pequenos para tocar notas agudas. E cada tamanho de clarinete transpõe em uma quantidade diferente, isto é, em um clarinete maior, é possível tocar o que deveria ser a nota Sol, mas sai um Mi! Como pode imaginar, as complexidades matemáticas de se tentar produzir as notas certas do modelo de clarinete certo levou centenas de clarinetistas à loucura.

Felizmente, algum músico espertalhão do passado teve uma ótima ideia. Que tal o *compositor* fazer todas as contas? Suponha que o compositor tenha compensado a tendência do clarinete de produzir notas que eram, na verdade, *mais graves* do que o músico tocou escrevendo as notas altas demais *em primeiro lugar*. Então, tudo o que o músico precisaria fazer seria tocar o que vê, e as notas certas sairiam.

Suponha que esteja tocando o tipo mais comum de clarinete, o que transpõe para uma nota abaixo. O compositor quer ouvir um Fá. Sem problemas, ele só escreve um Sol na partitura. Você vê o Sol, toca, e sai o Fá. Exatamente o que o compositor queria desde o início. O compositor recebe o que quer, ninguém precisa saber disso, nenhum dinheiro muda de mãos, e todo mundo fica feliz.

Clarinetistas podem tocar agora *qualquer* tipo de clarinete sem ajuste algum, graças ao esforço extra do compositor em escrever a partitura do clarinete em um *tom* diferente do resto da orquestra. Compositores, maestros e amantes da música passaram a aceitar que essa partitura é impressa no tom "errado" — pelo bem dos clarinetistas do mundo todo. A maioria das músicas para trompete, saxofone e corne-inglês também funciona assim. Todos esses também são instrumentos transpositores.

Ouvindo o clarinete

Clarinetes são instrumentos de muita graça e agilidade, com um som suave e adorável. Eles se misturam lindamente com praticamente todos os outros instrumentos da orquestra. Podemos dizer que são de convivência fácil, muito como as pessoas que os tocam.

CONFIRA

O exemplo musical disponível no site da Alta Books [procure pelo título do livro] inclui toques incríveis de clarinete. Confira o final do Concerto para Piano nº 22 de Mozart (Faixa 3, 0:59). Depois escute um som bem diferente — um canto de pássaro em um clarinete agudo em *A Sagração da Primavera*, de Stravinsky (Faixa 9, 1:14).

Se quiser ouvir alguns concertos muito bons para clarinete, definitivamente deve ouvir as seguintes composições:

DICA

> » **Mozart:** Clarinet Concerto em Lá Maior, K. 622
> » **Aaron Copland:** Concerto para Clarinete
> » **Debussy:** *Première rhapsodie* para Clarinete e Orquestra

Ou confira estas lindas peças:

> » **Brahms:** Sonatas para clarinete e piano, opus 120, nº 1 (em Fá menor) e nº 2 (em Mi bemol Maior)
> » **Mozart:** Quinteto para Clarinete em Lá Maior
> » **Franz Schubert:** *O Pastor sobre a Rocha,* canções para voz, clarinete e piano

E, finalmente, deveria realmente escutar estas partes lindas para clarinete dentro da orquestra:

> » **Mendelssohn:** Música Incidental para *Sonho de uma Noite de Verão*
> » **Sergei Rachmaninoff:** Sinfonia nº 2 em Mi menor (terceiro movimento)

O Saxofone

O saxofone, como mostra a Figura 8-4, ganhou o nome de seu inventor, Adolphe Sax. (Podemos agradecer por seu nome não ser, digamos, Komarinski ou O'Shaughnessy.) O sax foi muito popular nos EUA nos anos de 1990, graças a um certo presidente que o tocava. O saxofone é o instrumento mais novo das madeiras e, portanto, não aparece em muitos trabalhos clássicos antigos. Mas é importante na cena do jazz, e cada vez mais compositores o usam na música clássica hoje.

FIGURA 8-4:
O saxofone.

Fonte: Creative Commons

O saxofone é feito de latão, mas é considerado da família das *madeiras* porque, em questão de toque, é muito similar ao clarinete. Muitos clarinetistas, na verdade, também tocam saxofone.

Saxofones têm, pelo menos, seis tamanhos diferentes. Eles são instrumentos de transposição, assim como os clarinetes. O saxofone de tamanho médio é o mais comum, chamado de *sax alto*.

Se quiser ouvir um concerto para saxofone realmente virtuoso, escute o Concerto para Saxofone Alto, opus 109, de Alexander Glazunov. Confira também estas aparições orquestrais proeminentes:

» **Modest Mussorgsky (orquestrado por Ravel):** *Quadros de uma Exposição*
» **Ravel:** *Bolero*

O Fagote

Instrumentos das madeiras, em geral, são conhecidos por sua versatilidade de som, e nenhum é mais versátil do que o fagote (veja a Figura 8-5). Esse lindo instrumento é capaz de soar completamente diferente em todos os seus registros.

No registro mais agudo, o som do fagote pode ser forçado, rouco e até parecer de outro mundo. Se escutar a abertura da maior obra-prima de Igor Stravinsky, *A Sagração da Primavera*, você ouvirá esse som incomum em toda sua glória. (Acesse o site da Alta Books, procure pelo título do livro, e confira a Faixa 9. Está bem no começo.)

Em seu registro mediano, o fagote tem um som agradável, cheio e melodioso quando tocado por um profissional. E em seu registro mais grave, ele pode ser extremamente poderoso e pesado (o som do avô na famosa obra infantil de Sergei Prokofiev, *Pedro e o Lobo*) ou lúgubre (como na passagem para dois fagotes no fim de sua extensão no último movimento da Sinfonia nº 6 de Tchaikovsky — Faixa 7 no site da Alta Books).

Concertos para fagotes são raros. O Concerto para Fagote em Si bemol Maior, de Mozart, é um dos mais bonitos. Aproveite e escute esta linda peça para fagote: Sonatas para Fagote e Harpa em Mi menor, Ré Maior e Fá menor, de Georg Philipp Telemann.

FIGURA 8-5:
O fagote.

Fonte: Creative Commons

Junto com as aparências orquestrais que já listamos, você certamente amará estes solos para fagote da literatura orquestral:

» **Hector Berlioz:** *Sinfonia Fantástica* (quarto movimento)
» **Paul Dukas:** *O Aprendiz de Feiticeiro*
» **Rimsky-Korsakov:** *Scheherazade* (segundo movimento)

CAPITULETO: A VOZ

Desde os primórdios, o homem canta. E, desde os primórdios, sua esposa é incapaz de fazer qualquer coisa em relação a isso.

Nós quase realizamos nossa missão de apresentá-lo a todos os tipos de instrumentos das madeiras possíveis de encontrar na música clássica. Mas seria injusto se não mencionássemos a voz. Quase todos os compositores que já viveram foram inspirados pela voz humana.

Na Idade Média, a voz era a escolha para cantos gregorianos, cantos de louvor e outras músicas religiosas. Esses cantos eram realizados apenas com voz, na acústica incrível da catedral ou do monastério medieval. Mesmo hoje, cantar *a cappella* — literalmente "no estilo da capela" — significa apresentar-se sem nenhum tipo de acompanhamento.

Na era renascentista (por volta de 1400 a 1650), a maior parte das músicas ainda considerava os cantores como astros. Mas, enquanto isso, os predecessores das cordas, madeiras e metais emergiam. A voz humana começou a perder seu monopólio sobre essa forma de arte.

Um lugar em que a voz humana continuou reinando foi no mundo da ópera. A música renascentista, barroca, clássica, romântica e de estilos mais modernos viram a criação de obras-primas operísticas incríveis.

Podemos pensar em muito mais coisas para dizer sobre a ópera do que cabe neste capítulo. Tomamos a liberdade, então, de dedicar um livro inteiro a ela: *Opera For Dummies*, de David Pogue e Scott Speck (John Wiley & Sons, Inc.).

Mesmo hoje, a voz humana provavelmente é o instrumento para o qual mais se compõe no mundo. O que seriam o rock ou os musicais da Broadway sem vocais? Seriam música ambiente.

Para alguns exemplos incríveis da voz humana em ação, escute estas obras:

- **Johann Sebastian Bach:** *Paixão Segundo São Mateus* (vozes, coro e orquestra)
- **Samuel Barber:** *Knoxville, Verão de 1915* (voz e pequena orquestra)
- **Gabriel Fauré:** *Réquiem* (vozes, coro e orquestra)
- **Franz Schubert:** *Die Winterreise* (voz e piano)
- **Johannes Brahms:** *Um Réquiem Alemão* (vozes, coro e orquestra)
- **Richard Strauss:** *Quatro Últimas Canções* (voz e orquestra)
- **Randall Thompson:** *Alleluia* (somente vozes)

NESTE CAPÍTULO

» Sintonizando-se a trompetes, trompas, trombones, tubas e outros do tipo

» Descobrindo como 3,5m de tubos de metal podem soar tão bem

» Identificando as coisas que mais irritam os instrumentistas de metais

» Acesse os áudios no site da Alta Books (procure pelo título do livro)

Capítulo **9**

Os Melhores (e Piores) Metais

"Lá ela sopra — ela sopra — ela sopra! — bem à frente!", foi o grito do topo do mastro.

"Sim, sim", gritou Stubb, "eu sabia — você não pode escapar —, sopre e estilhace o seu jato, ó, baleia! O próprio demônio enfurecido está no seu encalço! Sopre sua trombeta — inche seus pulmões! —, Ahab há de conter seu sangue como um moleiro fecha a comporta no riacho!"

— HERMAN MELVILLE, *MOBY DICK*

Por meio do ato de soprar, músicos da família dos metais produzem alguns dos sons sustentados mais fortes de qualquer instrumento não elétrico no mundo.

Não por coincidência, os músicos de metais tendem a ter o melhor (alguns diriam o mais atrevido) senso de humor em qualquer grupo. Geralmente têm uma estatura física maior, uma personalidade mais forte e são totalmente mais engraçados do que qualquer outro músico na orquestra.

Conhecemos quatro razões muito boas para essas tendências entre músicos de metais:

» **Tocar um instrumento da família dos metais exige muita força física (se for uma tuba, só para segurá-la).** Você toca soprando uma quantidade massiva de ar comprimido através de um bocal — é como fazer respiração boca a boca em uma mangueira de incêndio. Um trombonista profissional amigo nosso costumava praticar canoagem regularmente, só para fortalecer a capacidade dos pulmões para tocar muito bem o trombone.

» **Tocar um instrumento que pode ser ouvido facilmente acima de todos os outros exige um grau incrível de autoconfiança e uma sensação verdadeira de convicção.** Essa profissão não é para tímidos.

» **Ser capaz de rir de um erro — ou nota perdida — exige um bom senso de humor.** Todos os músicos de metais, até os melhores, cometem erros ocasionais. E, se isso acontece, para eles é importante perceber que, mesmo que o mundo inteiro tenha escutado, e mesmo que tenham sido reprovados na audição, perdido um trabalho incrível e destruído todas as chances de um futuro musical por causa disso, uma nota perdida não é o fim do mundo. Tocar um instrumento de metal requer uma boa dose de perspicácia e humor.

» **É preciso muito esforço para criar um músico de metais.**

Assim, provavelmente seja justo dizer que músicos de metais típicos são, no geral, mais bem ajustados do que qualquer outro grupo de pessoas no mundo, com a possível exceção dos surfistas, dos suecos e dos Dalai Lamas.

Neste capítulo você lerá tudo sobre os metais — desde os próprios instrumentos até as almas corajosas que os tocam.

Produzindo Sons em um Instrumento dos Metais

O que diferencia os instrumentos dos metais dos das madeiras *não* é o fato de que são feitos de metal. Afinal de contas, o saxofone é feito de latão, mas é classificado como das madeiras, porque seu sistema de palheta e sua técnica de dedilhado são muito similares aos do clarinete. Não, o que diferencia os instrumentos dos metais é *a maneira que você produz seu tom.*

Instrumentos dos metais têm bocais removíveis, geralmente feitos de metal. Os músicos experimentam vários bocais para encontrar o melhor.

SOBRE ESSA SALIVA

Todo esse soprar dentro de um instrumento de metal está destinado a ter efeitos colaterais. Um deles é que a umidade é recolhida dentro da tubulação do instrumento. Se não tratado, esse fluído eventualmente produzirá um som de gorgolejo impressionante.

O que exatamente produz essa umidade é assunto de várias discussões. Muitos músicos afirmam eufemisticamente que é "condensação". Ah, tá — o tipo de condensação que é arremessado em juízes.

Instrumentistas de metais tiram várias válvulas para esvaziar essa umidade de seus instrumentos, o que fazem — no chão. No fim de uma sinfonia, a seção de metais da orquestra é vista praticamente flutuando em um mar de saliva.

Achamos que você gostaria de saber disso.

O músico posiciona os lábios firmemente na boquilha e os vibra nela, soprando um fluxo de ar muito pequeno, mas intenso. As vibrações dos lábios são transferidas para a coluna de ar, que se estende por toda a tubulação.

O ato de soprar em um bocal com a intenção de produzir um som bonito é realmente uma arte que leva anos para ser dominada. Tente algum dia. No início não sairá som algum. Com bastante prática, ao longo de algumas semanas, você será capaz de imitar o som de um bebê elefante morrendo de fome. Finalmente, com prática diligente e um bom professor, produzirá um tom.

Para tocar as notas mais graves em um instrumento de metal, mantenha os lábios relativamente relaxados. Para tocar as notas mais agudas, aperte consideravelmente os lábios. Alguns músicos são melhores com as notas mais agudas, e muitos outros são melhores com as mais graves.

A Trompa

O instrumento de metal com o som mais nobre é a trompa. Com um tom cheio, redondo e sombrio, a trompa soa poderosa e elegante ao mesmo tempo.

Você provavelmente já escutou o toque de caça majestoso característico de uma trompa. Há muito tempo, esses instrumentos imponentes eram comuns em festas reais de caça, até que foi descoberto, após anos de pesquisas, que armas funcionavam muito melhor. Estas seções apresentam detalhes sobre a trompa.

CAPÍTULO 9 **Os Melhores (e Piores) Metais**   223

Caçando as notas: A trompa natural

Antigamente, o tipo mais comum de trompa era a *trompa natural* (ou trompa de caça). A trompa natural era uma espiral de metal com um bocal em uma extremidade e uma abertura em forma de sino (chamada de *campana*) na outra. Ela não tinha válvulas ou chaves. Para mudar as notas na trompa natural, era preciso usar um recurso: mudar a pressão dos lábios.

Essa configuração funcionava bem se você quisesse trabalhar com um conjunto muito limitado de notas possíveis — por volta de 16. E se quisesse tocar alguma melodia complexa demais para essas 16 notas — por exemplo, *Voo do Besouro?* Você precisaria de uma trompa diferente. Sem problemas. É só mudar nos 17 nanossegundos entre as notas. Ou isso ou inserir uma extensão tubular (chamada de *bombas de afinação*). As bombas de afinação alteravam o comprimento da coluna de ar dentro da trompa, resultando, assim, em um segundo conjunto de 16 notas para escolher. Que conveniente!

Adicionando válvulas: A trompa moderna e traiçoeira

Felizmente, a tecnologia moderna resolveu o pesadelo do trompista. Hoje ele não precisa mais das bombas de afinação. As trompas modernas têm válvulas giratórias, como mostra a Figura 9-1. Elas são operadas pelos dedos da mão esquerda, que, por consequência, cortam ou aumentam o comprimento da tubulação, mudando, assim, a afinação inteira da trompa.

FIGURA 9-1: A trompa moderna.

Fonte: Creative Commons

PARA VIRTUOSOS

Essas válvulas giratórias, no entanto, não tiram a responsabilidade dos lábios. Tanto em trompas naturais quanto nas de válvula, os lábios devem buscar a pressão certa entre muitas possibilidades. À medida que as notas ficam cada vez mais agudas, os níveis de pressão dos lábios ficam mais próximos. Como trompista, é preciso fazer distinções infinitesimalmente pequenas entre notas.

Imagine assar um bolo, fazer a declaração de imposto de renda e ler em braile, tudo com os lábios. Encontrar as notas na trompa é mais difícil do que isso.

É por isso que é incrivelmente fácil errar a nota na trompa. E é por isso que você deve ficar espantado quando os músicos acertam as notas consistentemente.

Ouvindo a trompa

CONFIRA

No site da Alta Books [procure pelo título do livro] é possível ouvir alguns momentos maravilhosos de trompa. Primeiro, para uma fanfarra brilhante, escute a Faixa 1 (um movimento da *Música Aquática*, de Handel) em 0:23. Depois escute a famosa chamada de trompa da Quinta Sinfonia de Beethoven (Faixa 4, em 0:46). O terceiro movimento da Sinfonia nº 4 de Brahms tem uma linda melodia curta e lírica para trompa (Faixa 5, em 3:03). O último movimento da Sinfonia nº 6 de Tchaikovsky tem uma passagem para trompa extremamente grave (Faixa 7, em 5:48). Finalmente, o último movimento de *La Mer*, de Debussy, tem uma passagem maravilhosa, calma e parecida com um coral para todas as trompas (Faixa 8, em 3:28).

DICA

A seguir estão alguns concertos incríveis escritos para trompa:

» **Wolfgang Amadeus Mozart:** Concerto para Trompa nº 3 em Mi bemol, K. 447

» **Richard Strauss:** Concerto para Trompa nº 2 em Mi bemol

E você não pode perder estas obras menores:

» **Ludwig van Beethoven:** Sonata em Fá Maior para Trompa e Piano, opus 17

» **Robert Schumann:** Adagio e Allegro em Lá bemol Maior para Trompa e Piano, opus 70

A trompa também tem grandes momentos em peças orquestrais. Entre eles:

» **Johannes Brahms:** Sinfonia nº 1 (quarto movimento)

» **Maurice Ravel:** *Pavana para uma Princesa Morta*

» **Strauss:** *As Alegres Travessuras de Till Eulenspiegel*

» **Peter Tchaikovsky:** Sinfonia nº 5 (segundo movimento)

O Trompete

Com força sônica pura, o trompete é o mais forte de todos os instrumentos orquestrais (veja a Figura 9-2). Como o instrumento de metais de tom mais agudo, ele pode ser ouvido sobre todo o restante da orquestra, e também é o instrumento em que as notas erradas são mais perceptíveis. Dentre os instrumentos dos metais, o trompete é o mais rápido e ágil. Pode executar corridas e saltos impressionantes em um único toque.

Trompetistas *vivem* pelas ótimas músicas escritas no final de 1800 e início de 1900, em que o trompete fica acima de tudo. A Quinta Sinfonia de Gustav Mahler, por exemplo, abre com 12 compassos longos e gloriosos para trompete solo antes de o resto da orquestra entrar. Momentos como esse levam os trompetistas a ataques de êxtase. Mas eles não são exigentes, *qualquer* obra de Mahler (Richard Wagner, Strauss ou Anton Bruckner) serve.

PAPO DE ESPECIALISTA

Como a trompa, o trompete original (antes da invenção das válvulas) podia produzir apenas algumas notas diferentes. Você já ouviu um clarim militar — uma espécie antiga de trompete "natural" sem válvulas — tocar "Reveille" ou "Taps"? Essas obras usam apenas quatro notas repetidamente.

Os trompetes modernos são muito mais versáteis. Eles têm vários tamanhos diferentes, assim como os clarinetes. Em cada trompete, os lábios sozinhos conseguem produzir apenas algumas notas diferentes, e válvulas, assim como nas trompas modernas, também permitem que os dedos entrem na ação de mudar a afinação. Mas em vez das válvulas giratórias da trompa, a maioria dos trompetes usa *válvulas de pistão*, que funcionam de forma levemente diferente (também mostradas na Figura 9-2).

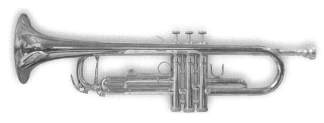

FIGURA 9-2:
O trompete.

Fonte: Creative Commons

Nas próximas seções você lerá sobre algumas das técnicas que todos os trompetistas devem dominar.

Tonguing

Embora tenhamos adiado, agora nos vemos compelidos a explorar o assunto sensível, e às vezes controverso, do *tonguing*. Todos os trompetistas (na verdade, todos os músicos de metais e madeiras) devem aprender a tocar com a língua — *mesmo se forem extremamente religiosos*.

Tonguing é o ato de *articular* (separar) as notas em uma peça musical, em vez de ligá-las. Sempre que ouvir uma explosão de tiros de trompete em staccato, pode ter certeza de que o músico está fazendo tonguing. "Reveille" (o toque de "alvorada" militar) é o exemplo perfeito de uma peça musical em que todas as notas são tocadas com a língua.

O tonguing envolve, basicamente, dizer "ta-ta-ta" no bocal do seu pequeno trompete enquanto pressiona os lábios em um nó vibratório apertado. O resultado: cada nota sai do instrumento com um ataque claro e distinto. Com leves variações da técnica, também é possível articular notas na trompa, no trombone e na tuba dessa maneira.

Usando surdinas

Pode-se mudar o som de qualquer instrumento de metal colocando uma *surdina* em sua campana. Mas os trompetes são mais silenciados do que qualquer outro tipo de instrumento.

Existem muitos tipos de surdina, e os sons que elas produzem variam de meramente abafado a fraco e agudo. O tipo mais comum de surdina para trompete faz o instrumento parecer que está muito longe.

E há a surdina "wah-wah", usada o tempo todo no jazz. Apostamos que você consegue adivinhar como *ela* soa.

Ouvindo o trompete

CONFIRA

DICA

Para uma fanfarra curta e linda de trompete, acesse o site da Alta Books [procure pelo título do livro] e escute a Faixa 1 (um movimento da *Música Aquática*, de Handel), em 0:16. E é possível ouvir alguma ação emocionante de trompete acontecendo em *A Sagração da Primavera*, de Igor Stravinsky (Faixa 9, 6:22).

Se gostar do som do trompete, silenciado ou não, escute estes concertos:

» **Joseph Haydn:** Concerto para Trompete em Mi bemol Maior

» **Johann Nepomuk Hummel:** Concerto para Trompete em Mi Maior (ou transposto para Mi bemol Maior)

PARA METAIS LIMPOS E BRILHANTES...

Depois de meses extenuantes de obras românticas tardias e exercícios para limpar saliva, um instrumento de metal pode ficar bem sujo. Você já pensou em como essas complexas criações são limpas?

Bem, diferente de instrumentos de cordas ou madeiras, os de metal são extremamente duráveis. Afinal de contas, são feitos de metal. Apesar de suas partes afinadas interligadas, elas podem ser molhadas, esfregadas, escovadas, lustradas, limpas, polidas, esterilizadas ou Desinfetadas Para Sua Proteção.

Na verdade, é possível até desmontar um instrumento de metal e lavá-lo em uma lava-louças.

Você também pode ouvir alguns trechos extremamente importantes nestas obras orquestrais:

- » **Beethoven:** Abertura Leonora n° 3
- » **Mahler:** Sinfonia n° 5 (primeiro movimento)
- » **Strauss:** *Also Sprach Zarathustra* (*Assim Falou Zaratustra;* a abertura)
- » **Ottorino Respighi:** *Os Pinheiros de Roma*
- » **Aaron Copland:** *Billy the Kid*

O Trombone

Todo norte-americano viril de certa idade sabe o que é um trombone graças a uma famosa música com 76 deles. O trombone é um instrumento quintessencial de desfile (veja a Figura 9-3); nenhuma banda marcial estaria completa sem ele. É um instrumento de metal *grave* poderoso. Mas essa característica é apenas um dos muitos lados do trombone, que também toca tons lindos e nobres.

228   PARTE 3 **Um Guia de Campo para a Orquestra!**

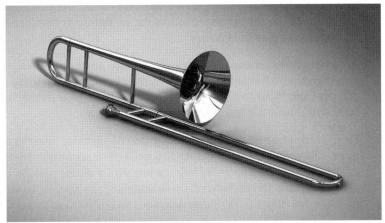

FIGURA 9-3: O trombone.

Fonte: Creative Commons

O design básico do trombone não mudou muito em mais de 500 anos! Surpreendentemente, os trombonistas do Renascimento tocaram basicamente o mesmo instrumento que usamos hoje. (Mas, naquela época, por razões complicadas demais para explicar neste livro, era chamado de *sacabuxa*. Isso não é invenção nossa.) Aqui estão algumas das coisas que todos os trombonistas devem saber.

Deslizando

À primeira vista, é possível ver facilmente como o trombone é diferente de todos os outros instrumentos de metal: ele tem uma vara. Para explicar como o trombone funciona, começaremos com um que está com a vara toda empurrada para dentro (como mostra a Figura 9-3). Nessa posição, o trombone está no menor tamanho possível. Chamamos isso de *primeira posição*.

LEMBRE-SE

Na primeira posição, um trombone é capaz de produzir um punhado de notas apenas com os lábios, assim como a trompa natural. Tente tocar um Si bemol com o trombone nessa posição, é bem simples.

Mas e se quiser ouvir a nota abaixo dessa, o Lá? Essa não é uma de suas notas disponíveis. O que você faz? Você puxa a vara para fora, só um pouquinho, para a *segunda posição*.

Agora você transformou o trombone em um instrumento maior, aumentando o comprimento do tubo para que acomode uma coluna de ar mais ampla. Como sabe, uma coluna de ar maior produz notas graves. Sempre que puxa a vara para a próxima posição, o trombone fica com o som meio tom mais grave.

O trombone tem sete posições de vara ao todo. Com a vara puxada o máximo para fora, é a *sétima posição*.

Juntas, as sete posições da vara possibilitam tocar qualquer nota imaginável. Trombonistas se tornam especialistas em encontrar as posições de vara e de lábios corretas para cada nota.

A vara faz do trombone um instrumento único entre os metais — de mais de uma maneira. Se a vara for movida suavemente entre uma posição e a próxima, enquanto um fluxo de ar é soprado constantemente no instrumento, é possível fazer o trombone deslizar *entre* as notas.

Você já ouviu esse efeito cômico. É chamado de *glissando* (que significa, literalmente, *deslizando*). O maior glissando possível de fazer é o que vai de uma extremidade da vara até a outra, ou seja, da primeira à sétima posição, ou da sétima para a primeira. Um efeito verdadeiramente impressionante, usado ainda mais no jazz e em trilhas de desenhos animados do que na música clássica.

Ouvindo o trombone

Queremos protestar contra o triste fato de os concertos de trombone serem extremamente raros. Dada a nobreza e versatilidade do instrumento, eles deveriam ser muito mais comuns.

DICA

Mas aqui estão alguns bons:

- » **Nikolai Rimsky-Korsakov:** Concerto para Trombone e Banda
- » **Darius Milhaud:** *Concertino d'Hiver* (*Pequeno Concerto de Inverno*) para Trombone e Cordas

E não perca os gracejos virtuosos dos trombones nestas grandes obras orquestrais:

- » **Ravel:** *Bolero*
- » **Rimsky-Korsakov:** Abertura *A Grande Páscoa Russa*
- » **Gioachino Rossini:** Abertura *William Tell* (a cena da tempestade)
- » **Wagner:** *Cavalgada das Valquírias*

A Tuba

Se você for um produto típico da cultura pop norte-americana, pode ficar surpreso em encontrar a tuba listada em uma discussão de música clássica. Você tem mais propensão de associar a tuba com o menino gordinho em versões de filmes de bandas marciais do ensino médio.

Mas a tuba (veja a Figura 9-4) deve ser mais respeitada. Esse instrumento massivo é capaz de produzir uma parede sonora que pode o impressionar. Continue lendo para saber mais sobre tubas.

Um bando de tubas

O compositor alemão Richard Wagner imaginou essa parede sonora pela primeira vez — e é o responsável pela *tuba baixo* de hoje. (Na verdade, ele inventou todo um bando de tubas de tamanhos diferentes, mas quase ninguém usa as menores atualmente.) Ele queria criar um som que fosse similar ao da trompa, mas com notas graves fortes. Essas notas chamadas de "baixo" suportam toda a seção de metais de uma orquestra ou banda.

FIGURA 9-4:
A tuba.

Fonte: Creative Commons

Na verdade, o estereótipo do tubista grande é baseado na realidade. Ainda estamos para ver um tubista realmente pequeno, principalmente, pela mesma razão de às vezes cantores de ópera serem corpulentos: tocar uma tuba exige uma quantidade incrível de suporte respiratório. Pense no tamanho da coisa. Ela é enorme! E você precisa preencher essa coisa de ar continuamente.

Já quanto à sua operação — bem, a tuba funciona quase da mesma forma que uma trompa. Ela tem um bocal e válvulas giratórias para ajudar nas mudanças de afinação. Um tubista virtuoso é surpreendentemente ágil e pode tocar incrivelmente rápido.

Ouvindo a tuba

DICA

Concertos de tuba são tão raros quanto concertos de trombone.

Mas aqui estão alguns bons:

» **Ralph Vaughan Williams:** Concerto para Tuba

» **John Williams:** Concerto para Tuba

E você simplesmente precisa ouvir estes solos para tuba da literatura orquestral:

» **George Gershwin:** *Um Americano em Paris*

» **Stravinsky:** *Petrushka* (a seção chamada *Dança do Camponês e o Urso*)

» **Modest Mussorgsky, arranjado por Ravel:** *Quadros de uma Exposição* (o movimento chamado *Bydlo* [*Carro de Bois*])

Irritações dos Inclinados aos Metais

Músicos de metais escutam constantemente duas coisas específicas de maestros de orquestra.

» **Que estão tocando muito alto.** Esse tipo de coisa é perfeitamente lógica, porque os instrumentos de metal são *feitos* para tocar alto. Eles são apreciados por sua capacidade de tocar *extremamente* alto. Minha nossa, eles *devem* tocar alto! Pedir que um músico de metais toque suavemente é como pedir que alguém bata gentilmente com um malho de 13kg.

» **Que seu som está *atrasado*, que estão tocando depois dos outros.**
Isso também é lógico. Instrumentos de metal são feitos de metros de tubulação enrolados como uma cobra. Se a tubulação de uma trompa típica

fosse desenrolada, por exemplo, iria até a lua e voltaria quatro vezes. (Na verdade, 3,5m, mas estamos tentando demonstrar algo aqui.) Quando você sopra nesse instrumento, seu ar entra pela tubulação, rasteja por todo o comprimento, deposita um pouco de saliva dentro do instrumento e emerge, como novo, na outra extremidade. Isso deve levar algum tempo. Não é de se estranhar que o som saia um pouco atrasado.

Bons músicos de metais descobrem frequentemente que precisam compensar esse atraso antecipando, tocando *antes* do que realmente querem que o som seja ouvido. Essa situação é muito desconfortável; ela envolve uma estranha combinação de cálculo mental constante e imaginação de que você está em um túnel do tempo.

234 PARTE 3 **Um Guia de Campo para a Orquestra!**

NESTE CAPÍTULO

» **Olhando mais de perto as caixas, os tímpanos e outras coisas de bater**

» **Entendendo por que cortes no orçamento significam mexer no palco**

» **Examinando o chicote, a matraca e as campanas**

» **Acesse os áudios no site da Alta Books (procure pelo título do livro)**

Capítulo **10**

Os Maiores Sucessos da Percussão

Ninguém em uma orquestra é mais perigoso do que os percussionistas. Eles vão para o ensaio extremamente armados e prontos para bater.

Os percussionistas fazem música golpeando, batendo, chicoteando, ou espancando uma coisa contra outra. Bumbos, gongos, pratos, xilofones, glockenspiels, triângulos, pandeiros, castanholas, chicotes, campanas e matracas são instrumentos de percussão. Até o piano é um instrumento de percussão, porque suas teclas fazem os martelos atingirem as cordas do piano. Ora, até mesmo este livro, se segurado na altura certa e corretamente largado, poderia ser um instrumento de percussão esplêndido.

Todos os percussionistas têm um conjunto pessoal de baquetas, de peso e proporções perfeitas, muitas das quais eles mesmos fabricam. Elas são transportadas em um *porta-baquetas*, que vai junto com seu dono para onde ele for. Afinal de contas, nunca se sabe quando alguma coisa vai precisar de uma boa batida. Os percussionistas têm orgulho de suas criações e lhe contarão sobre elas até que você peça que parem de falar.

CAPÍTULO 10 **Os Maiores Sucessos da Percussão** 235

DICA

Se for a um concerto de orquestra ou banda em que uma grande peça será apresentada, tente conseguir um lugar onde possa assistir aos percussionistas. As proezas virtuosas desses profissionais são inacreditáveis.

Muitas orquestras com pouco dinheiro economizam no departamento de percussão, contratando menos músicos do que o compositor da música pede. Para cobrir todas as partes musicais, então, os percussionistas estão sempre indo e vindo em seu lado do palco, praticamente correndo de um instrumento para o próximo. Tocar percussão é um exercício aeróbico e extremamente divertido.

O Tímpano

Ó, Senhor Nobre Timpanista, quão bem e orgulhoso acomoda-te acima de tua orquestra. Lá, senta-te entronado em meio a teus nobres tambores, a uma centena de pés acima das plataformas silenciosas, avançando profundamente, como se os mastros fossem palitinhas gigantescas, enquanto abaixo de ti e entre tuas pernas nadasse o maior monstro do mar, até mesmo quando navios navegaram entre as botas do famoso Colosso no velho Rodes.

— HERBERT MELVOLE, *MOBY DUCK*

LEMBRE-SE

Como você pode ver na Figura 10-1, os *tímpanos* parecem chaleiras, mas de cabeça para baixo. E sem bicos. Nem alças. E sem aberturas para colocar água.

CONFIRA

Diferente dos outros tambores, os tímpanos devem ser afinados com notas específicas: notas grandes, graves, estrondosas, pesadas e divinas. Lembra-se da monumental abertura musical do filme *2001: Uma Odisseia no Espaço*? Essa música, composta por Richard Strauss, faz um uso dramático da capacidade única do tímpano de fazer...

FIGURA 10-1: Um tímpano.

@ iStock.com

BUM-$_{bum}$-BUM-$_{bum}$-BUM-$_{bum}$...

O que você escuta é a alternância entre duas notas diferentes. Esse é um efeito extremamente comum do tímpano. (Nas próximas Olimpíadas, escute a música de fanfarra que sempre toca na TV — há vários tímpanos por lá também.)

CONFIRA

Para uma variação interessante do que leu acima, acesse o site da Alta Books [procure pelo título do livro] e escute a Faixa 9. Vá até 6:49 e você ouvirá alguns toques selvagens de tímpano.

Para afinar um tímpano é preciso apertar ou soltar a *membrana*. (A "tampa" de plástico esticada firmemente sobre a abertura da chaleira. Agora você não precisa mais perguntar para o médico por que seus tímpanos são conhecidos como *membranas timpânicas* — é porque elas são esticadas firmemente, igual à membrana do instrumento.) Em instrumentos antigos, a afinação é ajustada girando-se várias chaves de tensão localizadas na circunferência do tambor — não é algo que você consegue fazer facilmente nos três segundos que tem entre as seções de uma sinfonia.

Felizmente, esse processo desajeitado vai para o mesmo caminho das fitas de oito pistas, lâmpadas de lava e máquinas de fax. Atualmente, todos os tímpanos vêm com pedais. Quando ele é pressionado com o pé, a membrana é apertada; quando é pressionado com o calcanhar (levantando-se o dedo), afrouxada. Em outras palavras, é possível afinar seus tímpanos rapidamente.

PAPO DE ESPECIALISTA

Na verdade, pode-se até mudar de nota *enquanto* se toca o instrumento, fazendo a nota deslizar para cima ou para baixo. Esse efeito especial (um *glissando*) é ouvido em desenhos animados de sábado de manhã, sempre que os caras gordos levam um chute na bunda ou são atirados de uma catapulta. É um efeito realmente surpreendente.

As próximas seções dão uma olhada mais de perto no tímpano.

Que rufem os tambores!

Os tímpanos são mais bem conhecidos, no entanto, pelo *rufar*. Um timpanista executa o rufar com duas baquetas que atingem os tambores alternadamente a uma velocidade incrível.

Muitos rufares de tímpanos são acompanhados por um aumento gradual no volume. O clímax desse aumento é geralmente assinalado por uma batida momentânea do resto da orquestra. Esse efeito é tão comum que se tornou um clichê.

A palavra *timpani* é italiana, e está no plural, porque nunca há menos de dois (exceto na Figura 10-1). Os compositores quase nunca escrevem para um único tímpano.

Ouvindo os tímpanos

Você pode ouvir o tímpano pavoneando (junto com outros instrumentos de percussão) na Música para Cordas, Percussão e Celesta de Béla Bartók — uma obra musical estranha e engenhosa.

A propósito, o tímpano faz uma aparição especialmente notável na Nona Sinfonia de Beethoven (segundo movimento), no poema sinfônico *Also Sprach Zarathustra* (*Assim Falou Zaratustra*), de Strauss, e no final da Sinfonia nº 5 de Dmitri Shostakovich.

O Bumbo

Sempre que o *bumbo* — sim, o mesmo bumbo visto em fanfarras e em bandas de rock do mundo — toca a todo vapor em uma orquestra clássica, não importa muito o que os outros instrumentos fazem; não é possível os escutar. O rugido estrondoso e intenso que um bumbo produz pode fazer a sala tremer como um terremoto e abafar todos os pensamentos, exceto pelos mais horríveis.

Embora uma nota alta no bumbo seja extraordinária, uma nota calma é ainda mais devastadora. Usada no local certo da música, a nota de bumbo vazia e abafada o atinge como um choque emocional de parar o coração.

Para uma investida brilhante no mundo das possibilidades do bumbo, tanto alto quanto suave, escute o *Réquiem* de Giuseppe Verdi, a Sinfonia nº 4 de Tchaikovsky (quarto movimento) e *A Sagração da Primavera*, de Igor Stravinsky.

Os Pratos

O *prato* pode ficar bem atrás de onde o bumbo fica? Desde o início dos desfiles, pratos e bumbos ficam lado a lado.

Pratos menores produzem um som agudo e os maiores, mais graves. Pratos mais finos emitem um som mais vibrante e chiado; os mais grossos, um tinido pesado e momentoso. Mas a maioria deles pode produzir um estrondo metálico formidável quando pedido.

Para criar esse estrondo, de longe o efeito de prato mais comum, são necessários *dois* pratos, é claro. Com um prato em cada mão, eles são esfregados um no outro; de maneira surpreendentemente gentil, na verdade. Quando são afastados, o volume fica bem abundante.

Se o trabalho do tímpano é rufar até o clímax, o dos pratos é avisá-lo quando ele chega. Os ataques de pratos ocorrem nos momentos mais excitantes da música orquestral. Na verdade, o rufar do tímpano/ataque de pratos é uma pontuação extremamente padrão para o clímax de qualquer peça.

Um prato pode continuar vibrando e produzir um som por um tempo inacreditavelmente longo. Se um ataque alto for bem tocado e os pratos, elevados acima da cabeça do músico, continuam vibrando pelo tempo que você leva para ler tudo sobre eles.

CONFIRA

Também é possível tocar um prato suspendendo-o em um suporte e passando baquetas nele. O resultado é um banho de som similar à quebra de uma onda no oceano. Na verdade, o compositor francês Claude Debussy utilizou-o exatamente com esse propósito em La Mer (O Mar). Acesse o site da Alta Books [procure pelo título do livro] e ouvirá esse efeito brilhante em toda a Faixa 8.

A Caixa

Bases militares norte-americanas por todo o mundo são equipadas com um grande abastecimento de caixas. Mesmo quando ficam sem armas ou munição, as caixas são entregues a eles a qualquer momento.

A razão para esse abastecimento amplo é óbvia: a caixa ajuda os bravos soldados a marcharem em um ritmo sincronizado. Você sabe o quando *isso* é importante.

Uma caixa típica tem cerca de 35cm de diâmetro e 15cm de espessura. Ela tem duas membranas: uma em cima e outra embaixo. As membranas normalmente são feitas de plástico, e a de cima geralmente é tocada com duas baquetas. Se não houver nenhuma baqueta disponível, podem pedi-las no lugar da carne branca ou das asas.

O que dá o som único da caixa são suas *esteiras*. Elas são formadas por fios de metal ou náilon esticados firmemente no fundo da caixa. Enquanto a caixa vibra, as esteiras vibram contra a membrana inferior, criando o som arranhado característico de muitas marchas militares.

Uma alavanca dentro da caixa permite que a esteira seja desconectada de seu interior. Se isso for feito, o som da caixa muda completamente, ficando mais grave e vazio. Esse som é parecido com o que você pode ter escutado (junto com um flautim) se esteve com George Washington enquanto ele cruzava o poderoso rio Delaware.

Nas orquestras, é importante que os percussionistas se lembrem de desconectar as esteiras sempre que as caixas não são usadas. Caso contrário, as vibrações feitas pelo resto da orquestra fazem as esteiras vibrarem abruptamente em momentos inoportunos, como durante a cena de amor de *Romeu e Julieta*.

LEMBRE-SE

Talvez o exemplo mais famoso de uma caixa na música clássica seja no *Bolero*, de Ravel, em que a caixa toca sem parar, cada vez mais alto, por 15 minutos. Mas ela também faz aparições ilustres na Suíte *Lieutenant Kije*, de Sergei Prokofiev, em *Scheherazade* (quarto movimento), de Nikolai Rimsky-Korsakov, e na Abertura de *La Gazza Ladra* (*A Pega Ladra*), de Gioachino Rossini. E se quiser ouvir uma amostra de som da caixa sem as esteiras, escute o segundo movimento do Concerto para Orquestra, de Bartók.

O Xilofone

Os percussionistas, de maneira confusa, frequentemente usam a palavra *teclado* para se referir a certos instrumentos que *exigem* baquetas. Tais instrumentos, diferentes, digamos, das caixas, podem realmente tocar notas específicas. Na verdade, eles têm as notas organizadas em uma escala de baixo para cima, quase como o teclado de um piano. Estamos falando da família dos xilofones.

Quer você saiba ou não, já escutou um xilofone antes. Isso porque o instrumento aparece proeminentemente naquela música tema "Merrie Melodies" do Pernalonga. É o que faz aquele som engraçado, agudo, de madeira oca.

Em sua obra muito divertida *Danse macabre* (que significa, estranhamente, *dança macabra*), o compositor Camille Saint-Saëns usa o som característico do xilofone para imitar o som de esqueletos dançando, seus ossos batendo uns contra os outros.

Percussionistas usam vários tipos diferentes de baquetas para atingir as barras de um xilofone. A cabeça em formato de globo é feita de fio (um som mais suave), plástico duro, borracha dura, madeira ou ebonite (um som mais alto). Para tocar você geralmente segura uma dessas baquetas em cada mão e ataca o instrumento com ambos os braços voando. Às vezes, no entanto — e é aqui que a percussão fica impossível para iniciantes —, é preciso tocar *mais* de uma nota com cada mão.

Um *acorde* é um som feito por três ou mais notas tocadas ao mesmo tempo. Se quiser fazer um acorde de três notas em um xilofone, é preciso segurar uma baqueta em uma das mãos e *duas* na outra. As três baquetas são simultaneamente abaixadas, controladas para que acertem as barras corretas do xilofone.

Mas os compositores não param por aí. Pedem aos xilofonistas que toquem acordes de *quatro* notas. É isso mesmo: *duas* baquetas em cada mão.

Alguns compositores particularmente perversos escrevem até acordes de *seis* notas para o xilofone, o que requer o uso de músculos dos dedos e das mãos que você não sabia que existiam.

DICA É possível ouvir algumas passagens realmente matadoras de xilofone em Rodeo (o movimento chamado *Hoe-down*), de Aaron Copland, e em *Danse macabre*, de Saint-Saëns.

Instrumentos Similares ao Xilofone

A irmã mais velha do xilofone é a *marimba*, cujo som é muito mais profundo, melodioso e cheio. Embaixo de cada barra do instrumento há um tubo ressoante que amplifica muito seu som. As notas mais graves, especialmente, têm um sabor remanescente da música africana ou caribenha.

O último instrumento de teclado que realmente queremos que você conheça é o *glockenspiel* (veja a Figura 10-2, em cima). Esse instrumento é como o xilofone, só que bem menor, e suas barras são feitas de metal. Por isso, o som que o glockenspiel produz é metalizado e lembra um sininho. (Na verdade, a palavra alemã *glockenspiel* significa "toque de sinos".) Mas não ache que o glockenspiel é suave: ele também faz um som poderoso que pode ser escutado acima de toda a orquestra.

CONFIRA É possível ouvir uma boa passagem de glockenspiel em *La Mer* (*O Mar*), de Debussy. (Acesse o site da Alta Books, procure pelo título do livro e escute a Faixa 8, em 5:07.) Ele também faz uma aparição proeminente na Sinfonia nº 4 (primeiro movimento) de Gustav Mahler.

Mais Instrumentos Legais para Bater

A variedade de instrumentos de percussão que os compositores pedem em suas músicas parece não ter fim. Aqui estão alguns deles.

O triângulo

Se falarmos a verdade na propaganda, não há nada igual ao *triângulo*. Diferente do corne-inglês (que não é inglês) ou das cordas (que são fios de metal), o triângulo é *exatamente* o que afirma ser, como mostra a Figura 10-2.

Você bate no triângulo com um batedor fino de metal, e ele produz um som delicado e metálico "ding". Batedores (ou triângulos) mais grossos produzem um som mais pesado "dong".

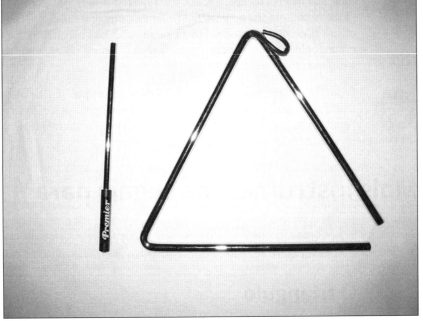

FIGURA 10-2: O glockenspiel e o triângulo.

Fonte: Creative Commons

LEMBRE-SE

Além do ding e dong, o triângulo pode fazer um rufar muito agradável, ou *trinado*, que adiciona um brilho incrível ao som orquestral alto. Você já ouviu isso antes, na nota de abertura da música de *Star Wars*, de John Williams, quando toda a orquestra entra com o estrondo mais dramático. Se escutar cuidadosamente, perceberá que o trinado do triângulo faz a música sustentar sua animação e pulsação de alta intensidade.

Para deixar que um triângulo vibre livremente, ele é amarrado em um pedaço de corda e segurado no ar com uma das mãos, usando a outra para atacar ou rufar com o batedor, na configuração básica de um sino de vento. De maneira alternativa, pode-se pendurá-lo na estante de partituras — uma boa ideia se você estiver tocando seis instrumentos ao mesmo tempo.

Para obter um trinado convincente do triângulo, o batedor golpeia dois lados internos do triângulo, indo e voltando. Algumas pessoas gostam de rolar o batedor por *todos* os lados internos do triângulo, como um sino de jantar no Velho Oeste. Por um lado, é muito mais difícil obter um trinado convincente e uniforme desse jeito; por outro, os caubóis famintos realmente vêm correndo.

DICA

Para outro exemplo incrível do trinado do triângulo, escute os dois primeiros minutos de *Also Sprach Zarathustra*, de Strauss.

CONFIRA

Confira também o terceiro movimento da Sinfonia nº 4 em Mi menor de Johannes Brahms (online no site da Alta Books — procure pelo título do livro — Faixa 5). E se estiver viciado no triângulo, escute o Concerto para Piano nº 1, de Franz Liszt, e a Abertura de *O Quebra-Nozes*, de Tchaikovsky.

O pandeiro

O *pandeiro* é um instrumento de percussão pequeno e redondo com um perímetro em madeira, uma membrana parecida com a do tímpano feita de plástico (ou, ocasionalmente, de couro de cabra), e discos metálicos pequenos, finos e circulares anexados à borda (veja a Figura 10-3). De todos os instrumentos de percussão que discutimos neste capítulo, o pandeiro é o mais propenso a estar no seu armário. (Com a possível exceção do chicote. Continue lendo.)

FIGURA 10-3: O pandeiro!

©iStock.com/ arturoli

O instrumento sofre com a concepção errada de ser o mais fácil de tocar. Na verdade, o pandeiro é difícil de dominar. Para começar, é difícil até de *segurá-lo* sem fazer muito barulho. Essas pequenas placas de metal, chamadas de *platinelas*, ressoam à menor provocação.

Segundo, muitas passagens rítmicas complicadas são escritas para o pandeiro e devem ser tocadas com virtuosismo e elegância, como o *rulo de pandeiro.* Esse é o som do pandeiro vibrando continuamente ao longo do tempo. Muitos percussionistas fazem esse som segurando o instrumento acima da cabeça e balançando o punho para frente e para trás. Mas outros têm um método mais complicado. Eles molham o polegar e o empurram ao longo do perímetro da *membrana* (a parte lisa) do pandeiro. A fricção produzida faz o polegar saltar ao longo da membrana como se estivesse gaguejando, fazendo as platinelas vibrarem com um som equilibrado e intenso.

DICA

Para ter uma ideia sobre o mundo do pandeiro, escute *Scheherazade*, de Rimsky-Korsakov, a Suíte *Daphnis et Chloé* nº 2, de Ravel, a Suíte *Carmen* nº 2 (o movimento chamado *Danse bohème*, ou *Dança cigana*), de Bizet, ou qualquer coisa da banda The Monkees.

O tantã e o gongo

O que você acha que é um *gongo* não é. Um gongo chinês verdadeiro, se golpeado pelo batedor, produz um som de uma afinação específica — uma nota. Existem gongos de vários tamanhos, e alguns compositores realmente escrevem para gongos em Dó, em Lá, e assim por diante.

Por outro lado, aquele instrumento grande e impressionante nos filmes que serve para evocar a China não é um *gongo*. Na verdade, é um *tantã*. É essa coisa pendurada parecida com um gongo que faz *buuuoooooóóóónnnngggggg*, sem criar qualquer nota específica cantarolável.

DICA

O tantã faz uma aparição poderosa na Sinfonia nº 5 de Shostakovich, em *A Sagração da Primavera*, de Stravinsky, e na *Fanfarra para o Homem Comum*, de Copland.

As castanholas

Se o tantã é uma dica dos diretores de cinema de que algo é asiático, as *castanholas* nos dão a dica de quando algo é espanhol: dançarinos de flamenco, olhos iluminados, fantasias reluzentes, pés sapateando, castanholas exóticas seguradas bem acima das cabeças. Olhos escuros e ardentes se encontram de lados opostos da sala, e a paixão latina se acende. Os dançarinos batem as pequenas castanholas em formato de concha repetidamente com o polegar e os dedos de cada mão.

Lentamente no começo e, então, com velocidade e volume crescentes, as castanholas aumentam cada vez mais em uma intensidade ibérica incandescente, criando um crescendo tinindo de combustão calórica castelhana.

*(**Nota do editor:** Pedimos desculpas pelo excesso. Apagamos o incêndio dos autores com uma mangueira.)*

Não é preciso dizer que é possível encontrar castanholas em muitas obras sobre a Espanha. Mas os percussionistas orquestrais normalmente tocam um instrumento *modificado* — que consiste de duas castanholas presas em uma superfície plana — por conveniência. Para alguns exemplos evocativos das castanholas na música orquestral, escute a *Rapsódia espanhola*, de Ravel, e o balé *O Chapéu de Três Pontas*, de Manuel de Falla.

O chicote

Acredite se quiser, é possível encontrar raras ocasiões na música clássica em que o som de um *chicote* é exatamente o que é preciso.

Dados os limites apertados da seção da percussão no palco, no entanto, e para grande decepção de certos segmentos demográficos, os percussionistas nunca usam um chicote de verdade no concerto. Em vez disso, usam um dispositivo que *soa* como um chicote. Ele consiste em duas peças longas, finas e retangulares de madeira, articuladas em uma extremidade.

Para criar um som cheio e rico de chicotada, tudo o que precisam fazer é segurar as peças de madeira abertas e separadas pela articulação, e então batê-las para que se fechem.

Talvez o exemplo mais proeminente de música de chicote em toda a música orquestral seja o Concerto para Piano em Sol, de Ravel. Também é a única peça que conhecemos que *começa* com um solo de chicote. (Com um solo de chicote no seu currículo, as pessoas *precisam* levá-lo a sério.)

Também é possível escutar algumas chicotadas ferozes na Sinfonia nº 5 de Mahler, bem como em *O Guia da Orquestra para Jovens*, de Benjamin Britten.

A campana

A *campana* faz aparições raras e específicas em uma configuração orquestral — sempre que um compositor quer criar o som de um sino de vaca. É possível escutar uma campana tocando linda e nostalgicamente nas Sinfonias nº 6 e nº 7 de Mahler.

A matraca

Nosso instrumento de percussão preferido! Uma matraca é feita de madeira e consiste em uma engrenagem de madeira e algumas lâminas. Se você girar o cabo (como faz com um molinete de vara de pescar), faz com que os dentes da engrenagem girem contra as lâminas, criando um som alto de estalos.

Não há muitas nuances disponíveis em uma matraca: o que tem é alto e mais alto. Mas você pode controlar a rapidez com que gira o cabo. Gire mais rapidamente e os estalos ficam mais próximos, produzindo um som mais intenso.

DICA

É possível escutar a matraca em *As Alegres Travessuras de Till Eulenspiegel*, de Richard Strauss. Ela foi feita para soar como a zombaria do nosso herói travesso. Que instrumento transmitiria essa ideia melhor do que a matraca?

4

Espiando o Cérebro do Compositor

NESTA PARTE . . .

Descubra o processo de criar e apresentar músicas: da caneta do compositor ao ouvido do público.

Familiarize-se com o ritmo, a harmonia e as dinâmicas que dão à música seu poder incrível.

Conheça as pequenas marcas que formam a partitura e descubra o que significam.

Experimente cantar, tocar e até escrever sua própria música.

NESTE CAPÍTULO

» **Entrando no ritmo: Dividindo o tempo em pulsos**

» **Lendo partituras**

» **Entendendo notas, intervalos e harmonias e como se relacionam**

» **Acesse os áudios no site da Alta Books (procure pelo título do livro)**

Capítulo **11**

O Temido Capítulo de Teoria Musical

Sabe qual é a melhor coisa sobre a música? É que, na hora de explicar, *ninguém sabe mesmo como diabos ela funciona.* Claro que as pessoas a estudam, desmembram, escrevem, falam e ensinam sobre ela, mas quando você começa a explicar como a música realmente afeta suas emoções, a ciência não diz praticamente nada. Um estudo provou que músicas rápidas podem aumentar os batimentos cardíacos; outro mostrou que músicas calmas no mercado aumentam as vendas em 20%; mas ninguém consegue entender *como*.

O melhor que os seres humanos conseguem fazer, portanto, é *descrever* os vários componentes da música e como eles funcionam. Isso é exatamente o que pretendemos fazer neste capítulo. Depois que os entender, vai apreciar ainda mais a música. E, se realmente gostar, pode até mesmo começar a compor. E, o melhor de tudo, aprender sobre as peças que formam a música não tira nada da magia ou do mistério da experiência de escuta musical.

Pelo caminho, vamos botar nosso dedo literário em alguns termos musicais e princípios teóricos — conceitos confusos como melodia e ritmo. Se, em algum ponto, a discussão ficar complicada demais para seu gosto, você tem nossa permissão para fechar os olhos e respirar fundo até se recuperar, pular para outro capítulo ou colocar uma gravação de música clássica e ficar impressionado que todo esse papo técnico soe assim.

Enquanto isso, professores de música do mundo todo sufocam a ânsia que estão sentindo. "Esses caras acham que vão ensinar teoria musical para novatos em um capítulo? Sem um professor? Eles estão *malucos?!?*"

Sim. Mas você já sabia disso.

Eu Tenho Ritmo: O Motor da Música

Todas as músicas — clássica, moderna, pop, futurista, ou seja lá qual for — têm ritmo. Alguns ritmos são mais fáceis de sentir do que outros. Mas você pode resumir todos os ritmos ao essencial: os comprimentos das notas. Para entender o ritmo, você precisa ser capaz de o *ver*. E, para vê-lo, você precisa entender um pouco sobre *partituras*.

Dividindo o tempo

Ao escrever uma peça musical, a primeira coisa a se fazer é *dividir o tempo*. Assim como é possível dividir o espaço usando polegadas, centímetros, réguas e fitas métricas, divide-se o tempo usando coisas chamadas compassos e pulsos.

Imagine o tempo como algo infinito. Os compositores o imaginam como mostrado na Figura 11-1. Essa série de linhas é o que chamamos de *pauta*. A pauta é formada por cinco linhas paralelas, que nos ajudam a distinguir uma nota da outra — mais tarde falaremos melhor sobre isso. A pauta se estende do início ao fim de uma peça musical.

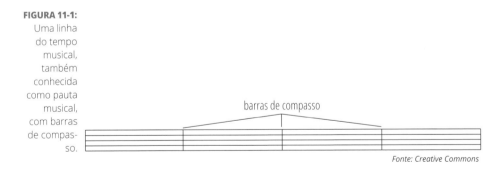

FIGURA 11-1: Uma linha do tempo musical, também conhecida como pauta musical, com barras de compasso.

Fonte: Creative Commons

Como uma fita métrica sem qualquer marca, uma pauta sem marcas *verticais* praticamente não tem uso para nós. Para entender uma pauta, precisamos marcar as divisões de tempo, assim como fazemos com os centímetros em uma fita métrica (veja a Figura 11-1 novamente).

Essa pauta está dividida por várias linhas verticais. Os espaços entre elas são chamados de *compassos*. Um compasso é como um centímetro no tempo, e um pedaço típico de música tem dúzias ou centenas de compassos.

Sentindo a pulso

Dentro de cada um desses compassos existem os *pulsos*. Um pulso, de forma simples, é o tempo que você leva para bater o pé uma vez. A música é absolutamente abundante de pulsos. Cada nota que você escuta dura um certo número de pulsos ou uma certa fração de um pulso. Quando compreender isso, entenderá o *ritmo*. (E se imaginar pulsos tocados realmente altas por uma máquina de ritmos, também entenderá a *discoteca*, mas esse é outro livro.)

Ao escrever uma nova obra musical, um compositor deve decidir primeiro quantos pulsos tem cada compasso. Essa decisão é crucial, porque tem um efeito importante sobre como a música soará. A maioria das peças musicais tem duas, três ou quatro pulsos (marcações com o pé) por compasso. Em uma *marcha* (também conhecida como *two-step*), cada compasso tem dois pulsos. Todas as grandes marchas de John Philip Sousa têm dois pulsos em um compasso, incluindo "The Stars and Stripes Forever" e o tema de Monty Python (que, na verdade, é uma marcha de Sousa chamada "The Liberty Bell").

Em uma valsa, por outro lado, cada compasso tem *três* pulsos. (Sua professora de música da quarta série provavelmente representou uma valsa evocando a clássica frase "UM-pá-pá, UM-pá-pá".) E a maioria dos outros trabalhos de música, incluindo muitas melodias pop, da Broadway e de jazz, tem *quatro* pulsos por compasso.

LEMBRE-SE

Em sua jornada infinita para melhorar o estado da partitura, alguns monges magníficos sonharam com a ideia de escrever o número de batidas por compasso no começo de uma peça musical, algo como o mostrado na Figura 11-2. Se fosse escrever as batidas, elas se pareceriam com as *notas* na Figura 11-2.

FIGURA 11-2:
Quatro pulsos para o compasso.

Fonte: Creative Commons

Cada uma dessas notas é chamada de *semínima* (e divide o compasso em quatro pedaços). Semínimas são universalmente amadas por fãs da música. Quando o líder da banda faz seu grupo começar gritando: "E-1-2-3-4!", está contando semínimas. Quando uma baterista de rock bate no bumbo no bar, ela está batendo semínimas. Sempre que uma loja brega de canecas vendidas online projeta algo que seja atraente para músicos, pinta semínimas por toda a peça.

Agora voltemos àqueles engenhosos compositores antigos. Eles perceberam que *quase* sempre a semínima era onde dava vontade de bater o pé no chão. Mas, mesmo há centenas de anos, alguns compositores excêntricos escreveram peças em que *outros* tipos de valores de notas recebiam batidas de pés (como *colcheias* e *mínimas*, às quais chegaremos em breve). Então todo mundo concordou em adicionar uma segunda notação ao começo de cada peça musical: uma notação que mostre que *tipo* de nota recebe o pulso. Dê uma olhada do lado esquerdo da Figura 11-3.

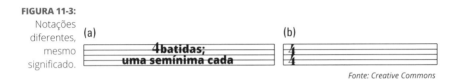

FIGURA 11-3: Notações diferentes, mesmo significado.

Fonte: Creative Commons

Com o passar do tempo, os músicos aprenderam a abreviar essa notação para ficar como a que é mostrada do lado *direito* da Figura 11-3. Isso é chamado de *notação 4/4 padrão*, significando quatro batidas em um compasso, com cada batida correspondendo a uma semínima.

Lendo à primeira vista

Veja só: aqui está você, apenas alguns parágrafos depois de começar o capítulo, e já vamos fazê-lo ler uma partitura. Pronto? Dê uma olhada na Figura 11-4.

FIGURA 11-4: Brilha, brilha!

Fonte: Creative Commons

Você reconhece a letra, não é? Bem, agora pode combinar o desfile contínuo de semínimas, quatro em cada compasso, com a melodia que conhece e ama desde sempre.

252 PARTE 4 **Espiando o Cérebro do Compositor**

DICA

Sobre aquela coisa rabiscada no final do segundo e quarto compassos: é uma *pausa*. Ela marca o lugar em que você *não* canta uma nota — mas bate o pé de qualquer maneira, porque outro pulso está passando enquanto você retoma o fôlego. Pausas foram cruciais para a invenção do canto, porque, sem elas, todo cantor da história teria morrido de privação de oxigênio.

EXPERIMENTE

Aqui está outra peça musical que usa semínimas e suas pausas (veja a Figura 11-5). Não vamos lhe dizer qual é até que experimente o ritmo. Ele tem tempo de 4/4, o que significa quatro pulsos por compasso — e, novamente, a semínima ganha o pulso. Usando suas habilidades rítmicas, bata os dois primeiros compassos dessa música.

FIGURA 11-5:
Qual é a música?

Fonte: Creative Commons

Ainda não sabe? Pense em fim de ano. Pense em presentes. Não conseguimos pensar em outra obra musical que comece com o ritmo tão característico de "Jingle Bells".

Alongando as notas

Obviamente, um universo de músicas em que a semínima era o único ritmo disponível para compositores seria um lugar simplista e tedioso. (Para provas, pergunte à criança mais próxima de você. Como esses ritmos compostos apenas por semínimas são muito simples, tediosos e inofensivos, são considerados ideais para canções infantis. Praticamente todas as músicas que aprendemos quando crianças têm um ritmo composto principalmente por semínimas. "Brilha, brilha"... "Frère Jacques"... "Seu Lobato"... é só falar. Mas não cante. Por favor.)

Para variar um pouco, os compositores começaram a inventar outras notas. Inventaram a *mínima*, que é uma nota cantada com a duração de *duas* batidas. A mínima parece uma semínima albina, como mostra a Figura 11-6, mas ela dura o dobro do tempo. Em outras palavras, em nosso mundo padrão 4/4, cada mínima dura *meio* compasso.

Agora que você conhece a semínima e sua prima mais longa, a mínima, não deve ter problema algum para entender o ritmo do seguinte clássico da música vanguardista (veja a Figura 11-6).

FIGURA 11-6:
A mínima albina.

Agora, sem muita angústia mental, achamos que você deve ser capaz de entender o conceito do próximo valor rítmico, a *semibreve*. Uma semibreve (confira a Figura 11-7) dura quatro vezes uma semínima. Em nosso mundo 4/4, uma semibreve dura um compasso *inteiro*.

FIGURA 11-7:
Uma semibreve.

Encurtando as notas

Por outro lado, algumas notas são *mais curtas* do que as semínimas — como a afamada *colcheia*. São necessárias duas colcheias para preencher sua batida de pé. Para lembrar o músico que um par de colcheias deve ficar junto em uma única batida, elas normalmente são escritas com uma pequena *barra de ligação*, juntando-as, como mostra a Figura 11-8.

FIGURA 11-8:
A junção das colcheias.

Então, o que faz se quiser usar uma dessas notas curtas sozinhas? Você quebra a barra ao meio e a desenha como um colchete quebrado caído ou uma *bandeirola*, como mostrado na última nota da Figura 11-8.

E tem mais, depois de testemunhar o sucesso da colcheia na pista, os compositores antigos não perderam tempo e produziram sequências de sons ainda mais rápidas, como a semicolcheia, a fusa e, para instrumentistas viciados em cafeína, a semifusa, que é raramente vista.

Para anotar essas notas ultracurtas, os compositores chegaram à ideia de adicionar cada vez mais colchetes (ou bandeirolas) a elas. Cada um mostra que o comprimento da nota foi cortado ao meio mais uma vez.

PARA VIRTUOSOS

Dê uma olhada, por exemplo, nas notas mostradas na Figura 11-9. Você provavelmente consegue adivinhar o nome delas: *semicolcheias*. Elas têm exatamente a metade do valor das colcheias, como o esperado. Elas se parecem com colcheias, mas com uma exceção importante: têm dois colchetes em vez de um. Os compositores conectam os colchetes de semicolcheias sempre que elas aparecem juntas. A Figura 11-9 mostra uma semicolcheia sozinha (à esquerda) e um grupo de quatro ligadas pela barra de ligação.

FIGURA 11-9:
Doces semicolcheias.

Fonte: Creative Commons

Você sabe o porquê disso, certo? Porque quatro semicolcheias, juntas, formam uma semínima — e, novamente, essa é *um pulso inteiro*. Conectar as semicolcheias permite a você, leitor, perceber mais facilmente o pulso inteiro de uma vez.

Adicionando um ponto

O último conceito em sua lição intensiva de leitura de partituras é o do *ponto*. Ele é colocado depois de qualquer tipo de nota para deixá-la 50% mais longa. Uma semínima pontuada (conhecida musicalmente como *uma semínima pontuada*), por exemplo, dura uma batida e meia.

A seguir está a maioria dos símbolos rítmicos que você provavelmente encontrará em uma partitura musical. Nós os listamos em agrupamentos que assumem a mesma quantidade de *tempo* (ou batidas de pé). Isto é, uma semínima é o mesmo que duas colcheias, e assim por diante. Note que cada tipo de nota também tem um símbolo de *pausa* correspondente — que, você deve se lembrar do início do capítulo, significa *cala a boca e respira* pelo número específico de pulsos.

Fonte: Creative Commons

Quase todas as músicas que escutar são feitas de combinações das notas que explicamos até agora. Todos os ritmos, até os mais complicados, não são nada mais do que uma combinação criativa de comprimentos de notas.

Fazendo a prova final

EXPERIMENTE

Agora que você está bem versado em notas inteiras, metades, quartos, oitavos, dezesseis avos e todas as versões pontuadas disso, é hora de uma pequena leitura rítmica independente. Lembrando que uma semínima é uma batida de pé, tente descobrir qual música está representada em cada um dos exemplos rítmicos escritos na Figura 11-10. Tudo o que você tem são ritmos, não afinações, então nem tente desenhar as notas nas cinco linhas da pauta. As respostas estão no final da página seguinte.

256 PARTE 4 **Espiando o Cérebro do Compositor**

(a)

Pergunta 1. O ritmo anterior é (a) "America the Beautiful", (b) "Yankee Doo‑dle" ou (c) "Dancing Queen"?

(b)

Pergunta 2. De que música é o ritmo anterior? (a) "She'll be Comin' Round the Mountain", (b) "I've Been Workin' on the Railroad" ou (c) "Stayin' Alive"?

(c)

FIGURA 11-10: Seu exame final de leitura rítmica.

Pergunta 3. O ritmo anterior é de (a) "You Are My Sunshine", (b) "This Land is Your Land" ou (c) "Do Ya Think I'm Sexy"?

Fonte: Creative Commons

SOU UMA FERMATA — ME SEGURE

Um símbolo musical específico pode fazer qualquer ritmo que você tocar parar em um estrondo. Ele é chamado de *fermata*, em italiano. A palavra fermata significa parada, como em "parada de ônibus". Na vida real, uma fermata é assim:

E quando uma fermata aparece sobre qualquer nota, em qualquer lugar da obra musical, ela o instrui a parar e segurar essa nota. Por quanto tempo? Pelo tempo que você quiser. É legal, faça. (A não ser que esteja tocando em uma orquestra, é claro. Nesse caso você a segura pelo tempo que o maestro quiser.)

Abaixo, um dos exemplos mais famosos de fermata já composto. Você definitivamente o conhece. Consegue identificar o ritmo?

> É a abertura da Quinta Sinfonia de Beethoven. (Você a escuta no site da Alta Books — procure pelo título do livro — Faixa 4.) Muitas pessoas compararam essas colcheias da abertura ao "destino batendo à porta". Outros usaram esse ritmo como um símbolo para a "vitória" durante a 2ª Guerra Mundial. Um grupo de rock utilizou-as como a base de uma canção jazzística pop/rock chamada "A Fifth of Beethoven", nos anos 1970. Mas o que quer que signifique, ainda são apenas três colcheias mais uma mínima com uma fermata. Resumimos os ritmos mais famosos do mundo ao necessário.

Respostas: 1. (b) 2. (a) 3. (a) ou (b) — as duas começam com o mesmo ritmo!

Certo, agora você tem ritmo. Nesse momento você tem a habilidade de decifrar o ritmo de praticamente qualquer passagem que vir em música impressa. A notação rítmica que acabou de absorver explica como as notas são posicionadas na partitura da *esquerda para a direita*. Agora vem a parte divertida — descobrir como são posicionadas na pauta de *cima para baixo*.

Entendendo o Tom:
Beethoven a 5.000 rpm

O *tom* de uma nota é o quão aguda ou grave ela é. A tecla mais à direita do teclado do piano tem o tom mais agudo, e a tecla mais à esquerda, mais grave. Uma soprano depois de respirar gás hélio canta com um tom muito agudo. Darth Vader, em uma de suas raras aparições em concertos, teria um bem grave.

Realizando um experimento
pela melhoria da humanidade

Para ajudar a explicar o conceito de tom, pedimos que participe de um pequeno experimento. Você precisa de um carro para este exercício. (Um carro com câmbio manual é melhor, mas um automático com um tacômetro — aquele medidorzinho de "rpm" — também funciona bem.)

Coloque um amigo no banco do passageiro lendo este livro para você. Entre no carro e dê a partida. Dirija para a rodovia. Agora pise fundo.

258   PARTE 4 **Espiando o Cérebro do Compositor**

Enquanto o carro acelera para 5.000 rpm, escute o motor e observe o tacômetro atentamente. Note que, à medida que o número de revoluções por minuto aumenta, o som do motor fica mais agudo.

Desacelere um pouco, e depois pise fundo novamente. Note que o som que seu carro faz a 5.000 rpm é exatamente o mesmo que da primeira vez.

Tente dirigir por um tempo a uma velocidade constante. Note que o tom do motor continua constante. Ele está, na verdade, tocando uma nota. Você consegue a cantar?

Desacelere só um pouquinho — talvez uns 10km/h, mais ou menos. Notou que o tom desceu? Cante essa nova nota.

Faça o mesmo mais uma vez, diminuindo *outros* 10km/h; cante a nova nota. Agora você tem três notas para tocar: o começo de uma escala musical!

Com um pouco de experimentação, logo poderá tocar "Mary Had a Little Lamb" no seu carro. (Tenha paciência. Isso exige prática.) Com prática contínua — e talvez uma Ferrari —, logo dominará todos os solos de suas músicas clássicas favoritas enquanto aterroriza os moradores da sua cidade.

Como o experimento do carro ilustra, o tom musical é uma função direta da *frequência*. Quanto mais rápido o motor vibra, mais agudo é o tom. Como é possível ler em nossos capítulos sobre os instrumentos da orquestra, todo som é produzido por vibrações, ou ondas, no ar. Às vezes essas ondas sonoras são resultado da vibração dos cilindros de um motor; às vezes, da vibração da corda do violino, e outras, da vibração do ar em uma trompa. Em todos os casos, quanto mais rápida a vibração, mais agudo o tom.

Dado que é possível acelerar o carro de zero a 5.000 rpm e além, há todo um universo de tons disponíveis para você. Ao fazer pequenos ajustes musculares no pé, você pode fazer seu carro tocar todos os tipos de notas; um número infinito de tons diferentes, cada um levemente distinto do outro. Mas assim como temos nomes apenas para algumas cores específicas de trilhões existentes no arco-íris, nós, do mundo ocidental, fazemos todas as nossas músicas usando apenas 12 tons.

Focando 12 tons

Os nomes dessas 12 notas são alguma variação de Lá, Si, Dó, Ré, Mi, Fá ou Sol. Para ver como esse princípio funciona, dê uma olhada no pedaço de teclado de um piano exibido na Figura 11-11.

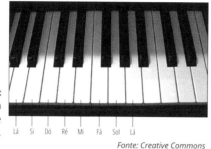

FIGURA 11-11:
Uma oitava de notas, de Lá a Lá.

Fonte: Creative Commons

LEMBRE-SE

As teclas brancas têm os nomes das sete notas básicas, de Lá a Sol. Para maior variedade, a maioria dos fabricantes de piano (tudo bem, *todos* eles) inclui algumas teclas pretas. Essas teclas tocam notas com afinação entre as notas brancas.

As teclas pretas são chamadas de *sustenidos* e *bemóis* (veja o Capítulo 6). No mundo da música, *sustenido* significa uma afinação levemente mais aguda e *bemol*, levemente mais grave. Você escuta músicos falando, por exemplo, em "Dó Sustenido" ou "Si bemol". E se eles estiverem um pouco bêbados, e tentando ser engraçados, poderá ouvi-los dizer: "Tô tão desanimado que, SI MI FÁ LÁ que LÁ fora não tem SOL, volto pro SOL FÁ e fico LÁ até DÓ MI! AHAHAHAHAHA!"

Enfim, uma nota que não é sustenido ou bemol — ou seja, uma tecla branca — é formalmente chamada de *natural*, como "Fá natural".

Então como sabemos como chamar uma tecla preta específica do piano? Considere, por exemplo, a tecla preta entre Lá e Si. Ela é um *Lá Sustenido* (porque é levemente *mais aguda* que Lá)? Ou é *Si bemol* (porque é levemente *mais grave* que Si)? **Resposta:** Ambas estão corretas. Para nossos propósitos, aqueles dois termos são *absolutamente sinônimos*. Toda tecla preta tem dois nomes diferentes.

É isso. Agora você sabe o nome das notas. Temos nosso conjunto básico de sete notas (de Lá a Sol), mais as cinco entre elas (em um piano, as teclas pretas), para um total de 12 notas. Quase toda obra de música ocidental que escutar — no seu MP3 player, em um CD, no rádio, na sala de concertos ou *até na sua cabeça* — consiste apenas desses 12 tons.

Mas, espere, sem você dúvida está pensando, e com tanta ênfase que é preciso usar itálico, *como pode haver apenas 12 notas? Você está querendo me dizer que em toda a Nona Sinfonia de Ludwig van Beethoven, que dura mais de uma hora, estou ouvindo as mesmas 12 notas repetidamente?*

Sim.

260 PARTE 4 **Espiando o Cérebro do Compositor**

Anotando os tons

Antes de lhe mostrar como as notas musicais são escritas, um aviso: ler esta seção pode mudar sua vida para sempre de uma maneira real e palpável. Deste momento em diante, sempre que vir pequenas notas saindo do piano de brinquedo de Schroeder na tirinha do *Peanuts*, teoricamente será capaz de dizer exatamente o que ele está tocando.

Lembra-se da pauta, a linha do tempo gráfica de notação musical (do início do capítulo)? Cada linha dessa pauta representa um tom no teclado do piano (ou em qualquer instrumento). Por causa de uma regulamentação obscura da União, a segunda linha de baixo para cima dessa pauta é designada como a nota Sol. Para ajudá-lo a se lembrar desse ponto de referência, escrevemos uma letra G (a letra correspondente à nota Sol na notação musical norte-americana) estilizada e elaborada (com sua língua enrolada em volta da linha Sol, como mostra a Figura 11-12) chamada de *clave de Sol*. (A palavra *clave* é derivada do latim "clavis", que significa "chave", mas não sabemos como isso o ajudará a se lembrar de alguma coisa.)

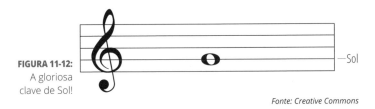

FIGURA 11-12: A gloriosa clave de Sol!

Fonte: Creative Commons

Para escrever a nota Sol, faça uma pequena forma oval exatamente nessa linha, como mostra a figura.

Agora que você sabe onde está a nota Sol, pode descobrir onde escrever as outras. Cada linha e espaço entre as linhas correspondem a uma dessas sete notas, de Lá a Sol, como mostra a Figura 11-13.

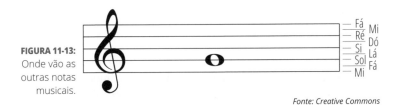

FIGURA 11-13: Onde vão as outras notas musicais.

Fonte: Creative Commons

Aprender a ler música com certeza seria muito mais fácil se os nomes das notas aparecessem na pauta, assim como na Figura 11-13. Na verdade, nos estágios iniciais de treinamento, a maioria dos músicos depende de uma folha de cola como essa. Esse diagrama é como um par de rodinhas de treinamento para a bicicleta.

DICA

Mas, depois de um tempo, os músicos memorizam o que as linhas e os espaços significam. As linhas, por exemplo, de baixo para cima, são Mi, Sol, Si, Ré e Fá. É impossível não encontrar um músico que não tenha usado um mnemônico: "*Me Sol*ta *Se Re*stam *Fa*lhas." (Você deve achar que, com toda a criatividade correndo em suas veias, os músicos podiam ter inventado um mnemônico mais inteligente. Então aqui propomos: "*Mi*rradas *Sol*teironas *Si*sudas *Re*speitam a *Fa*mília.")

Para os espaços, as notas são Fá, Lá, Dó e Mi; o mnemônico é: "*FaLa DoMi*ngo." Não temos nenhuma sugestão para melhorar um mnemônico como esse.

Agora, claramente, um piano (ou qualquer instrumento) tem mais de 12 notas. Depois de passar por essas 12 notas básicas (de Lá a Sol e as notas das teclas pretas associadas), elas se repetem, em sequência. Outro Lá segue o Sol, mas uma *oitava* acima do primeiro Lá. (Como descrevemos no Capítulo 6, as notas separadas por uma oitava soam exatamente iguais, mas uma é mais aguda. Imagine uma criança e um homem adulto cantando a mesma melodia. Eles usam as notas de mesmo nome — Lá, Si, Dó, e assim por diante —, mas a criança canta "uma oitava acima".)

Tudo bem. Então, como a pauta musical só tem linhas e espaços suficientes para cerca de uma passada de Lá a Sol, como você, o compositor, escreve notas *mais agudas* do que esse conjunto de notas? *Resposta:* Você desenha *mais* linhas. O resultado seria algo como o que mostra a Figura 11-14.

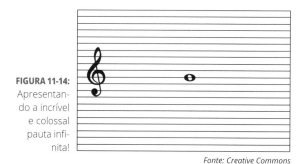

FIGURA 11-14: Apresentando a incrível e colossal pauta infinita!

Fonte: Creative Commons

Claramente, essa ideia de notação tem algumas falhas. Agora você tem tantas linhas que identificar o conjunto de cinco linhas originais é impossível! Como um acordo, os estudiosos de notação chegaram à ideia de desenhar *mini*linhas extras, com largura suficiente apenas para acomodar a nota que precisa delas, como mostra a Figura 11-15.

FIGURA 11-15: Uma façanha: linhas suplementares.

Dó Central

Fonte: Creative Commons

Essas linhas acima e abaixo da pauta são chamadas de *linhas suplementares*. A primeira linha suplementar inferior é a mais importante de todas, porque corresponde ao famoso *Dó Central*.

O Dó Central é assim chamado porque está praticamente no centro do teclado do piano. Todas as notas na clave de Sol, como estão acima do Dó central, são relativamente agudas. Portanto, a clave de Sol é frequentemente usada para a voz de *soprano*.

Linhas suplementares são úteis até certo ponto. Adicione muitas e os músicos precisariam parar no meio do concerto apenas para *contá-las*. *Solução*: desenhar outra clave, feita especialmente para essas notas mais graves. Essa clave também tem um símbolo chique no começo, que parece a letra F desenhada por Klingons, digamos. Seus dois pontos demarcam a linha para a nota Fá.

Essa é a chamada *clave de Fá*. E os músicos profissionais a utilizam para a voz de *baixo* por causa das notas graves. Aliás, como ponto de referência, nosso amigo Dó Central aparece no *topo* desse tipo de clave, como mostra a Figura 11-16.

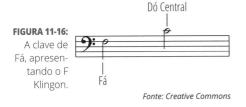

FIGURA 11-16: A clave de Fá, apresentando o F Klingon.

Dó Central

Fá

Fonte: Creative Commons

A pauta da clave de Fá funciona exatamente como a da clave de Sol em todos os sentidos. Aqui, no entanto, as notas são atribuídas com base em sua distância da nota Fá.

Alguns instrumentos têm uma extensão tão grande que exigem *ambas* as claves, de Fá *e* de Sol, para anotar todas as suas notas. O piano é um exemplo. Na música para piano, uma pauta de clave de Sol e uma pauta de clave de Fá são quase que fundidas uma à outra, como mostra a Figura 11-7. Nessa figura é possível ver duas maneiras diferentes de escrever o Dó Central. A segunda e a terceira notas mostradas são *ambas* o Dó Central. Na notação para piano, as pautas são organizadas para que compartilhem o Dó Central.

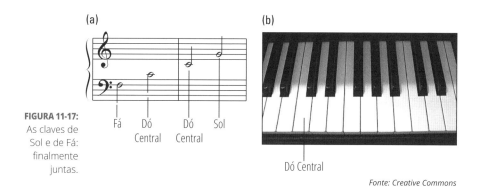

FIGURA 11-17:
As claves de Sol e de Fá: finalmente juntas.

Fonte: Creative Commons

Lendo música

Considere a música na Figura 11-18. Meio que dá vontade de estar estudando física nuclear em vez de música, não?

FIGURA 11-18: Um exemplo de música para piano.

Fonte: Creative Commons

Se esse exemplo de música para piano faz seu estômago revirar, não entre em pânico. Muitas partituras parecem confusas em um primeiro momento. Mas vamos lhe dar uma garantia: se continuar lendo, será capaz de identificar cada nota dessa música nos próximos dez minutos — **ou você nos dará R$1 milhão!**

Para realizar isso, vamos lhe mostrar como ler e escrever as notas apenas olhando sua posição na pauta, sem folha de cola de nomes de notas para ajudá-lo. É assim que os músicos leem música.

Essa tarefa fica muito mais fácil se identificarmos alguns *pontos de referência* — isto é, algumas notas para nos deixar mais à vontade. Você já tem alguns pontos de referência (se nos acompanhou até agora, são eles):

» Dó Central

» O Fá definido pela clave de Fá

» O Sol definido pela clave de Sol

Reveja a Figura 11-17 para se lembrar desses marcos.

Enfim, aqui está o desafio: usando esses pontos como referência, e lembrando-se de que pode contar as linhas e espaços para cima e para baixo, tente identificar as notas na Figura 11-8. Ora, estamos fazendo mais do que o ensinar a ler música — estamos praticamente ensinando-o a *tocar piano!*

Você já sabe onde escrever a nota para praticamente qualquer tecla branca do piano. E anotar as teclas pretas não é muito mais difícil. Para indicar a nota preta à *direita* de uma nota natural do piano, você adiciona um símbolo de sustenido (♯) na frente dela. E para indicar a nota preta à esquerda (levemente mais grave), o de bemol (♭). (Veja a Figura 11-19.)

Tudo bem então. Agora você deve ser capaz de dizer os nomes, mesmo que devagar, de qualquer nota que vir na pauta. Tente no exemplo que mostramos na Figura 11-18 — o mesmo exemplo que pareceu tão confuso no começo desta seção. Achamos que você conseguirá decifrá-lo agora!

E, caso ainda tenha problemas, a resposta está na Figura 11-20.

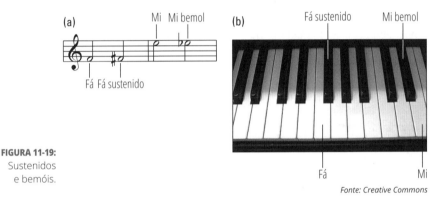

FIGURA 11-19: Sustenidos e bemóis.

Fonte: Creative Commons

FIGURA 11-20: Talvez ler música não seja tão difícil quanto física nuclear no fim das contas.

Fonte: Creative Commons

Decifrando as armaduras de clave

O mundo dos sustenidos e bemóis é fascinante. Os compositores os utilizam o tempo todo. Eles até desenvolveram um atalho para situações em que querem usar um sustenido ou bemol específico repetidamente.

A Figura 11-21 ilustra tal exemplo. Na peça musical na figura, a nota Fá Sustenido aparece quatro vezes.

FIGURA 11-21: Conte os sustenidos.

Fonte: Creative Commons

Nossa, olha essa peça: esse compositor *nunca* quis que a nota Fá fosse tocada como uma tecla branca; ele *sempre* a quis como sustenido, que é a tecla preta logo à direita de Fá sendo tocada. Que trabalho tedioso e repetitivo marcar todos esses sustenidos! Então os compositores, engenhosos em sua maioria, criaram uma solução. Na extremidade esquerda da pauta, logo depois do símbolo da clave de Sol, eles colocam um sustenido em cima da linha (a linha Fá). Esse atalho tem o seguinte significado:

Daqui por Diante, Todos os Fás Serão Sustenidos

Não apenas o Fá naquela linha específica, mas os Fás em oitavas diferentes, acima e abaixo, também. *Todos* os Fás. Agora dê uma olhada na amostra musical com essa pequena mudança (veja a Figura 11-22). Muito mais simples, não?

FIGURA 11-22: Uma armadura de clave.

Fonte: Creative Commons

Esse atalho é chamado de *armadura de clave*, e cada peça musical tem uma. As armaduras de clave lhe indicam quais notas (se houver alguma) deve tocar sustenidas e quais (se houver alguma) deve tocar bemolizadas, em toda a obra.

A Figura 11-23 ilustra outras armaduras de clave comuns. O primeiro exemplo indica para tocar todos os Si bemolizados; o segundo informa que todos os Fás e Dós são sustenidos; e o terceiro, apesar de parecer que não tem armadura de clave, na verdade *tem* — significa que *nenhuma* nota na obra é universalmente sustenida ou bemolizada.

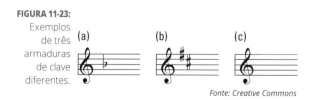

FIGURA 11-23: Exemplos de três armaduras de clave diferentes.

Fonte: Creative Commons

Descobrindo a armadura

PARA VIRTUOSOS

Agora estamos prestes a entrar na teoria. Por favor, abaixe a barra de segurança e mantenha as mãos e pés dentro do bonde o tempo todo.

A armadura de clave no começo de uma peça musical é mais do que apenas incidental. Ela especifica o *tom* da obra, uma característica muito importante. Se você for a uma audição da Broadway e disser ao pianista "'As Time Goes By' em Fá maior", estará lhe dizendo o *tom*.

Podemos explicar com um exemplo: vá a um piano conveniente (ou qualquer teclado) se puder. Toque o Dó Central — ou *qualquer* Dó — e então cante essa nota. É claro que você está cantando um Dó.

Agora, começando nessa nota, cante a primeira linha do clássico imortal de Natal, "Joy to the World". Você pode tocar a primeira linha dessa canção muito facilmente: basta caminhar com os dedos descendo pelas teclas brancas do piano, começando em um Dó e terminando em outro (veja a Figura 11-24).

FIGURA 11-24: Você pode tocar "Joy to the World" começando em um Dó e tocando cada tecla branca em ordem descendente a partir dele.

Comece aqui e desça.

Fonte: Creative Commons

Sua primeira nota é um Dó e sua última (uma oitava abaixo) também. Na verdade, se soubesse tocar a música *inteira* descobriria que a última nota da música *também* é um Dó. Minha nossa, só dá para concluir que essa música está *no tom de Dó*.

DICA

Qualquer música que possa tocar completamente nas teclas brancas do piano está muito provavelmente no tom de Dó. Qualquer música que *termine* em um Dó geralmente também está.

Tudo bem, agora de volta ao nosso exemplo. Digamos que você seja uma soprano temperamental. Hoje você está se sentindo especialmente temperamental. Hoje você quer cantar "Joy to the World" *em um tom mais alto.* Em vez de começar em um Dó, quer começar em um Ré.

Bem, claro, por que não? Volte ao piano e localize sua nota inicial — não Dó, mas a próxima tecla branca à direita. Esse é um Ré. Experimente tocar a primeira linha de "Joy to the World" da mesma maneira que fez antes, apenas caminhando pelas teclas brancas do piano.

Ui! O que aconteceu?!? Algumas das notas definitivamente soam erradas.

Sim, porque quando você começou a música em Ré, moveu toda a melodia para um novo local do teclado. E isso abriu uma caixa de Pandora.

Sinta-se livre para pular a explicação. Ela não é necessária para sua vida.

Uma *melodia* é reconhecível por causa das relações entre suas notas — assim como uma pessoa. Os olhos do seu irmão têm uma certa distância um do outro. Se essa distância mudasse, ele não se pareceria mais com o seu irmão. Você provavelmente não o reconheceria.

De maneira similar, se quiser que uma melodia fique sempre igual, para que a possa reconhecer não importa em que tom esteja, precisa manter todas as relações entre as notas iguais. Mas, cuidado, você pegou a melodia e a colocou em uma parte diferente do teclado. E o teclado tem um *padrão irregular* de teclas brancas e pretas.

Então, para que a melodia soe certa, é preciso *sustenizar* algumas das notas — isto é, tocar notas pretas em vez de notas brancas. Nesse caso, o tom é Ré, e as notas sustenizadas serão duas: Fá e Dó. Então, Fá vira Fá Sustenido e Dó, Dó Sustenido.

Como uma soprano temperamental, você insistiu em cantar "Joy to the World" em Ré. E *todas as peças do mundo* no tom de Ré exigem o Fá e o Dó sustenidos. A armadura de clave que lhe diz isso é igual à da Figura 11-25. Ela indica que você deve tocar as duas notas circuladas nas teclas pretas.

FIGURA 11-25: "Joy to the World" de novo — mas, desta vez, em Ré.

Fonte: Creative Commons

Faça o experimento de novo. Toque "Joy to the World" no piano começando em Ré. Mas, dessa vez, quando descer pelo teclado, substitua as notas pretas por brancas na segunda e sexta notas. Isto é, toque as notas na seguinte ordem: D, C♯, B, A, G, F♯, E, D.

Esse negócio de sustenidos e bemóis pode ficar complicado. Alguns tons têm até *sete* sustenidos ou bemóis em suas armaduras de clave. (Quer fazer um pianista iniciante ficar enjoado? Coloque uma partitura com sete sustenidos na estante dele.) Felizmente, você não precisa saber disso para apreciar o que é um tom.

O Método 99,9999% para Determinar o Tom de Dave & Scott

Uma minúscula porcentagem de músicos é abençoada com um talento bizarro e praticamente de percepção extrassensorial conhecido como *ouvido absoluto*. Esses sortudos podem lhe dizer em que tom está a música só a *escutando*. Muitos músicos fariam qualquer coisa para ter esse talento.

LEMBRE-SE

Se não estiver entre o 1/10 de 1% abençoado, temos um truque para você. Este método é infalível em 99,9999% das vezes. Você só precisa fazer o seguinte: espere até que a música (canção, sinfonia ou o que for) que estiver escutando *termine*. Escute cuidadosamente até a *nota final*. Corra até o piano e procure até encontrar a nota igual à nota que terminou a música. Quase invariavelmente, essa nota final é igual ao tom da peça. "Essa peça estava em Fá!", você pode proclamar triunfantemente para seus convidados quando a música acabar.

Se observar a partitura de uma peça, fica ainda mais fácil determinar seu tom. Músicos treinados, é claro, olham uma pilha de sustenidos e bemóis no começo de uma pauta e declaram imediatamente: "Tom de Sol Sustenido." No entanto, mais uma vez temos um atalho para você. Usando seu domínio da notação musical recém-descoberto, dê uma espiada na nota final da melodia.

Tente determinar o tom das peças mostradas na Figura 11-26. Se estiver com problemas em lembrar os nomes das notas nas diferentes linhas e espaços, cole da Figura 11-13.

FIGURA 11-26: Você consegue determinar os tons destas peças a partir de suas últimas notas? (Não olhe as respostas.)

Fonte: Creative Commons

Respostas: (1) Tom de Si. (2) Tom de Fá. (3) Tom de Ré.

CAPÍTULO 11 **O Temido Capítulo de Teoria Musical**

Entendendo por que temos tons

Quando nós, seus autores, aprendemos a tocar piano, ficou rapidamente nítido que uma música com vários sustenidos e bemóis — notas pretas — era mais difícil de tocar do que as que só tinham notas brancas. Ficamos absolutamente perplexos pensando em por que qualquer compositor escreveria conscientemente em qualquer outro tom diferente de Dó, em que todas as notas são brancas. A vida não seria bem mais simples (perguntamos, e você também provavelmente está se perguntando agora) se tudo fosse escrito em Dó? Por que não começar um movimento (nossos pensamentos com 9 anos prosseguiram) para eliminar as armaduras de clave e notas pretas do piano?

Na verdade, conseguimos dar algumas razões muito boas para a existência dos diferentes tons:

>> **Às vezes, haverá um cantor.** Mudar toda a música para um tom que não seja Dó é muitas vezes necessário para que ela se encaixe no tipo de voz (soprano, tenor ou qualquer outro) cantando a música.

>> **Em outros instrumentos, o tom de Dó *não é* o mais fácil.** Claro, músicas sem notas pretas são fáceis de tocar no *piano*. Mas cada instrumento orquestral tem as próprias peculiaridades — e seus próprios "tons fáceis" para tocar. Para uma faixa considerável da população de uma orquestra padrão — a maioria dos clarinetistas, trompetistas e alguns outros —, *Si bemol* é o tom mais fácil.

>> **Algumas pessoas dizem que o tom faz diferença.** Apostamos que você não conseguiria diferenciar a mesma música tocada em dois tons diferentes se as ouvisse com uma hora de distância. Mas alguns músicos *juram* que certos tons têm algo inatingível, uma certa qualidade, um *je ne sais quoi* sônico. "Fá Sustenido Maior é um tom tão *brilhante* e reluzente", você escuta um músico falar. Ora, tudo bem. Contanto que não tenhamos que o tocar no piano.

>> **Se o piano não tivesse teclas pretas, você nunca saberia onde fica o Dó Central.** Se não existissem pequenos conjuntos de três e duas teclas pretas para quebrar o mar de teclas brancas do piano, você *nunca* saberia onde está no teclado!

Mas, como descobrirá logo, os tons não são tão diferentes uns dos outros no final das contas. Como explicamos no exemplo de "Joy to the World", na seção "Descobrindo o tom", anteriormente neste capítulo, as relações entre as várias notas de uma melodia permanecem constantes, não importa em qual tom você esteja. E esse fato nos leva ao importante conceito de *intervalos* — os blocos de construção de todas as melodias e harmonias do mundo.

Saltando nos Intervalos

Um *intervalo* é a distância entre duas notas, medida (para nossos propósitos) em teclas do piano. Determinar o intervalo entre duas notas é fácil: chame a Tecla de Piano nº 1 como um e conte quantas notas estão entre ela, espacialmente falando, e a próxima nota da melodia. Se contar cinco teclas no total, declare que essas duas notas estão a "uma quinta de distância". Se contar sete, diga que estão a "uma sétima de distância". Não é uma ciência exata, é?

LEMBRE-SE

Depois de conseguir reconhecer os intervalos *escutando-os*, no entanto, a música começa a ficar fantasticamente divertida. Você começa a reconhecer as características dos intervalos usados por seus compositores favoritos — de música clássica, rock, da Broadway ou outros. Você realmente começa a entender o que faz a música soar como soa. "Outro sucesso de Andrew Lloyd Webber", você diria. "O cara quase nunca usa intervalos maiores do que uma segunda, não é?", ou, "John Williams escreveu a música para este filme. Quer apostar que ele usa um intervalo de uma quinta como as notas de abertura?"

Vamos usar melodias famosas para ajudá-lo a identificar alguns dos intervalos mais famosos da história. Você, como milhões de estudantes de música antes, nunca mais será capaz de ouvir "Lá Vem a Noiva" sem pensar: "Lá vem a *quarta*."

Esta seção será ou uma diversão incrível ou terrivelmente embaraçosa para você ler, dependendo se (a) estiver cercado de pessoas ou (b) tiver vergonha de cantar para si mesmo enquanto lê.

A segunda maior

O intervalo de segunda maior é extremamente comum — significa simplesmente que duas notas estão próximas uma da outra, no teclado ou não. Você consegue cantar apenas as *duas primeiras notas* de "Rudolph, the Red-Nosed Reindeer" — e *parar*? ("Ru-dolph" — isso, é isso aí.) Se sim, você acabou de cantar um intervalo de segunda. Se não se lembra dessa melodia específica agora, pode querer tentar cantar as duas primeiras notas de "Noite Feliz" — só "Noi-te". Só isso. Essa também é uma segunda: duas notas próximas uma da outra. (Confira a Figura 11-27.)

Ambos os exemplos natalinos apresentam *segundas ascendentes* — a melodia *sobe*. Contudo, várias melodias famosas também usam segundas *que descem*. Tente cantar, com sua melhor imitação de Barbra Streisand: "Mem-'ries light the corners of my mind." Isso aí — as notas da palavra *mem-'ries* formam uma segunda *descendente*.

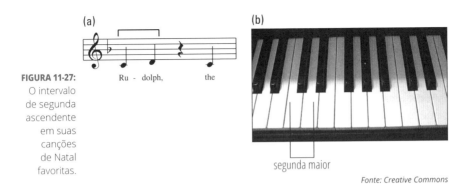

FIGURA 11-27: O intervalo de segunda ascendente em suas canções de Natal favoritas.

Fonte: Creative Commons

A terça maior

CONFIRA

Uma *terça*, obviamente, é quando você passa *três* notas de uma nota da melodia para a seguinte (contando as duas teclas do piano, é claro). Talvez a terça mais famosa da música clássica seja a abertura da Quinta Sinfonia de Beethoven. Você sabe, aquela que faz "Tã-tã-tã-TÃAAAAAAAAAAAAAAAN!" (Para refrescar a memória, acesse o site da Alta Books, procure pelo título do livro e escute a Faixa 4.) Mas é possível encontrar vários outros exemplos familiares contendo terças descendentes e ascendentes. Cantarole, por exemplo, as duas primeiras notas de "Swing Low, Sweet Chariot".

Essa é uma terça descendente. Para terças ascendentes, não é preciso procurar muito além das duas primeiras notas de "I Could Have Danced All Night". (Veja a Figura 11-28.) Na verdade, faça um exercício por um momento agora: ande pela sua casa ou trabalho cantando apenas aquelas duas primeiras notas repetidamente: "I could —! I could —! I could —!"

Se alguém olhar para você de um jeito estranho, assuma uma expressão intelectual e explique que está exercitando seus intervalos de terça maior ascendente.

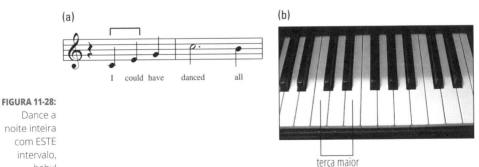

FIGURA 11-28: Dance a noite inteira com ESTE intervalo, baby!

Fonte: Creative Commons

A quarta

É fácil de amar esse intervalo. É um dos intervalos musicais mais grudentos, fáceis de cantar e amados de todos os tempos. Especialmente no Natal — canções de Natal são positivamente cheias de melodias que começam com intervalos de quarta. Há a "Oh, Come, All Ye Faithful". (Escute a quarta ascendente entre "all" e "ye".) E há a "Hark the Herald Angels Sing!" (Aqui as duas primeiras palavras são um intervalo de uma quarta, dessa vez subindo.) E há até a "O, Christmas Tree!" Mas esqueça o Natal; quartas são abundantes em todos os tipos de música. A música "Mexican Hat Dance" começa com uma quarta ascendente repetida três vezes. A série de TV *Jornada nas Estrelas* original começa com duas quartas ascendentes consecutivas, uma sobre a outra. (Escute o solo de trompa quando eles dizem: "Espaço... a fronteira final.") Se for pensar bem, o tema de *Jornada nas Estrelas: A Nova Geração* também começa com uma quarta. E não se esqueça da música clássica "Coro Nupcial" [conhecida popularmente como "Lá Vem a Noiva"], em que as duas primeiras notas formam um intervalo de uma quarta (veja a Figura 11-29).

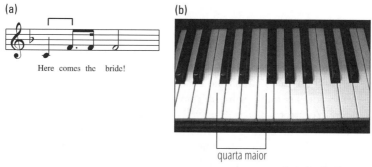

FIGURA 11-29: Lá vem a quarta!

Fonte: Creative Commons

Se estiver cantando baixinho para si mesmo enquanto lê, é impossível não ouvir as similaridades de todos esses pares de notas.

PAPO DE ESPECIALISTA

Acima de tudo, por alguma razão misteriosa, a música do tema de abertura de todos os canais de notícias da TV norte-americana contém o máximo possível de quartas ascendentes consecutivas. Alguém provavelmente fez alguma pesquisa de mercado e descobriu que, quanto mais quartas ascendentes a música usar, mais confiável a estação de notícias parece. E, de fato, essa crença deve conter alguma verdade. Afinal de contas, você preferiria receber as notícias de uma estação que usasse "Hound Dog" como tema musical?

Mas, de novo, se nossa teoria estiver correta, a música "Mexican Hat Dance" seria um tema de abertura esplêndido para a CNN.

A quinta

Sim, a quarta está por toda parte. Mas intervalos de *cinco* notas estão de igual para igual em popularidade. Pense em "*Flint*stones! Meet the *Flint*stones!" Cada vez que o nome da família é evocado, você canta uma quinta descendente. Quintas que pulam *para cima* também são abundantes. Veja, por exemplo (como na Figura 11-30), as notas de "Rest Ye" em "God Rest Ye, Merry Gentlemen".

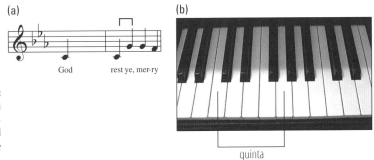

FIGURA 11-30: Tenha um quinto prazer musical com este intervalo.

Fonte: Creative Commons

DICA

Mas se *realmente* quiser conhecer um compositor que gosta muito de quintas, confira o brilhante compositor de música para filmes John Williams. Praticamente todos seus temas são baseados em uma quinta. Veja o exemplo de *Star Wars*: aquelas duas primeiras notas triunfantes formam uma quinta ascendente. E que tal *Super-Homem* — outra quinta ascendente. E aquele tema exorbitante de *E.T. — O Extraterreste* (enquanto voam nas bicicletas) — sim, é uma quinta ascendente, sem dúvida. E a famosa chamada de cinco notas de um alien em *Contatos Imediatos do Terceiro Grau*? Suas duas notas finais formam uma quinta ascendente.

Mas não ache que John Williams só escreve quintas ascendentes. É claro que não. Ele também escreve temas para filmes baseados em quintas d*escendentes*, como o pesaroso solo de violino de *A Lista de Schindler*.

A sexta maior

Você aguenta um pouco mais? Ao falarmos de intervalos, a *sexta* é uma estrela na música da cultura pop. Para saber qual é esse intervalo, cante a música "Ovelha Negra", de Rita Lee: "le-vava uma vida..." Como você deve ter adivinhado, as duas primeiras sílabas "le-va" formam uma sexta ascendente. (Veja a Figura 11-31.) Assim como as primeiras notas de "My Bonnie Lies over the Ocean" e "Hey, Look Me Over".

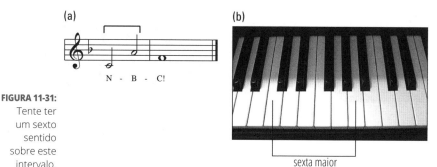

FIGURA 11-31: Tente ter um sexto sentido sobre este intervalo.

Fonte: Creative Commons

Alguém está triste? É possível encontrar uma sexta descendente nas duas notas de abertura da música "Nobody Knows the Trouble I've Seen".

A sétima maior

Se quartas, quintas e sextas são os Rolling Stones, a sétima maior é Slim Whitman. Ou seja, é bem menos provável que seja a base de suas músicas favoritas. Francamente, ela não soa muito bem. E não conseguimos pensar em uma única melodia famosa baseada nela. Se você pegar um piano, escutará o quanto soa *fora* tocar um Dó Central com o Si acima dele — a *sétima* nota acima se contar o Dó Maior como um.

A oitava

No Capítulo 6 apresentamos a você o intervalo chamado *oitava* — assim chamado porque contém oito notas dentro dele. As duas notas de um intervalo de oitava são realmente a *mesma* nota tocada em duas extensões diferentes.

Tente cantar "Somewhere over the Rainbow" —, mas pare na segunda sílaba. Bravo! Ora, a própria Judy Garland não conseguiria cantar uma oitava ascendente mais perfeita do que você cantou agora. (Mas você tem a vantagem arrebatadora de estar vivo.) A Figura 11-32 mostra a oitava em ação.

PARA VIRTUOSOS

Se você entendeu essa discussão e (especialmente) se gostou dela, realmente merece os parabéns. Essa coisa é teoria musical de nível universitário. A boa notícia é: agora você conhece todos os intervalos maiores.

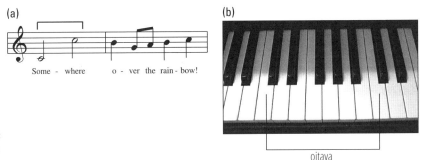

FIGURA 11-32: Em Oz, a oitava reina.

Fonte: Creative Commons

Diferenciando intervalos maiores e menores

A má notícia: sempre que falamos em intervalos *maiores*, não queremos dizer "importantes". Queremos dizer que a música tem duas classes diferentes de intervalos: *maior* e *menor*. Podemos explicar isso da seguinte forma: um intervalo maior é levemente maior do que um intervalo menor. Faz sentido, não?

É claro que a *melhor* maneira de entender a diferença entre intervalos maiores e menores é escutar muito, tocá-los bastante em um instrumento e cantarolá-los bastante. Mas, do nosso jeito, tentaremos ajudá-lo a experimentar a diferença agora mesmo.

A segunda menor

Uma *segunda menor* é o menor intervalo possível na música do hemisfério ocidental. Lembra-se do tema de *Tubarão* (outro clássico da música do filme de John Williams)? O tema principal, a música do tubarão, são simplesmente duas notas repetidas várias vezes. Duas notas, precisamos destacar, que formam um intervalo de uma segunda menor (veja a Figura 11-33). Há algo nesse intervalo que, tocado bem grave, nos faz pensar em um tubarão.

Uma segunda menor é uma distância ultrapequena — geralmente de uma tecla branca para a tecla preta mais próxima, ou vice-versa. Como vai apenas até o meio do caminho entre duas teclas brancas, tem o apelido de *meio tom*.

Agora, uma *segunda maior*, também conhecida como *um tom*, em comparação, é o segundo menor intervalo na música ocidental. Mas, comparada a uma segunda *menor*, parece absolutamente espaçosa. Compare a segunda maior que começa "Parabéns pra Você" com o intervalo de tecla branca/tecla preta do tema de *Tubarão*. Consegue ouvir a diferença?

276 PARTE 4 **Espiando o Cérebro do Compositor**

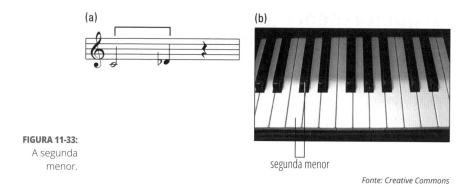

FIGURA 11-33: A segunda menor.

Fonte: Creative Commons

A terça menor

EXPERIMENTE

Você deve se lembrar da terça *maior* como as duas primeiras notas alegres de "I Could Have Danced All Night". Compare esse intervalo com as duas primeiras notas de "Greensleeves" (também conhecida como "What Child is This?"), como mostra a Figura 11-34.

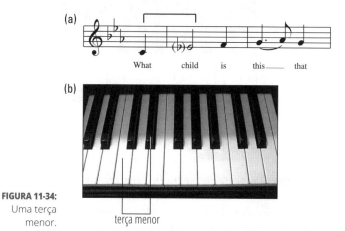

FIGURA 11-34: Uma terça menor.

Fonte: Creative Commons

Quer tentar descer? Então escute a terça menor que começa em "Star-Spangled Banner" (na palavra "Oh-oh"); as palavras "get no" em "I Can't Get No Satisfaction" dos Rolling Stones'; e o sucesso de Stevie Wonder, "You Can Feel It All Over", que começam com uma terça menor depois da outra.

A quinta menor (não!) — Também conhecida como trítono

Até agora pegamos cada intervalinho maior feliz e o deixamos levemente menor para fornecer a versão menor. Mas se você encolher a *quinta* em meio tom, obtém o que os músicos chamam de *quinta diminuta*, também conhecida como *trítono*. Mas, em tempos medievais, pessoas devotas chamavam esse intervalo de INTERVALO DO DIABO!

Esse intervalo em particular era considerado tão horrível, dissonante e assustador, que foi realmente banido da igreja. (Nós *não* estamos inventando isso!) Os compositores eram proibidos de usá-lo, sob pena de *morte*.

Como a pena de morte por usar o trítono foi revogada na maior parte do mundo, hoje em dia é possível escutar esse som chocante na privacidade da própria sala. Ele é obtido fazendo-se uma quinta com meio tom a menos — ou uma quarta com meio tom a mais — como na Figura 11-35.

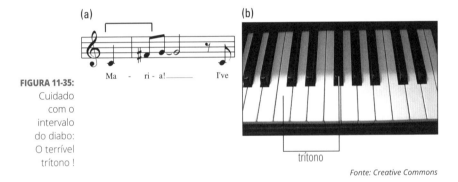

FIGURA 11-35: Cuidado com o intervalo do diabo: O terrível trítono!

Fonte: Creative Commons

Na nossa época, esse intervalo ficou famoso por uma canção em particular: "Maria". Essa música vem daquele ótimo musical de Bernstein/Sondheim, *West Side Story*, que combina absolutamente com intervalos do diabo — por exemplo, as primeiras duas notas da canção "Cool" (quando cantam "Bo-y!").

Vamos admitir que o trítono soa um tanto exótico, de certa forma. Mas não o achamos nem um pouco do diabo.

A sexta menor

As duas primeiras notas de "Ovelha Negra" formam uma sexta *maior* feliz (do Dó Central até o Lá acima dele, se estiver conferindo a melodia em um piano). Se subir de Dó para um Lá *bemol* ou descer de um Lá bemol até um Dó, obterá uma sexta *menor* — um intervalo muito mais triste. Podemos provar esse ponto se você já escutou aquela melodia de arrancar lágrimas de *Love Story*. As palavras são: "Where do I begin... to tell the story of how great a love can be?" E a sexta menor é o intervalo que forma as duas primeiras notas (e praticamente todos os intervalos seguintes), como mostra a Figura 11-36.

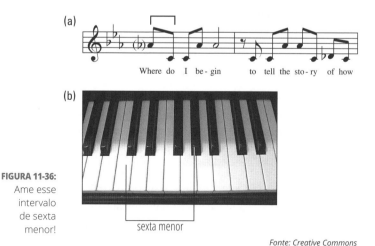

FIGURA 11-36: Ame esse intervalo de sexta menor!

Fonte: Creative Commons

A sétima menor

Mencionamos anteriormente nesta seção a surpreendente falta de melodias populares baseadas na *sétima maior*. Interessantemente, a *sétima menor* (de Dó a Si bemol, se estiver em um piano) é muito mais comum. São as duas primeiras notas em "Somewhere", de *West Side Story*, por exemplo (as duas primeiras notas de "There's a place for us..."). A principal espaçonave voando durante os créditos de abertura da série *Jornada nas Estrelas* original também é levada até você pela sétima menor. (Veja a Figura 11-37.)

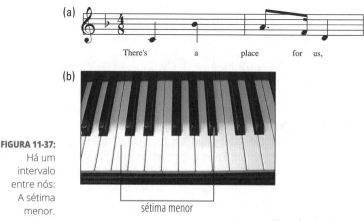

FIGURA 11-37: Há um intervalo entre nós: A sétima menor.

Fonte: Creative Commons

CAPÍTULO 11 **O Temido Capítulo de Teoria Musical** 279

Subindo a Escala

No decorrer deste livro, fizemos o uso ocasional do termo *escala*, mas deixamos a explicação completa para esse momento. E por uma boa razão! Se você sobreviveu a este capítulo, agora tem o treinamento musical necessário para entender a definição *técnica*.

Tecnicamente, uma *escala musical* é uma maneira de dividir uma oitava em vários intervalos.

Agora, no mundo ocidental, todos os intervalos dentro de uma escala são segundas — maiores e menores. O som característico, a sensação e a identidade de qualquer escala são determinados pela organização dessas segundas maiores e menores.

Um dia você vai querer aprender todos os diferentes tipos de escalas, cada um com os próprios traços de personalidade. Mas por enquanto falaremos sobre a escala mais comum de todas, conhecida como *escala maior*. Há uma escala maior muito útil ao seu dispor no tom de Dó. Anteriormente, neste capítulo, pedimos para que tocasse "Joy to the World" — se fez isso, você até *tocou* uma escala.

PARA VIRTUOSOS

Localizar as segundas maiores e menores da escala de Dó Maior no teclado do piano é muito fácil. Quaisquer duas teclas brancas vizinhas com uma tecla preta entre elas está a *um tom* (uma segunda maior) de distância. Se não houver teclas pretas dividindo as brancas, elas estão a apenas *meio tom* (uma segunda menor) de distância. Simples?

Então, se você tocar uma escala de Dó Maior, estará realmente tocando tons inteiros e meios tons em um padrão específico. E esse padrão é o seguinte:

Tom, tom, meio tom, tom, tom, tom, meio tom

Nós sabemos, se você é novo na música, essa coisa de teoria provavelmente está fritando seu cérebro. Mas tente em um piano. Se começar no Dó Central e subir a escala tocando apenas as teclas brancas, com certeza verá que está tocando exatamente o padrão que acabamos de descrever:

Dó a Ré (tom), Ré a Mi (tom), Mi a Fá (meio tom), Fá a Sol (tom), Sol a Lá (tom), Lá a Si (tom), Si a Dó (meio tom)

Essa escala em particular é tão fácil de entender — e citada tão frequentemente — precisamente porque usa apenas as teclas brancas do piano, pulando todas as teclas pretas. Mas podemos criar uma escala maior de *qualquer* ponto de partida usando o mesmo esquema. Tudo o que precisamos fazer é garantir que a sequência de intervalos seja a mesma e pulemos as teclas nos lugares certos.

EXPERIMENTE

Aqui está um exemplo. Comece na nota Ré. Se você pular as teclas exatamente como descrito no padrão (tom-tom-meio tom-tom-tom-tom-meio tom), verá que tocará teclas pretas aqui e ali, como mostra a Figura 11-38. E está tudo bem.

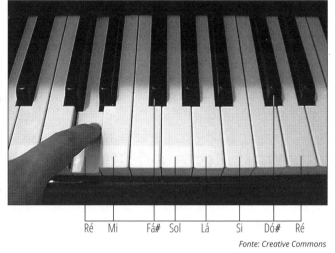

FIGURA 11-38:
Uma escala maior pode começar em qualquer lugar, até em um Ré, se você pular as teclas na sequência certa.

Fonte: Creative Commons

Fantástico, não? Não importa em que nota você comece — branca ou preta —, pode tocar uma escala maior se passar pelos tons e meios tons na ordem prescrita. Você pode até escrever acidentalmente um supersucesso no processo.

Montando uma Melodia

Não existe uma melodia que *não seja* feita de uma combinação de escalas e intervalos — exatamente as escalas e intervalos que discutimos nas seções anteriores. Se você falar o nome de uma música de sucesso, podemos lhe mostrar que uma nota se conecta à anterior usando apenas escalas e intervalos.

CONFIRA

Obras clássicas não são diferentes. A Figura 11-39, por exemplo, mostra a melodia do terceiro movimento da Sinfonia nº 4 de Brahms, que você pode ouvir online no site da Alta Books [procure pelo título do livro] na Faixa 5.

Se ouvir essa peça apresentada em um concerto, provavelmente lerá no programa uma análise parecida com esta:

> Na abertura do terceiro movimento, Brahms emprega um fragmento de uma escala de Dó Maior descendente.

FIGURA 11-39:
É Brahms!

Fonte: Creative Commons

Agora você pode sorrir presunçosamente, sabendo exatamente o que esse termo quer dizer. Se tocar a melodia em um piano, descobrirá que começa em uma escala de Dó Maior, *descendo* — Dó, Si, Lá, Sol, Fá. Como não é uma escala inteira, apenas cinco notas, chama-se *fragmento* de escala. Você não queria que os formulários do imposto de renda fossem tão fáceis de traduzir assim?

Bidimensional: Peça e Harmonia

Agora, se a *melodia* fosse o único componente musical válido, os seres humanos poderiam ter nascido com apenas um dedo. Poderíamos tocar todas as peças musicais do mundo no piano, uma nota de cada vez.

Mas a música, mesmo na partitura, tem mais de uma dimensão. A qualquer momento, você escuta mais do que a nota melódica. A seguir é possível escutar um grupo específico de notas adicionais que formam a *harmonia* — o acorde. (Veja a Figura 11-40.)

FIGURA 11-40:
A forma bi-dimensional da música — melodia e harmonia.

Fonte: Creative Commons

Para identificar uma harmonia com certeza, é preciso de pelo menos três notas tocadas simultaneamente. Acordes de jazz podem ter quatro, seis ou até mais, mas três notas são o mínimo.

Estudar harmonia é como estudar matemática: as complexidades e inter-relações dos vários acordes podem ser iluminadoras e viciantes, mas entendê-los não é uma tarefa para um dia. Ainda assim, é preciso obter muito mais da música que você escuta, mesmo se entender a ideia básica — que é exatamente o que pretendemos explicar a você.

Acordes maiores, menores e insignificantes

É possível criar centenas de diferentes tipos de acordes. Largue a mão de um jeito aleatório nas teclas do piano e seu pianista de jazz do bar local poderá alegremente dizer o nome do acorde. Ele pode levar 3 minutos para *conseguir* terminar de falar — "É um Mi bemol menor com sétima e uma quinta diminuta sobre Ré" —, mas conseguirá.

Felizmente, para o amante da música clássica, a grande maioria dos acordes usados nela se encaixa em dois tipos: *maior* e *menor*.

DICA

Para criar um acorde, primeiro escolha a nota inferior: a *fundamental*. Para esse exemplo, especialmente se tiver um piano por perto, escolha o Dó Central. Você já sabe a primeira parte do nome do acorde: será um "Dó *alguma coisa*".

Para escolher as outras duas notas desse acorde, conte com seu conhecimento de intervalos. Um acorde *maior* é feito ao adicionar duas notas: uma terça maior acima da nota fundamental e uma quinta maior acima da mesma nota raiz. No piano, esse acorde se parece com o diagrama mostrado à esquerda na Figura 11-41.

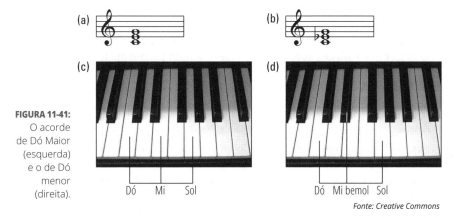

FIGURA 11-41: O acorde de Dó Maior (esquerda) e o de Dó menor (direita).

Fonte: Creative Commons

O acorde que você acabou de tocar (ou imaginou tocar) é chamado de acorde de *Dó Maior*. Qualquer pianista do planeta sorrirá para você reconhecendo instantaneamente se disser "Dó Maior" em uma reunião pós-concerto. Tal pianista pode até ficar mais impressionado se você disser *tríade* de Dó Maior, porque, afinal, ele contém três notas. (Aliás, se disser apenas "acorde de Dó", as pessoas vão supor que você quer dizer "acorde de *Dó Maior*".)

Então, agora, se diminuir a nota do meio para que fique uma terça *menor* acima de Dó, em vez de uma terça maior, obterá a configuração mostrada à *direita* na Figura 11-41. Esse acorde, é claro, é chamado de acorde de *Dó menor*.

LEMBRE-SE

Note que, enquanto um acorde maior soa brilhante e feliz, um acorde menor soa mais triste, perturbado ou até, às vezes, malvado (se tocado vigorosamente). Confie em nós: a natureza feliz/triste dos acordes maiores e menores nunca foi perdida nas composições para os programas de TV e filmes a que você assiste. É raro um filme de perseguição com música de fundo que não foi deliberadamente preenchida com acordes *menores* — ou um raro filme de esportes que não acaba com acordes *maiores* triunfantes quando o grupo de azarões vence a final e a torcida vai ao delírio.

Em sua vida musical, eventualmente ouvirá sobre outros tipos de acordes: diminuto, meio diminuto, aumentado, dominante, com sétima, e assim por diante. Cada um tem um som característico, cada um contém notas em intervalos específicos sobre a nota raiz e nenhum é usado tão frequentemente quanto os tipos maiores e menores, que você acabou de criar.

Amigos e relações: Progressões harmônicas

Agora, ouvir uma peça musical inteira em que a harmonia nunca *muda* seria realmente tedioso. (Por outro lado, vários grupos de heavy metal fizeram milhares de músicas compostas exatamente dessa forma.)

Portanto, pelo menos na música clássica, o curso normal dos eventos é que a harmonia (acorde) tocada por baixo da melodia *mude* de tempos em tempos. Músicos chamam isso de *progressão harmônica* (ou progressão de acordes). Mas, se quiser que sua peça soe "normal", não pode simplesmente mudar os acordes *aleatoriamente*, um acorde de Dó Maior aqui, um acorde de Fá Sustenido menor ali. Em vez disso, apenas certos acordes soam bem depois do acorde que você usou para começar.

PAPO DE ESPECIALISTA

O engraçado é que certas progressões de acordes têm um som tão natural que têm sido usadas repetidamente ao longo da história. "Blue Moon", "Heart and Soul", "Stand by Me" e "Stay Just a Little Bit Longer", por exemplo, bem como centenas de outras músicas, todas têm esta sequência de acordes: Dó Maior, Lá menor, Fá Maior e Sol Maior, e voltam para Dó Maior. Na verdade, se tocarmos quase qualquer música pop da década de 1950, por exemplo, é possível parar em qualquer ponto e poderemos *prever* o próximo acorde, mesmo que nunca tenhamos a escutado antes.

Amigos, romanos e progressões de acordes

Tudo bem, nós mentimos. Parece que "Blue Moon", "Heart and Soul" e "Stay Just a Little Bit Longer" têm essa sequência de acordes Dó Maior, Lá menor, Fá Maior e Sol Maior *apenas* se tocadas no tom de Dó Maior. E se você procurar em seus velhos discos, descobrirá que *não eram* todas tocadas em Dó Maior. Algumas eram tocadas em tons mais agudos ou mais graves, para encaixar as vozes dos ídolos adolescentes que as cantavam.

Esse pequeno detalhe deixa os especialistas em teoria musical, como nós, em um dilema. Como podemos afirmar que todas essas músicas usam os mesmos *padrões* de harmonia subjacente, usando os mesmos acordes *relativos à nota inicial*, se cada um tem, na verdade, uma nota inicial diferente? **Resposta:** Referindo-se a elas por *número*, usando "um" para se referir à nota inicial. E use numerais romanos para fazer o sistema parecer mais acadêmico.

Se Dó é sua nota inicial, por exemplo, pode atribuir numerais romanos, como mostrado na Figura 11-42.

FIGURA 11-42: Começando em Dó, referencie diferentes tons usando numerais romanos.

Fonte: Creative Commons

Com esse sistema, nossa sequência favorita de acordes de músicas pop dos anos 1950, anteriormente conhecidas como Dó/Lá menor/Fá/Sol/Dó, é notada com mais simplicidade como I vi, IV, V, I. Pronuncia-se "primeiro, sexto, quarto, quinto, primeiro". (Em estudos de música clássica, os numerais em letras minúsculas indicam acordes *menores* e os em letras maiúsculas, os maiores.)

Agora, usando esses mesmos numerais romanos, é possível mudar a música para outros tons. Esteja você cantando um dos sucessos da década de 1950 em Dó, Si bemol, Fá dobrado Sustenido ou qualquer que seja o tom, os numerais romanos desses acordes são sempre os mesmos: I, vi, IV, V, I. Esse padrão específico dá um ar de familiaridade para os violeiros de luau do mundo todo.

Ouvindo as velhinhas

Então, o que tudo isso tem a ver com a música clássica? Bem, é possível aplicar esses rótulos harmônicos úteis em numerais romanos a qualquer peça já tocada. Embora as sequências de acordes não sejam tão previsíveis como foram na década de 1950, certos padrões familiares ainda surgem.

Uma grande maioria das peças de música clássica, por exemplo, *termina* com os mesmos acordes: V-I. ("Quinto-primeiro", se lido em voz alta.) No tom de Dó Maior, V-I significa que o acorde de Sol Maior é seguido pelo acorde de Dó Maior. Se conseguir tocar esses dois acordes (ou mesmo essas duas *notas*, Sol e Dó) em um piano, elas devem soar familiares — especialmente se você for e voltar com elas um milhão de vezes bem rápido (um clichê de muitos momentos finais de sinfonias clássicas).

Enquanto estamos no assunto de progressões de acordes finais, confira também o V-I ("quarto-primeiro") no piano. (No tom de Dó, esse é um acorde de Fá seguido por um acorde de Dó.) Essa é a sequência de acorde "A-mém" que termina praticamente todo hino de igreja.

Entender essas relações entre acordes pode ser útil em duas ocasiões em sua vida futura. Primeiro, se você começar a reconhecer padrões de acordes familiares e recorrentes, terá uma posição melhor para apreciar como os compositores clássicos os fizeram *soar* frescos e interessantes — escrevendo acima dessas harmonias melodias inteligentes e surpreendentes, ritmos e orquestração, por exemplo. Segundo, você pode muito bem encontrar referências a essas progressões de acordes famosas (especialmente V-I) nas notas de programas de concertos ou gravações que escuta. Se ler que "Beethoven, no início, dependia frequentemente de I-V", saberá que isso não significa uma intravenosa.

Coloque no Liquidificador e Bata Bem

Neste capítulo desafiador, você escutou sobre o componente *horizontal* da música (a melodia) e sobre o componente *vertical* (a harmonia). Antes de liberarmos seu cérebro para uma hora ou duas desprovida de intelectualidade assistindo à TV ou tomando um banho de banheira relaxante, somos obrigados a apontar que essas duas dimensões estão *relacionadas*. Você, como os compositores clássicos já mortos, não pode inventar uma melodia imperiosa e a colocar com qualquer sequência velha de acordes, mesmo que *seja* a sequência de "Blue Moon". As duas são concebidas e escritas simultaneamente, e uma afeta a outra.

PARA VIRTUOSOS

Você pode provar isso para si mesmo examinando quase qualquer grande melodia — clássica, de rock ou qualquer outro estilo popular. Você descobrirá que muitas melodias foram criadas ao *soletrar* as notas do acorde (harmonia) sendo tocadas abaixo delas! Lembra-se de quando tocou (ou imaginou tocar) um acorde de Dó Maior no piano? As três notas que você tocou foram Dó, Mi e Sol. E eis que essas são as três notas que constituem a melodia de muitas músicas que começam com um acorde de Dó, como na Figura 11-43.

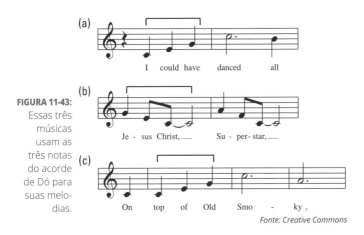

FIGURA 11-43: Essas três músicas usam as três notas do acorde de Dó para suas melodias.

Fonte: Creative Commons

Muito criativo, não? Para escrever a melodia, esses compositores simplesmente tocaram as três notas do acorde, uma de cada vez!

Em outros casos, o compositor *baseou* a melodia nas notas do acorde, mas inventou notas intermediárias (conhecidas nos círculos de teoria musical como *notas de passagem*). Contudo, no exemplo da Figura 11-44, ainda é possível encontrar as notas Dó, Mi e Sol familiares formando a base da melodia.

FIGURA 11-44: Notas de passagem em abundância.

Fonte: Creative Commons

Está conseguindo entender? O ponto é que você pode compor melodias suas, e esse truque — usar as três notas que formam o acorde como a base — é uma ótima maneira de começar. Beethoven, Mozart e Elton John, todos fizeram isso. Você estaria em ótima companhia.

Seu Diploma de Teoria Musical

Se ainda está conosco, isso é incrível. Agora você tem uma compreensão de como o ritmo, o tom, os intervalos e as escalas formam a base da melodia e de como acordes maiores, menores e outros formam a harmonia — o que o torna mais conhecedor do que 99,99% do mundo de não músicos. Você não só entende do que as pessoas estão falando em conversas sobre música (e em livretos de programa de concertos), mas pode até ser capaz de identificar escalas, acordes e intervalos enquanto os escuta.

E então *isso* acontece, e é uma sensação ótima: até mesmo músicas não conhecidas têm elementos familiares, deixando-o muito mais à vontade, não importa aonde seus ouvidos o levem.

NESTE CAPÍTULO

» Entendendo em que altura tocar

» Entendendo em que velocidade tocar

» Sabendo quais instrumentos tocar

» Acesse os áudios no site da Alta Books (procure pelo título do livro)

Capítulo **12**

Mais uma Vez, com Sentimento: Tempo, Dinâmica e Orquestração

Se você leu o Capítulo 11 (e ainda está alerta e não foi até o bar da esquina), está consciente de quanto trabalho os compositores têm para escrever suas obras-primas. Eles se imergem nos melhores pontos das notas, ritmos, tons, compassos, armaduras de clave e pausas. No entanto, apesar de todos esses detalhes, sempre que o trabalho de um compositor é apresentado, a música acaba soando diferente do que ele pretendeu! O maestro e os músicos que apresentam o trabalho podem fazer a peça soar muito pior do que o compositor imaginou — ou muito melhor.

A música é uma arte colaborativa. O compositor não é o único participante em uma longa linha de tipos criativos que ficam entre a partitura original e seus ouvidos. Os filmes e as peças de teatro também são assim; um ótimo roteiro pode virar um filme ruim por atuação e direção ruim. A diferença, é claro, é que o roteirista, ainda assim, ganha US$500 mil, enquanto até os maiores compositores da história geralmente sofreram apenas para conseguir pagar o mínimo do cartão de crédito — uma tradição que continua até hoje.

Este capítulo explica por que a mesma composição pode soar completamente diferente, dependendo de quem a apresenta. Aqui você pode ler sobre as várias qualidades sentimentais, intangíveis e piegas da música que não podem ser especificadas precisamente, apenas interpretadas e sentidas.

Conheça a Dupla Dinâmica: Fraco e Forte

Dinâmicas são níveis de volume: suave, alto e todo o resto. A maioria dos compositores especifica exatamente o quão alto cada seção de música deve ser tocada. Eles fazem isso por meio de símbolos especiais, chamados de *marcações de dinâmica* — abaixo da música que devem afetar.

Felizmente, não é difícil entender as várias marcações de dinâmica. As Duas Grandes Letras que precisa saber são *p* e *f*, que basicamente significam "fraco" e "forte" em italiano. Qualquer uma dessas letras pode ser modificada por um *m*, que significa "médio". Os compositores usam essas letras em combinações como as da Tabela 12-1.

TABELA 12-1   Marcações de Dinâmica Desmistificadas

Marcação	Quer dizer	Significa
ppp	extremamente suave	*pianississimo*
pp	muito suave	*pianissimo*
p	suave	*piano*
mp	meio suave	*mezzo-piano*
mf	meio forte	*mezzo-forte*
f	forte	*forte*
ff	muito forte	*fortissimo*
fff	extremamente forte	*fortississimo*
fffff	ensurdecedor	*Mama mia!!!*

Como muitos alunos de música novatos, você deve estar perguntando: "Qual é o problema com essas palavras pretensiosas em italiano? Por que não usamos as marcações *f*, *m* e *a*, e falamos 'fraco', 'médio' e 'alto'? Então, tudo o que seria preciso fazer para '*muito* fraco' ou '*muito* alto' seria adicionar o M na frente... ou algo assim."

PAPO DE ESPECIALISTA

É, você tem razão. O engraçado é que isso foi exatamente o que os italianos *pensaram* que estavam fazendo quando criaram esses símbolos! Para eles, *piano* é a palavra para "fraco" e *forte*, para "alto". Não é culpa deles que o resto do mundo tenha escolhido o sistema deles e o utilizado desde então.

Querida, encolhi o AltoFraco™

Falando de italiano despretensioso, com base em nosso conhecimento recém-descoberto do termo *piano*, você pode achar peculiar o fato de que, sempre que diz o nome do instrumento de teclados mais popular de todos os tempos, o piano, está realmente falando "fraco" em italiano. Que nome ridículo para um instrumento, certo?

Bem, não se você considerar a história. Antes da invenção do piano, a alta sociedade tinha *cravos* em suas salas. Como discutimos no Capítulo 6, o cravo, em toda a sua classe, tem uma desvantagem decepcionante: não importa o quão forte ou fraco você toque uma tecla, o cravo lhe dá exatamente o mesmo volume. Até você o quebrar.

PAPO DE ESPECIALISTA

Portanto, quando o primeiro piano apareceu, por volta de 1709, a grande atração era você poder *mudar* o volume das notas enquanto tocava. Bata mais forte em uma tecla e o som sai mais alto. Bata mais suavemente, mais suave. Buscando capitalizar a característica mais atraente da nova invenção e convencer os milhares de donos de cravos a se atualizarem, os inventores deram o nome de AltoFraco™ para o novo instrumento — ou melhor, como eram italianos, *Fortepiano*. Eventualmente, devido à falta de comunicação, esse nome foi invertido para: *Pianoforte*. Como aconteceu, todas essas sílabas consumiam muito tempo das pessoas Classe A do século XVIII. Então, com o passar do tempo, elas começaram a usar a palavra *piano* para se referir ao novo instrumento.

Já a terceira marca musical em italiano — o prefixo *mezzo* (pronunciado "MET-zo") — obviamente significa "médio" ou "meio". Como em *mezzanine* (entre dois pisos — o equivalente a mezanino, em português). Ou *mezzo-soprano* (cantora feminina de voz meio alta). Ou *intermezzo* (música tocada entre duas outras peças). *Et cetera. Ad lib.* Isso é amor.

Usando grampos de cabelo italianos

A beleza da apresentação musical ao vivo, é claro, é que a música não faz mudanças bruscas de um nível de dinâmica para outro. Com mais frequência, ela cai e flui à medida que a emoção e a energia carregam os músicos.

Um compositor não consegue especificar realmente a emoção e a energia, mas *consegue* informar aos músicos que gostaria de uma mudança gradual de suave para forte. Para isso, ele escreve um V longo e deitado entre as duas marcações envolvidas, desta forma:

Esse símbolo, que significa tocar cada vez mais alto, é chamado de *crescendo* ("crê-TCHEN-do"). Esse termo musical, como os outros que conheceu neste livro, foram adotados por invejosos de outras formas de arte. Em um artigo esportivo, por exemplo, lemos "um crescendo de energia"; em revistas culinárias encontramos "um crescendo de sabor"; podemos até apostar que pelo menos uma newsletter da indústria hoteleira por aí já usou a frase "um crescendo de artigos de toalete".

É possível escutar alguns efeitos de crescendo poderosos acessando o site da Alta Books [procure pelo título do livro]. O último movimento da Sinfonia nº 6 (Faixa 7) de Tchaikovsky está cheio deles. Escute em 0:37, e preste atenção ao longo crescendo que começa em 6:57!

O símbolo oposto, que significa "ficar gradualmente mais suave", é chamado de *decrescendo* ("dê-crê-TCHEN-do") ou *diminuendo* ("di-mi-nu-EN-Do"). (Apostamos que você consegue adivinhar de onde essas palavras vêm sem nossa ajuda.) Esse símbolo se parece com isso:

Curiosamente, as palavras *grampo de cabelo* têm um significado real e específico nos círculos musicais. Significa um crescendo *seguido por* um diminuendo, desta forma:

Por outro lado, um diminuendo seguido por um crescendo (uma dinâmica mais rara) não tem um nome específico. Gostaríamos de sugerir *escova de dentes*.

Entrando na questão do gosto sonoro

Então, se um compositor escreve esses comandos elaborados "mais alto!" e "mais suave!" na partitura, por que a música não soa igual independente de quem a apresente?

Resposta: Quem pode dizer o que *é* alto? O público de shows de rock que bate cabelo certamente tem um limite de "alto demais" diferente de fãs de harpa. E até entre os entusiastas da música clássica o *grau* de alto, suave ou mudança de uma dinâmica para a outra pode variar, mesmo de um dia para o outro.

Mais uma coisa, só entre nós — não conte para ninguém: quando entramos no assunto de verdade, certos maestros e outros intérpretes que conhecemos às vezes *ignoram deliberadamente* as marcações de dinâmica e as substituem pelas próprias flutuações. Se acham que a música seria mais excitante, apaixonada ou eficaz com uma interpretação diferente das dinâmicas, frequentemente a mudam. Compositores de música clássica raramente reclamam quando suas dinâmicas são ignoradas. Mas, novamente, geralmente estão mortos.

Tendo Chiliques de Tempo

Compositores escrevem na partitura não só o volume em que a música deve ser tocada, mas também a velocidade. A velocidade de uma peça pode ser indicada de várias maneiras. A Tabela 12-2 lista alguns sucessos das marcações de tempo.

TABELA 12-2   Marcações de Tempo Compreensíveis

Marcação	Pronúncia	Significado
Adagio	"a-Dá-dgio"	Vagaroso, calmo
Lento	Exatamente o que parece	Devagar
Largo	Isso aí!	Muito vagaroso
Larghetto	"lar-GUE-to"	Menos lento que o Largo
Moderato	Desse jeito mesmo	Moderadamente
Andante	Como em português	Como quem passeia
Andantino	Adivinhou!	Um pouco mais rápido que o Andante
Allegretto	É só ler!	Razoavelmente depressa
Allegro	Assim mesmo	Depressa, rápido
Presto	Vamos lá, você sabe	Muito depressa, veloz
Prestissimo	"prés-TÍ-ssi-mo"	A polícia está atrás de você

Incidentalmente, a indicação de tempo às vezes inclui palavras para descrever o *caráter* da música além de seu tempo. Ela pode dizer "Com vigor", por exemplo,

"Violentamente", "Presunçosamente" ou "*Con brio*" (que sempre achamos que queria dizer "com queijo", mas na verdade significa "com espírito").

Como um bônus, o compositor também pode adicionar *marcas de metrônomo* à indicação de tempo — especificando uma velocidade exata na qual a música deve ser tocada. Para saber mais sobre marcações de metrônomo e como são ignoradas, veja o Capítulo 4.

Diferenciando a Flauta da Pauta: A Orquestração Facilitada

Além de volume e velocidade, outro fator importante em determinar como a música soa é quem a toca. Não estamos falando das *pessoas*; mas dos *instrumentos*.

Tocando com cores sonoras

A *orquestração* é a arte de atribuir todas as notas em uma obra musical específica a diferentes músicos da orquestra. Dependendo de como o compositor faz essas atribuições, pode mudar completamente o efeito que a música tem no público. As mesmas notas, que parecem nasaladas e afiadas quando tocadas por um oboé, podem soar suaves e doces quando tocadas em uma flauta. Multiplique essas variações pelos mais ou menos 30 tipos diferentes de instrumentos em uma orquestra padrão e você terá uma ideia das incríveis possibilidades disponíveis para o compositor.

Notando as orquestrações

Ao orquestrar, cada parte de cada músico é anotada em uma partitura gigante parecida com a da Figura 12-1.

A música do flautista é escrita na linha superior; o que o oboísta toca simultaneamente é escrito logo abaixo; a música do clarinetista fica abaixo disso; e assim por diante, em toda a página. A orquestração é algo complicado, porque você não pode simplesmente ir ao piano para descobrir como algo que você escreveu soa. Você deve "ouvir" seu trabalho na sua cabeça, pelo menos até o primeiro dia de ensaio com os músicos.

Quem é o orquestrador?

Atualmente, no mundo teatral da Broadway, o compositor nunca é o orquestrador. O compositor escreve a melodia e, talvez, a parte do piano, e outra pessoa é contratada para arranjar a música para a orquestra toda.

294   PARTE 4 **Espiando o Cérebro do Compositor**

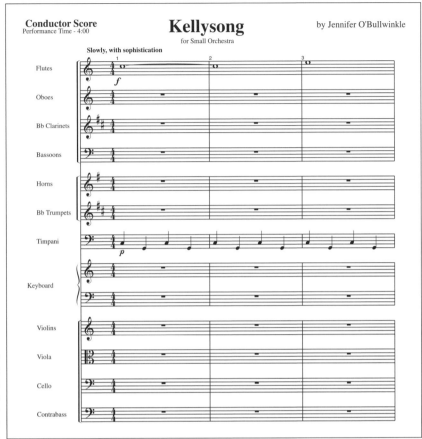

FIGURA 12-1: Uma folha de partitura mostrando qual instrumento toca o quê.

Fonte: Creative Commons

PAPO DE ESPECIALISTA

Antigamente (na época de nossos tataravôs), os compositores quase sempre orquestravam as próprias músicas. Eles serviam como seus próprios *copistas* também — encarregados de copiar todas as notas dessa partitura completa para partes individuais dos instrumentos, escrevendo todas as notas da flauta em um conjunto de páginas, as notas do clarinete em outro, e assim por diante. (Acredite se quiser, esse processo — tão demorado e tedioso na época de Beethoven — permaneceu demorado e tedioso até cerca de 1985, quando computadores pessoais finalmente entraram para o negócio.)

Para saber mais sobre instrumentos individuais que formam a paleta do orquestrador, veja a Parte 3. Por agora, só lembre que sempre que escutar uma obra de música clássica está ouvindo a representação de uma quantidade enorme de trabalho do compositor. Você não está só escutando melodias e harmonias; está as escutando tocadas por um grupo cuidadosamente escolhido de instrumentos.

CAPÍTULO 12 **Mais uma Vez, com Sentimento: Tempo, Dinâmica e Orquestração**   295

5

A Parte dos Dez

NESTA PARTE . . .

Descubra por que a concepção da maioria das pessoas sobre música clássica está completamente errada e como você as pode corrigir.

Prepare-se para uma festa sem estresse com conversas sobre música.

Descubra como tornar a gloriosa arte da música clássica uma parte permanente da sua vida.

Descubra as melhores piadas que até os músicos clássicos gostam de contar uns sobre os outros.

> **NESTE CAPÍTULO**
>
> » **Desmascarando mitos**
>
> » **Aproveitando lugares baratos**
>
> » **Descobrindo a verdade sobre os aplausos**

Capítulo **13**

Os Dez Equívocos Mais Comuns sobre Música Clássica

C omo em qualquer campo de atuação comentado sem parar por mil anos, algumas lendas e rumores sobre a música clássica surgiram. Permita-nos desmascará-los.

A Música Clássica É Chata

A música clássica pode ser a coisa mais excitante do mundo! Se você já teve ao menos uma pitada do Equívoco Número Um, nós temos a solução: escute o último movimento da Quarta Sinfonia de Tchaikovsky. Essa música é apaixonada, romântica e fervilha de amor à vida. Apostamos que ela terá um efeito verdadeiro e mensurável em seus batimentos cardíacos.

Contudo, poderíamos citar dezenas de peças decididamente nada chatas, como essa sinfonia, e *já citamos*. Escute as que mencionamos no Apêndice A e *então* diga-nos o que acha!

A Música Clássica É para Esnobes

A música clássica é para todos, incluindo esnobes. Mas nós, particularmente, não gostamos de esnobes. Preferimos andar com pessoas normais — para as quais os compositores escrevem.

Em qualquer arte, algumas pessoas acham que são, de certa forma, superiores só porque *sabem* mais. Elas desenvolvem a própria terminologia e a usam como uma senha para um clube exclusivo. Elas se encontram em coquetéis e revelam seu aprendizado. Até se vestem de forma parecida.

O mundo da música não é uma exceção. Esperamos que, em sua vasta superioridade, essas pessoas se lembrem de escutar, sentir e apreciar de vez em quando. Caso contrário, não absorverão nem metade do que você absorve da música!

Todos os Concertos de Música Moderna São Difíceis de Escutar

Você provavelmente já escutou trechos de música clássica do século XX ou XXI, isto é, música "de vanguarda", que soa estranha, dissonante, aleatória e inacessível. Muitos membros do público têm medo de escutar qualquer música clássica escrita depois de 1900.

Nós entendemos. Verdade, muitos trabalhos extremamente dissonantes foram compostos no século XX — o equivalente musical à "arte moderna" do expressionismo, surrealismo e modernismo. *Algumas* músicas que resultaram desses experimentos são realmente difíceis de escutar.

Mas um grande número de peças modernas é *bem fácil* de ouvir. Elas são incrivelmente bonitas: exuberantes, românticas e emocionantes. Odiaríamos que você perdesse uma delas. Resumindo: tudo depende do que você escuta.

Muitos compositores famosos que escreveram em um estilo extremamente carregado emocionalmente — o que chamamos de música romântica (incluindo Sergei Rachmaninoff, Antonín Dvořák, Richard Strauss, Nikolai

Rimsky-Korsakov, Camille Saint-Saëns, Jean Sibelius, Edvard Grieg e Gustav Mahler) — escreveram músicas *no* século XX. Bem como os compositores norte-americanos Samuel Barber, Aaron Copland e George Gershwin!

Então dê uma chance à música clássica do século XX — especialmente agora que estamos há muito no século XXI.

Ninguém Mais Escreve Música Clássica

O mundo da composição de música clássica está vivo e bem. Os conservatórios oferecem cursos em composição, bem como em performance, e recentemente novos compositores apareceram em cena.

Muitos desses novos compositores fizeram um esforço consciente de criar trabalhos melódicos e divertidos. Essa tendência pode ter sido um recuo da má reputação que a música clássica do século XX recebeu. Também pode ser uma resposta às carreiras incrivelmente lucrativas que alguns compositores de sucesso, como John Williams, conseguiram fazer no mercado do entretenimento.

Não esqueça que Beethoven viveu em uma época em que centenas de outros compositores (alguns dos quais eram muito mais famosos na época) escreviam música realmente medíocre. Nós nos esquecemos deles. Mas não estamos felizes por Beethoven ter nascido? Em algum lugar do mundo, um futuro Beethoven pode estar se preparando hoje.

Você Precisa Se Arrumar para Ir a uma Sinfonia

Esse equívoco evita que alguns futuros amantes da música clássica coloquem o pé em uma sala de concertos. Se você quiser se arrumar, tudo bem. Mas não se sinta na obrigação de fazer isso. E, por favor, não deixe que uma coisa simples como essa evite que você vá a um concerto. (Veja o Capítulo 4 para saber muito mais sobre esse assunto.)

Se Você Nunca Ouviu Falar do Artista Convidado, Ele Não Deve Ser Bom

O mundo dos concertos *é cheio* de músicos incríveis, e apenas alguns podem ser famosos de cada vez. Os músicos cujos nomes você escuta, principalmente os violinistas e pianistas, ganham regularmente entre US$50 mil e US$100 mil por uma única apresentação.

São raras as organizações musicais que podem contratar um solista desse calibre para todos os concertos. Então muitas orquestras buscam músicos menos conhecidos, normalmente vindos direto do conservatório.

DICA

Alguns desses músicos tocam *muito melhor* do que esses nomes famosos. Primeiro porque são jovens e cheios de talento e energia. E, segundo, porque *precisam* tocar bem para fazer seu nome. Em contraste, alguns dos talentos mais estabelecidos desistiram de praticar há anos.

Se uma orquestra em sua área estiver apresentando um solista sobre o qual você nunca ouviu falar, a probabilidade é de que ele seja fantástico. Caso contrário, não teria sido escolhido entre milhares de outros disponíveis.

Músicos Profissionais Têm Vida Fácil

Recentemente, em uma festa, pediram a uma pianista amiga nossa que fosse ao piano e tocasse alguma coisa. Ela se sentou para tocar, mas de má vontade. Sua falta de entusiasmo surpreendeu as pessoas: por que um músico hesita em tocar? Afinal de contas, músicos podem fazer o que amam o dia todo!

Na verdade, *o dia todo* é uma expressão perfeita para isso. Para sobreviver, a maioria dos músicos profissionais deve ter vários empregos: um cargo de período integral em uma boa orquestra, um "freela" de meio período em uma nem tão boa, apresentações solo, shows em quartetos, e horas e mais horas de prática e ensino.

Músicos profissionais começam seu treinamento na primeira infância — às vezes muito cedo, aos 3 anos! Mas embora o músico clássico profissional médio passe mais anos em treinamento intensivo do que um médico ou um advogado, a sociedade não dá o mesmo valor a esse treinamento. Apenas nas orquestras sinfônicas ou de ópera mais respeitadas um músico consegue sobreviver com apenas um emprego.

Então, por favor, entenda se a pianista fora do horário de trabalho não quiser sentar e tocar em uma festa em que é convidada. Ela é uma profissional, toca o dia todo. Pedir a ela "toque algumas músicas" é o mesmo que pedir a um dentista "arranque alguns de nossos dentes"!

Os Melhores Lugares São na Frente

Em 99% dos auditórios do mundo, os *piores* lugares são no centro da primeira fila! Os melhores lugares são no fundo, bem lá em cima, no balcão mais alto. Se você se sentar na frente, suas orelhas estarão no nível ou abaixo do nível do próprio palco. Os músicos, que estão em cima do palco, enviam sua linda música por cima da sua cabeça, para os lugares mais baratos. No fundo da sala de concerto, o som teve mais chance de se misturar e é possível escutá-lo em toda a sua glória. Veja o Capítulo 4 para saber mais sobre esse fenômeno.

Aplaudir entre os Movimentos É Ilegal, Imoral e Engorda

Uma regra não dita em muitos concertos de música clássica está relacionada aos aplausos. Quando uma obra musical consiste em mais de um movimento (ou seção), a tradição recente defende que não se deve aplaudir entre os movimentos, mas, sim, esperar até que tudo acabe. Alguns esnobes da música clássica são tão insistentes nessa regra que o repreenderão (com um olhar) por ousar a desobedecer.

Como mencionado no Capítulo 4, achamos essa tradição boba. Mas, surpreendentemente, a "Política do Não Aplauso" não é só boba — também é uma invenção relativamente recente. Quando a maioria das grandes obras-primas antigas era apresentada pela primeira vez, o público não só aplaudia (ou vaiava, gritava ou fofocava) entre os movimentos, mas frequentemente expressava-se bem no *meio* de um movimento também. Às vezes um único movimento era tão popular que o público exigia que fosse repetido na hora! Na verdade, a palavra *encore* (o nosso bis) significa literalmente: "Toque de novo!"

A verdade é que, nos velhos tempos, obras que agora são sempre apresentadas juntas — assim como os quatro movimentos de uma sinfonia — muitas vezes eram divididas. Um concerto famoso da época de Beethoven consistia dos dois primeiros movimentos de sua última sinfonia seguidos por um concerto para piano, algumas árias de concerto para cantores e orquestra e, então, os dois *últimos* movimentos da sinfonia. Já era a ideia de que separar as partes uma da outra é blasfêmia. Se aplaudir entre os movimentos estava bom o bastante para Beethoven, é bom o bastante para nós.

CAPÍTULO 13 **Os Dez Equívocos Mais Comuns sobre Música Clássica** 303

A Música Clássica Não Pode Mudar Sua Vida

Esse último equívoco é o maior de todos. Se as pessoas soubessem a verdade, como nós, todos seriam amantes da música clássica.

A razão de a música clássica se tornar uma obsessão para tantas pessoas, incluindo nós, é que ela tem um poder incrível. Esse poder pode ser comparado ao poder da natureza, da religião ou até ao poder de uma personalidade incrivelmente magnética e poderosa. Se entrar em consonância com ela e estiver dentro de sua esfera de influência, é impossível permanecer igual.

Esperamos que este livro o ajude a se sintonizar à força positiva da música clássica. Esperamos que queira experimentar mais. E esperamos que essa arte incrível continue a o mover e mudar enquanto viver.

> **NESTE CAPÍTULO**
>
> » **Entendendo o que estão dizendo**
>
> » **Dominando algumas palavras italianas**
>
> » **Usando jargões como um profissional**
>
> » **Acesse os áudios no site da Alta Books (procure pelo título do livro)**

Capítulo **14**

Os Dez Melhores Termos Musicais para Festas

Em uma festa, você escuta esta conversa típica (e extremamente realista). Quanto consegue entender dela?

André: Você ouviu o concerto ontem à noite?

Zubin: Se ouvi? *Se ouvi*? Foi o ponto alto da minha vida!

André: Ah, eu concordo. Incrível. Do primeiro momento das *Três Peças* de Berg, notei o quanto o público estava atento — até para uma música *atonal* como aquela!

Zubin: E eu senti que Kurt regeu de uma maneira que trouxe as melodias com uma clareza incrível, mesmo entre uma *orquestração* tão cheia.

André: O que você achou do *concerto* de violino que veio depois?

Zubin: Magistral. O jeito que Isaac tocou — como nos velhos tempos. Sua *entonação* estava perfeita.

André: Sim — e no *concerto* de Brahms ainda por cima. Uma das peças mais difíceis do *repertório*. Ele deve ter praticado até os dedos sangrarem.

Zubin: Exatamente. Sabe, durante a *exposição*, fiquei pensando: "Conheço esta obra extremamente bem, e ainda sinto que a estou escutando pela primeira vez." Seu uso de *rubato* foi surpreendente.

André: O *tempo* estava um pouco lento.

Zubin: Mas eu gosto assim. Dá pra ouvir todo o *contraponto*.

André: O que você achou da *cadenza?*

Zubin: Incrível. Eu nunca escutei ninguém tocar tão bem, com um *crescendo* tão dramático para o final. Fiquei sem ar.

Essa conversa usa todos os 11 dos Dez Melhores Termos Musicais para Festas a seguir, que você dominará com este capítulo.

Atonal

A maioria das músicas é baseada em harmonias e escalas. Dizemos que está em um tom (Dó, por exemplo) e é *tonal.* Mesmo sem conhecimento de teoria musical, é possível dizer que as notas estão "certas". Mas algumas músicas modernas são extremamente dissonantes. Não dá para dizer que está no tom de Dó; não dá para dizer que está em *qualquer* tom específico. Ou seja, não é tonal — é *atonal.*

Cadenza

Perto do fim de quase todo movimento de um concerto há um momento quando tudo parece parar — exceto o solista. Ele decola em um improviso, sozinho, em um solo elaborado que dura entre 10 segundos e 5 minutos. Esse solo é chamado de *cadência*: um momento imaginado pelo compositor para o solista se exibir.

Concerto

Um *concerto* ("con-TCHER-to") é uma peça musical para solista com orquestra. Normalmente o solista se senta ou fica em pé na frente do palco e toca a melodia enquanto a orquestra o acompanha. Nos melhores concertos, o solista e a orquestra realmente parecem conversar musicalmente. O *concerto* é, de longe, a parte mais chamativa de qualquer programa de concerto, e muitas pessoas só vão a um concerto de orquestra sinfônica para experienciar um solista conhecido.

CONFIRA

É possível ouvir um movimento de um concerto acessando o site da Alta Books [procure pelo título do livro] e escutando a Faixa 3: o movimento final do Concerto para Piano nº 22, de Mozart.

Contraponto

O contraponto é uma combinação de duas ou mais melodias diferentes que soam bem juntas. A música de Johann Sebastian Bach, por exemplo, é cheia de contrapontos poderosos. Um instrumento ou voz toca uma melodia enquanto o outro toca a segunda melodia. A cada momento, as notas simultâneas funcionam bem juntas.

CONFIRA

Acesse o site da Alta Books [procure pelo título do livro] e escute a Faixa 2 para um exemplo glorioso do contraponto de Bach. Escute como as vozes entram uma de cada vez e imitam umas às outras, começando em 2:22.

Crescendo

Na música, um compositor escreve crescendo ("cre-TCHEN-do") sempre que quer que os músicos toquem gradualmente mais alto. Crescendo não significa "clímax", embora algumas pessoas utilizem o termo dessa maneira, como em: "A música subiu a um crescendo." A maneira certa de usar esse termo seria: "A música fez um crescendo até o clímax!"

Exposição

É a parte inicial de uma peça, em que os temas principais são escutados pela primeira vez. A maioria das sinfonias tem uma exposição no primeiro movimento. Para saber mais sobre exposições, veja o Capítulo 3.

Entonação

Entonação é afinação. Se um músico se apresenta com boa entonação, ele está afinado. Se sua entonação for ruim, está desafinado.

Orquestração

Se um compositor escreve uma nova peça para orquestra, geralmente não escreve todas as linhas instrumentais imediatamente. Apenas esboça uma versão simples primeiro — talvez só para piano. Seu trabalho seguinte é descobrir o que cada instrumento tocará. A arte de atribuir melodias diferentes para instrumentos diferentes é chamada de *orquestração*. (Para detalhes, veja o Capítulo 12.) A palavra *orquestração* também pode se referir ao número de músicos que toca em um dado momento, como em "orquestração cheia" ou "orquestração rala".

Repertório

Esse termo significa "uma lista de peças disponíveis para tocar". *O repertório para piano* se refere a todas as obras para piano comumente tocadas. *Meu repertório* refere-se a todas as peças que eu posso tocar. *O repertório da noite* se refere a todas as peças que serão apresentadas naquela noite.

Rubato

Um músico usa *rubato* fazendo leves variações no tempo pelo bem da expressão musical. Essa palavra originalmente significava "roubado", como em usar um tempo extra para tocar uma frase e depois "devolver" acelerando mais tarde (ou vice-versa).

Tempo

Tempo significa "velocidade". Os alemães usam a palavra *tempo* para se referir à velocidade de direção: um tempo de 150km/h, por exemplo. Na música, referimo-nos a um certo número de batidas por unidade de tempo: 150 batidas por minuto, por exemplo.

Usando Seu Domínio
Recém-descoberto

Agora que você entende os Dez Melhores Termos Musicais para Festas, veja se consegue entender a conversa a seguir, escutada em um camarim de um pianista, nos bastidores, logo antes de um concerto:

Vladimir: Qual é o problema, Rudolf? Por que está chorando?

Rudolf: É esse *concerto* de Rachmaninoff. Eu não consigo dominar a *cadenza.*

Vladimir: Bem, e quando a apresentará?

Rudolf: Em 20 minutos. Faz parte do *repertório* desta noite.

Vladimir: Então precisamos trabalhar rápido. Toque-a para mim.

Rudolf: Tudo bem. *(Toca.)*

Vladimir: Bem, aqui está seu primeiro problema, Rudolf. O *tempo* está rápido demais.

Rudolf: Ah, mas esse é o tempo da *exposição.* Eu queria ser consistente.

Vladimir: Besteira. Toque mais devagar. Agora, aqui, enfatize este *contra-ponto* entre as mãos esquerda e direita.

Rudolf: Tudo bem. *(Toca novamente.)* O que você acha deste *rubato?*

Vladimir: Esplêndido. Agora faça um *crescendo* aqui para antecipar a *orquestração* completa quando todos voltarem a tocar.

Rudolf: Assim?

Vladimir: Ai, minha nossa, o que você está fazendo? Você fez isso soar *atonal!*

Rudolf: Não, não, essa é só a *entonação* neste piano. Ele está terrivelmente desafinado.

Vladimir: Ah, entendi. Não importa. Mas o piano no palco, *esse* foi afinado, certo?

Rudolf: Sim, é claro! *(Ambos riem bastante.)*

CAPÍTULO 14 **Os Dez Melhores Termos Musicais para Festas** 309

310   PARTE 5 **A Parte dos Dez**

NESTE CAPÍTULO

» Achando graça na música clássica

» Adicionando algumas piadas bem ruins ao seu repertório

» Tirando sarro das violas (de novo)

Capítulo **15**

As Dez Melhores Piadas de Música Clássica

M úsicos clássicos trabalham mais do que qualquer pessoa que conhecemos. No fim do dia, eles *realmente* relaxam. Este capítulo apresenta algumas das piadas que os músicos gostam de contar.

Mestre de Todos

Três maestros famosos — George Szell, Leonard Bernstein e Herbert von Karajan — estavam discutindo qual deles era o melhor.

"Eu acredito que eu seja o melhor", disse Szell, "porque eu peguei uma orquestra relativamente desconhecida e a transformei em uma das melhores do mundo".

"Bem, eu acredito que *eu* seja o melhor", respondeu Bernstein, "porque sou compositor além de maestro. Quando estou regendo música, sinto a alma de quem a compôs. E quando estou regendo as minhas Missas, o próprio Deus me inspira."

Para o que Karajan respondeu: "Não inspiro, não!"

A Filarmônica Divina

Uma grande violinista morreu e foi para o céu. Mas quando entrou para a Filarmônica Celestial, descobriu, para sua surpresa, que estava sentada bem no fundo da seção de violinos.

Quando olhou à sua volta, descobriu o porquê. À sua frente estavam todos os melhores violinistas da história: Paganini, Heifetz, Joachim... todos estavam lá. De maneira similar, todas as outras posições da orquestra estavam preenchidas pelos maiores virtuosos de todos os tempos.

Então o maestro entrou, ergueu sua batuta e começou a marcar o tempo — mas não tão bem, para dizer a verdade. Seu tempo era confuso e desleixado, e suas ideias musicais não eram bem pensadas.

Nossa amiga violinista virou para sua parceira de estante e perguntou: "Quem é aquele, afinal?"

"Ah", respondeu sua colega de estante, "aquele é Deus. Ele acha que é maestro".

Encontros de Metais

Uma mulher foi a um encontro com um trompetista. Quando voltou, sua colega de quarto perguntou: "E aí, como foi? As habilidades dele no trompete o fazem beijar bem?"

"Nada", respondeu ela. "Aquele beiço seco, retesado e pequeno — não teve a menor graça."

Na noite seguinte, ela saiu com um tubista. Quando voltou, sua colega de quarto perguntou: "Bem, como ele beija?"

"Aff!", exclamou ela. "Aqueles pedaços de carne enormes, borrachudos, inchados e babados — ai, foi nojento!"

Na outra noite, ela saiu com um trompista. Mais uma vez, sua colega perguntou: "E aí, como *ele* beija?"

"Bem", respondeu ela, "o beijo foi mais ou menos, mas adorei o jeito que ele me segurou!"

O Finado Maestro

O famoso maestro finalmente faleceu, mas sua agência continuava a receber ligações de pessoas querendo falar com ele. "Sinto muito, ele faleceu", era a resposta padrão.

Finalmente, a recepcionista começou a notar que a mesma pessoa parecia estar fazendo todas essas ligações. Ela finalmente perguntou por que fazia isso.

A resposta: "Eu era da orquestra dele e adoro ouvir você dizer isso."

Os Baixos Dão um Tempo

Na Nona Sinfonia, os contrabaixistas não tinham nada para fazer. Nem uma nota por 20 minutos.

Portanto, em um concerto específico, os contrabaixistas decidiram que, depois de tocar suas partes na abertura da sinfonia, largariam silenciosamente seus instrumentos, sairiam do palco e visitariam o bar ao lado do salão de concertos por um tempo. Eles planejaram retornar bem na hora de tocar suas notas finais.

Mas foi isso o que aconteceu: depois de dez minutos no bar, dois dos contrabaixistas desmaiaram, e o resto dos músicos da seção estava bem bêbado. Finalmente, um deles olhou para o relógio e exclamou: "Olha a hora! Vamos chegar atrasados!"

No caminho de volta para o salão de concertos, o baixista que havia sugerido a excursão disse: "Acho que ainda temos tempo — achei que algo assim poderia acontecer, então amarrei uma corda em volta das últimas páginas da partitura do maestro. Quando ele chegar a esse ponto da partitura, terá que diminuir muito o tempo enquanto agita a batuta com uma das mãos e manuseia a corda com a outra!"

Quando voltaram ao palco, descobriram que não perderam a entrada. Mas uma olhada para a cara do maestro disse a eles que ainda estavam em apuros.

Afinal de contas, era o final da Nona, os baixos estavam bêbados e a partitura estava amarrada, com dois homens desmaiados.

Violista Sem-teto

Um violista chegou em casa e a encontrou queimada. "Sentimos muito", o policial falou. "Aparentemente, o maestro da sua orquestra veio até sua casa, sequestrou sua esposa, roubou tudo o que tinha de valor e ateou fogo na casa."

Os olhos do violista brilharam de entusiasmo. "Mesmo? O maestro esteve *aqui?!?*"

O Túmulo de Ludwig

Um cara vai para Viena para prestar homenagem aos grandes compositores. Mas, quando chega ao cemitério, escuta um som estranho de arranhar vindo do túmulo de Beethoven.

Incapaz de se conter, ele abre a tampa do túmulo, e lá está o mestre há muito morto, riscando furiosamente a notação musical de um velho pedaço de papel.

"O que você está fazendo?", pergunta o cara espantado.

"O que acha que estou fazendo?", responde Beethoven. "Estou decompondo!"

Um Violista Chorão

O concerto estava para começar, e o violista principal não estava em lugar algum. O maestro correu para os bastidores e encontrou-o chorando no camarim.

"Qual é o problema?", perguntou o maestro.

"Ah, é o maldito contrabaixista principal", chorou o violista. "Ele desafinou uma das minhas cordas e não quer me dizer qual!"

A Vingança dos Músicos

P. Qual é o peso ideal de um maestro?

R. Cerca de 1kg, incluindo a urna.

Uma Última Piada de Viola

Uma orquestra norte-americana havia acabado de chegar à Europa para uma turnê de duas semanas. Uma hora antes do primeiro concerto, o maestro ficou muito doente e incapaz de reger, e a orquestra repentinamente precisava encontrar um substituto. A gerente da orquestra perguntou se algum membro podia assumir a regência. A única pessoa que se voluntariou foi o violista da última cadeira.

A gerente ficou nervosa. "Você não tem tempo para ensaiar", disse ela. "Terá que reger o concerto no seco."

"Eu sei. Tudo vai dar certo", disse o violista.

O violista regeu o concerto, e foi um tremendo sucesso. Como o maestro continuou doente, o violista regeu todos os concertos, recebendo críticas elogiosas e sendo aplaudido de pé todas as vezes.

Duas semanas depois, o maestro estava recuperado, e o violista voltou à seção das violas. Quando se sentou, seu parceiro de estante perguntou: "Onde *você* esteve nas duas últimas semanas?"

316   PARTE 5 **A Parte dos Dez**

> **NESTE CAPÍTULO**
>
> » Mergulhando no maravilhoso mundo da música clássica
>
> » Saindo com músicos
>
> » Tornando-se músico

Capítulo **16**

Dez Maneiras de Ter Mais Música em Sua Vida

á mais em apreciar a música clássica do que apenas ir a concertos uma vez por ano ou colocar música para tocar enquanto lava o carro. Vivemos em uma era em que formas alternativas de contato musical são abundantes, fáceis e divertidas. Não só escute música — *viva* a música! Este capítulo lhe dá dez ideias fáceis.

Envolva-se com Sua Orquestra

Se você vive perto de uma cidade com uma orquestra, não precisa ser um mero membro do público; pode se envolver muito mais. Por exemplo, como mencionamos no Capítulo 4, cada vez mais orquestras oferecem palestras antes do concerto para seu público: geralmente de graça, curtas (de 30 a 45 minutos) e incrivelmente interessantes.

CAPÍTULO 16 **Dez Maneiras de Ter Mais Música em Sua Vida** 317

A maioria das orquestras também oferece planos de assinatura, que lhe dão a chance de aproveitar a música clássica ao vivo por muito menos do que pagaria para ouvir todos os concertos individualmente. Dependendo do tamanho da orquestra ou série de concertos, uma assinatura pode conter entre 3 e 25 concertos, espalhados entre setembro e junho. Geralmente é possível escolher quantos e quais concertos quer ouvir.

A série de assinatura tem ainda outra vantagem: ela é concebida como um todo, o que significa que a orquestra determinou que esses concertos combinam. Algumas séries têm um tema: Música de Terras Distantes, por exemplo, ou Música sobre Comida ou Música para Se Aconchegar.

Orquestras e outras séries de concerto normalmente planejam suas temporadas para que os assinantes sejam apresentados constantemente a uma variedade de música interessante. Essas organizações sabem que, ao assinar uma série, você confia na habilidade deles de o ajudar a descobrir músicas novas, ano após ano.

Participe de uma Turnê de Música Clássica

"Participar de uma turnê de música clássica?", podemos ouvi-lo perguntar. "Como uma turnê de banda de rock? A gente viaja pelo país usando smokings tingidos de tie-dye? Ajudamos a carregar equipamentos? Passamos breu? Nossa, cara — isso é tão *andante!*"

Não, não, estamos falando sobre fazer uma turnê com *outros fãs de música*, não com os músicos. De vez em quando, grupos fazem turnês para algum lugar legal para conferir a música clássica. Algumas viagens são elaboradas e caras — para a Europa, por exemplo. Mas outras são muito mais modestas e acessíveis. Você pode encontrar um grupo que faça uma viagem de um dia para uma cidade próxima ou de apenas algumas horas de distância.

Há duas vantagens desse tipo de turnê: primeiro, você descobre tudo sobre a música que vai escutar de pessoas que adoram falar sobre isso; e, segundo, com certeza você fará amigos.

Conheça os Artistas — Seja uma Tiete

Isso é um segredo bem guardado: a maioria dos solistas clássicos convidados é tão amigável quanto você e eu. (Bem, pelo menos tanto quanto *eu*.) Eles *adoram* conhecer os fãs. Pense: eles estão em uma cidade estranha, por apenas um ou dois dias, e não conhecem ninguém lá. Estão sozinhos, entediados e deprimidos. Na verdade, uma visita amigável pode ser exatamente o que evitará que passem o tempo todo bebendo em seu quarto de hotel.

DICA

Só vá aos bastidores no fim do concerto (ou durante o intervalo, se o solista tocar apenas na primeira metade), e diga oi. Jogue papo fora. Convide-o para tomar uma bebida ou comer alguma coisa depois. Não se preocupe se não souber muito sobre música. Ele também não sabe muito sobre o que *você* faz.

Então, se a ideia de emboscar uma estrela é demais para você, considere entrar para as tietes da orquestra: pessoas que amam tanto uma orquestra que vão a todos os ensaios e concertos que possam ir sem ser presos.

Se você se tornar uma tiete, os membros da orquestra passarão a ser cada vez mais familiares. Você começará a ver os mesmos rostos.

Depois de um tempo, os membros da orquestra notam o *seu* rosto familiar também. Vá em frente e fale com eles. Na maior parte do tempo, eles são amigáveis e até gratos por alguém reservar um tempo para ouvi-los repetidamente. Quando você se torna uma tiete da orquestra, cada concerto é mais prazeroso do que poderia imaginar.

Abasteça-se de Gravações Gratuitas ou Baratas

Atualmente é possível encontrar barganhas sem fim de gravações clássicas. A iTunes store, Amazon e ArkivMusic.com estão cheias delas. Muitas saem por $4 ou menos, e um número surpreendente delas é *bom!*

LEMBRE-SE

Gravações baratas caem em duas categorias:

» **Gravações que costumavam ser caras:** Essas gravações contêm apresentações mais antigas excelentes que foram barateadas. A série CBS Great Performances é um exemplo: todas as gravações nesta série são excelentes.

» **Gravações que sempre foram baratas:** Certas gravadoras — como Laserlight, Excelsior, Point Classics e Vienna Masters — ganham a vida gravando apresentações de orquestras e maestros europeus orientais obscuros e as vendem barato. A qualidade dessas gravações é mista; às vezes são boas, às vezes não. Mas elas frequentemente saem por menos de US$2, então são uma opção decente como último recurso. Conhecemos pessoas que compram muitas regularmente.

Se você se apaixonar por uma obra musical específica, pode querer realmente ter *mais de uma* gravação dela. É fascinante escutar o efeito que um conjunto diferente de músicos tem em uma peça. E, nesse caso, você pode querer gastar em uma gravadora mais cara (como EMI, Decca, RCA, Philips ou, especialmente, Deutsche Grammophon), para ter chances melhores de obter uma apresentação maravilhosa.

E falando em barato — o que você acha de algo *gratuito*? O YouTube tem várias gravações de praticamente todas as obras clássicas musicais que pode imaginar. E, se não notou, as bibliotecas públicas não têm só livros. Elas têm vídeos, acesso à internet, partituras, programas de computador e centenas de *CDs de música clássica!* Arme-se com a lista que fornecemos no Apêndice A e *corra até lá.* Essa é sua chance de mergulhar na música clássica na melhor de todas as circunstâncias: em seu próprio quarto, com gravações caras e tudo de graça.

Faça Amigos Musicais na Internet

Se você tem um computador e internet, pode encontrar cerca de mil anos de informações, listas, discussões e notícias sobre a música clássica por toda a internet.

Aqui estão alguns endereços da web para explorar a música clássica [todos os sites têm conteúdo em inglês]:

- » Talk Classical (www.talkclassical.com) tem notícias, discussões divertidas, listas de Top 10 e muito mais. Faça as malas.
- » Classical Music Mayhem!! (http://classicalmusicmayhem.freeforums.org/portal.php) oferece discussões sem fim sobre quase todos os aspectos da música clássica.
- » Good Music Guide (www.good-music-guide.com) é um guia abrangente para todos os tipos de música clássica, e dá links para compositores, músicos e críticas musicais.

Finalmente, para uma discussão pura (e nada mais), a internet oferece vários fóruns extremamente vivos e interessantes para amantes da música. Tente procurar por rec.music.classical, rec.music.classical.recordings e até rec.music.opera. Os assuntos, como você pode ver, estão revelados nos títulos.

Assine um Serviço de Música Ilimitada

A competição entre fornecedoras de música está acirrada, e alguns serviços oferecem streaming musical *ilimitado* e/ou download mensal ou anual por uma taxa. Os dois serviços mais proeminentes são Spotify e Amazon Prime.

O Spotify (www.spotify.com/) agora é gratuito. Ele oferece literalmente milhões de faixas musicais. Mas tem uma pegadinha: você precisa escutar os anúncios. Ou, se preferir que sua experiência seja livre de anúncios, pode fazer o upgrade para o Premium por apenas cerca de R$17 por mês.

A Prime Music (www.amazon.com/primemusic) é um serviço da Amazon Prime. Se você já paga pela Amazon Prime, pode escutar mais de 2 milhões de músicas, sem comerciais e sem custo adicional. Se ainda não tem a Amazon Prime, pode assinar por cerca de R$15 por mês, com preço promocional nos primeiros seis meses — que é mais barato que o Spotify Premium. A seleção da Prime Music não é tão boa quanto a do Spotify, mas a assinatura da Amazon inclui outros benefícios, como filmes e séries e frete grátis de qualquer CD (ou qualquer outra coisa) que queira comprar.

Escute Sua Estação Clássica Local

Muito provavelmente, sua cidade tem uma estação de rádio clássica. É quase sempre uma estação pública de rádio, geralmente afiliada a uma universidade.

As vantagens das estações clássicas públicas são enormes:

>> Eles têm uma variedade enorme de música clássica que você nunca escutou, e tocam isso dia e noite.

>> Eles contam um pouco sobre cada peça antes de a tocar.

>> Aceitam pedidos.

Na verdade, só conseguimos pensar em duas *desvantagens*:

>> Dependendo da estação, o anunciante pode ser um palerma cheio de si que articula demais as sílabas como se você fosse o maior idiota do planeta. Por sorte, tais anunciantes estão ficando mais raros, pois as pessoas normais e enfurecidas implicam com eles.

>> A cada 6 meses mais ou menos, essas estações de rádio têm uma semana de financiamento em que vários anunciantes enumeram as vantagens de se ter uma estação de música clássica e o fazem se sentir como um assassino por não fazer uma doação. Perdidos na ilusão de que todos os seus ouvintes estão ouvindo cada palavra, eles falam sobre isso por dias — improvisando frases longas cujos finais não têm relação nenhuma com o início, no sentido de que voluntários estão a postos, e que, se você parar de ser um mão de vaca, podem chegar ao objetivo de R$5 mil nessa meia hora, e que o único telefone que você escuta tocar no fundo é alguém que, assim como você, está ligando para doar as economias da vida toda e as heranças preciosas da

esposa, e que outros telefones estão realmente se acendendo mesmo que não tenham campainhas.

Essas são as semanas em que escutamos muito rock.

Mais uma ideia: serviços de rádio digital, como SiriusXM, estão dominando as ondas aéreas. A vantagem da rádio digital é que o som é muito melhor do que o sinal de rádio comum. Essas estações digitais têm um cronograma publicado, e é possível gravar qualquer coisa que você quiser diretamente do cabo, conseguindo uma gravação perfeita e clara.

Ah, e mais uma coisa: sem anunciantes.

Assista a Filmes de Música Clássica

Compositores tendem a ser almas expressivas e apaixonadas, e como tal são assuntos perfeitos para filmes — especialmente os compositores da era romântica (basicamente o século XIX). É claro, esses filmes são dramatizações; eles variam de improváveis à ficção pura. Mas tendem a capturar o espírito e a personalidade do compositor — e são *cheios* de músicas incríveis.

Aqui estão alguns dos mais interessantes:

» **Amadeus:** Baseado na peça de Peter Shaffer, esse filme conta a história apócrifa da morte de Wolfgang Amadeus Mozart nas mãos de seu rival em busca de vingança, Antonio Salieri. Provavelmente o melhor filme já feito sobre um compositor.

» **Minha Amada Imortal:** Nesse filme, o amigo de Ludwig van Beethoven (e executor testamentário) tenta encontrar a "Amada Imortal" a quem Beethoven se referiu em seu testamento. Um filme poderoso. (Especialmente depois que você descobre quem era a "Amada Imortal". Podemos falar?)

» **Impromptu:** Estrelando Judy Davis, Hugh Grant e Emma Thompson, esse filme fala sobre o impetuoso romance de Frédéric Chopin com a autora que escrevia sob o pseudônimo de George Sand.

» **Mahler, Uma Paixão Violenta:** Um filme sombrio — e praticamente todo verdadeiro — de Ken Russel sobre Gustav Mahler, um dos compositores mais atormentados da música clássica.

» **Delírio de Amor:** Um relato detalhado do casamento notoriamente atormentado de Tchaikovsky com Glenda Jackson. Não, espere... Glenda Jackson é a atriz que *interpreta* a esposa de Tchaikovsky, e o ator que interpreta Tchaikovsky é Richard Chamberlain.

- » **Shine — Brilhante:** Esse filme vencedor do Oscar dramatiza a história real da vida do pianista David Helfgott, uma crônica vívida de suas crises nervosas, reabilitação e triunfo com o Concerto para Piano nº 3, de Rachmaninoff.

- » **Sonata de Amor:** Esse filme de 1947 retrata o relacionamento de Clara Schumann com seu marido, Robert, e seu, hum, *amigo* mais próximo, Johannes Brahms. Katherine Hepburn interpreta Clara.

- » **Sonho de Amor:** Estrelando Dirk Bogarde e Genevieve Page, esse filme conta a história do caso escandaloso de Franz Liszt com uma condessa e dramatiza suas tentativas de desistir de se apresentar em favor da composição.

- » **Wagner:** Se você nos perguntar, *esse* filme deveria se chamar *Canção sem Fim*. Ele dura nove horas e estrela Richard Burton como o compositor, com Vanessa Redgrave e Sir Laurence Olivier.

Estude os Clássicos

É incrível o quanto é possível descobrir apenas olhando uma peça musical online ou abrindo o encarte (livrinhos) que vem com um CD. É possível descobrir quando cada peça foi escrita, as circunstâncias acerca da composição e algo sobre a vida do compositor.

Também é possível encontrar ótimos *livros* sobre quase todos os aspectos da música clássica. Vá à biblioteca, bem como a todas as livrarias em que pode encontrar *esse* trabalho monumental.

Se essa coisa de música clássica *realmente* começar a interessá-lo, você pode ser um candidato a um curso de música oferecido em uma universidade local.

PARA VIRTUOSOS

Você pode encontrar aulas em apreciação musical geral. Ou, se quiser uma educação mais avançada, pode estudar história da música (inteira ou parcialmente), teoria musical (que inclui harmonia e contraponto), composição, orquestração (a arte do compositor de atribuir linhas musicais aos instrumentos na orquestra) ou até regência. Também há cursos de *treinamento auditivo* (a habilidade de ouvir e distinguir linhas musicais, intervalos e harmonias) e *leitura à primeira vista.*

Se estiver realmente comprometido com a música dessa forma, ligue para o departamento de música de sua faculdade local e peça o catálogo de cursos. Mesmo que não se matricule em um, pode ir como *ouvinte* (apenas frequentar as aulas, mas sem fazer as provas) — às vezes de graça.

Faça Sua Própria Música

Guardamos o melhor para o final. A melhor maneira de tornar a música clássica uma parte da sua vida é fazer *você mesmo*. É claro, praticar um instrumento diariamente — ou pelo menos várias vezes por semana — exige muito comprometimento. Para ver resultados, você precisa reservar um período de tempo regular e, então, manter a prática.

Ao escolher um instrumento, considere seu som. O que você gosta de escutar? Você ouvirá bastante esse instrumento enquanto o pratica. Este livro e exemplos online (no site da Alta Books — procure pelo título do livro) podem ajudá-lo. Leia a Parte 3 para descobrir como cada instrumento faz o próprio som. Depois escute as gravações para ouvir como é o som de cada um. A essa altura, você deverá ter uma boa ideia do que gosta e do que não gosta.

Então pode conseguir um instrumento para você. Se for iniciante, verifique as promoções em uma loja de música local. Não compre nada caro logo de início, você pode até querer *alugar* seu primeiro instrumento. Você terá muito tempo para comprar um depois que alcançar o próximo nível.

A loja de música também deve ter dicas sobre professores. Mas, cuidado: os preços variam muito. Dependendo da experiência e reputação, um professor de música profissional cobra entre R$25 a R$100 por hora. Escolha os preços mais razoáveis no começo. No começo, não é preciso pagar muito caro.

Outro lugar para encontrar um professor é na universidade. Às vezes os alunos de música são professores excelentes, e cobram pouco por aula — muito menos do que, digamos, o oboísta principal da Sinfônica de Boston.

Depois de fazer aulas por alguns meses e praticar diligentemente, estará pronto para a diversão. Reúna-se com um grupo de colegas iniciantes e faça música com eles. Provavelmente soará torturante no começo, mas vocês melhorarão cada vez mais com o passar do tempo. Além disso, é divertidíssimo!

Se tudo isso o faz suar de nervoso, acalme-se. Ninguém disse que você *precisa* tocar um instrumento para ser ativo musicalmente. Você também pode entrar em um coro local. Cantar em um grupo, especialmente um de qualidade, é outra das melhores diversões da vida.

Sabemos por experiência própria que nada é tão libertador e animador quanto participar da criação de uma música. E esperamos que algumas de nossas sugestões o atraiam e inspirem a criar música também.

Desejamos a você uma vida de verdadeira descoberta e enriquecimento através da música clássica.

6

Os Apêndices

NESTA PARTE . . .

Descubra como criar uma coleção de música clássica de matar, escolher a nata da nata e aproveitar ao máximo.

Veja a história completa da música clássica em um piscar de olhos, para que você possa entender melhor como a música mudou com o passar do tempo.

Conheça alguns dos termos comumente usados na música clássica e consiga conversar como um virtuoso.

Apêndice A
Começando uma Coleção de Música Clássica

Você tem muita sorte de viver em uma época e lugar em que pode ouvir todas as músicas clássicas que quiser de graça. Pode escutá-las no YouTube, em um podcast ou no rádio, ou procurar na biblioteca.

Contudo, pode chegar o dia em que você queira ter as próprias gravações. Para esse momento, compilamos cinco listas de obras-primas, começando com as de "escuta fácil", mais acessíveis, caminhando até as grandes obras, que desafiam muitos ouvintes. Prometemos que cada obra nestas listas vale a pena ser escutada.

Lista 1: Velhas Favoritas

Esta lista consiste em peças incrivelmente bonitas que você provavelmente reconhecerá quando escutar:

DICA

- » **Bach:** Concerto de Brandenburgo nº 5
- » **Beethoven:** Concerto para Piano nº 5 (*Imperador*); Sinfonias nº 5 e nº 9
- » **Bizet:** Suítes *Carmen* 1 e 2
- » **Dvořák:** Sinfonia nº 9 em Mi menor (*Do Novo Mundo*)
- » **Gershwin:** Rhapsody in Blue
- » **Grieg:** Concerto para Piano em Lá menor; *Peer Gynt* Suíte nº 1
- » **Handel:** *O Messias*
- » **Haydn:** Sinfonia nº 94 em Sol Maior (*Surpresa*)
- » **Mendelssohn:** Sinfonia nº 4 em Lá Maior (*Italiana*)

- **Mozart:** Concerto para Piano nº 21 em Dó Maior
- **Rachmaninoff:** Concerto para Piano nº 2 em Dó menor
- **Ravel:** Bolero
- **Rimsky-Korsakov:** *Scheherazade*
- **Rodrigo:** *Concierto de Aranjuez*
- **Rossini:** Abertura *William Tell*
- **Schubert:** Sinfonia nº 8 (*Inacabada*)
- **J. Strauss:** Valsa *Danúbio Azul*
- **Tchaikovsky:** Suíte *O Quebra-Nozes*; Fantasia-Abertura *Romeu e Julieta*; Concerto para Violino em Ré Maior; Concerto para Piano nº 1 em Si bemol Maior
- **Vivaldi:** *As Quatro Estações*; Concerto para Violão em Ré Maior

Lista 2: LEVE no Medidor de Gostos

Você pode não reconhecer estas grandes obras, mas elas são bem acessíveis:

DICA

- **Bach:** Suíte Orquestral nº 3
- **Barber:** Abertura para *The School for Scandal*
- **Bartók:** Danças Romenas
- **Beethoven:** Sinfonias nº 3 (*Heroica*) e nº 7; Concerto para Violino em Ré Maior
- **Berlioz:** Abertura *O Carnaval Romano*
- **Brahms:** Sinfonias nº 1 e 2
- **Britten:** *O Guia da Orquestra para Jovens*
- **Dvořák:** Concerto para Violoncelo em Si menor; Serenata para Cordas em Mi Maior; Serenata em Mi bemol Maior
- **Gershwin:** Concerto para Piano em Fá; *Um Americano em Paris*
- **Handel:** *Música Aquática*; qualquer Concerto Grosso
- **Haydn:** Sinfonia nº 104 em Ré Maior
- **Liszt:** Rapsódia Húngara nº 2
- **Mendelssohn:** Sinfonia nº 3 em Lá menor (*Escocesa*)
- **Mozart:** Concerto para Violino nº 5 em Lá Maior; Concerto para Piano em Dó menor, K. 491; e Sinfonia nº 40 em Sol menor — ou qualquer outra coisa que ele tenha escrito

- **Prokofiev:** Sinfonia nº 1 (*Clássica*)
- **Rimsky-Korsakov:** *Capriccio Espagnol*
- **Rossini:** Todas as suas aberturas
- **Saint-Saëns:** *O Carnaval dos Animais*
- **Schubert:** Sinfonia nº 5 em Si bemol Maior
- **Schumann:** Sinfonia nº 2 em Dó Maior
- **Sibelius:** *Finlândia*
- **Smetana:** *O Moldávia* (o segundo poema sinfônico de *Má Vlast*)
- **Stravinsky:** Suíte Pulcinella
- **Tchaikovsky:** Sinfonias nº 4 e 5
- **Vivaldi:** Qualquer concerto (especialmente o Concerto para Quatro Violinos)
- **Wagner:** Abertura *Rienzi*
- **Weber:** Abertura *Der Freischütz*

Lista 3: MÉDIO no Medidor de Gostos

As seguintes são obras moderadamente desafiadoras para ouvidos famintos (e podem mudar sua vida):

DICA

- **Adams:** *The Chairman Dances*
- **Bach:** Missa em Si menor
- **Barber:** Adagio para Cordas; *Knoxville, Verão de 1915*
- **Berlioz:** *Symphonie fantastique* (Sinfonia Fantástica)
- **Bernstein:** Danças Sinfônicas de *West Side Story*
- **Brahms:** Sinfonias nº 3 e 4
- **Bruckner:** Sinfonia nº 4
- **Debussy:** Prelúdio para *A Tarde de um Fauno*
- **Elgar:** Variações Enigma
- **Falla:** *O Chapéu de Três Pontas:* Três Danças
- **Franck:** Sinfonia em Ré menor
- **Holst:** *Os Planetas*
- **Kodaly:** Danças de Galanta; Variações O Pavão

APÊNDICE A **Começando uma Coleção de Música Clássica**   329

- **Mahler:** Sinfonias nº 1 e 4
- **Mussorgsky-Ravel:** *Quadros de uma Exposição*
- **Orff:** *Carmina Burana*
- **Rachmaninoff:** Rapsódia sobre um Tema de Paganini; Concerto para Piano nº 3
- **Ravel:** *Daphnis et Chloé*
- **Sibelius:** Concerto para Violino; Sinfonias nº 1 e 2
- **R. Strauss:** *As Alegres Travessuras de Till Eulenspiegel; Don Juan*
- **Stravinsky:** Suíte O Pássaro de Fogo
- **Tchaikovsky:** Sinfonia nº 6
- **Verdi:** Réquiem
- **Wagner:** Abertura *O Holandês Voador*; Abertura *Tannhäuser*

Lista 4: MÉDIO-QUENTE no Medidor de Gostos

DICA

As seguintes são obras mais apimentadas, para ouvidos aventureiros:

- **Adams:** *Short Ride in a Fast Machine*
- **Barber:** Primeiro e Segundo Ensaios; Sinfonia nº 1
- **Bartók:** Divertimento para Cordas; Concerto para Orquestra
- **Bloch:** Concerto Grosso nº 1
- **Bruckner:** Sinfonia nº 5
- **Debussy:** *La Mer*
- **Gorecki:** Sinfonia nº 3
- **Higdon:** *Blue Cathedral*
- **Ives:** *A Pergunta Não Respondida*
- **Mahler:** Sinfonias nº 2 e 5; *Rückertlieder*
- **Nielsen:** Sinfonia nº 3 (*Sinfonia espansiva*); Sinfonia nº 4 (*A Inextinguível*)
- **Prokofiev:** Sinfonia nº 5; *Romeu e Julieta*
- **Rachmaninoff:** Danças Sinfônicas

- **Ravel:** Rapsódia espanhola
- **Schoenberg:** *Verklärte Nacht*
- **Shostakovich:** Sinfonia nº 5
- **R. Strauss:** *Don Quixote; Ein Heldenleben*
- **Stravinsky:** *Petrushka*
- **Torke:** Color Music
- **Wagner:** *Tristão e Isolda:* Prelúdio e Liebestod

Lista 5: QUENTE no Medidor de Gostos

As obras desafiadoras para ouvidos mais aventureiros são obras-primas incríveis da expressão humana:

DICA

- **Adams:** *Harmonielehre*
- **Adès:** Concerto para Violino ("Caminhos Concêntricos")
- **Barber:** *Meditação de Medeia e Dança da Vingança*
- **Bartók:** *Música para Cordas, Percussão e Celesta;* Suíte *O Mandarim Maravilhoso*
- **Berg:** Concerto para Violino
- **Corigliano:** Sinfonia nº 1
- **Hindemith:** Sinfonia *Mathis der Maler*
- **Ives:** Sinfonia nº 2
- **Janácek:** *Taras Bulba*
- **Mahler:** Sinfonia nº 9
- **Prokofiev:** Suíte *Scythian*
- **Ravel:** *A Valsa*
- **Schoenberg:** Gurrelieder
- **Shostakovich:** Sinfonia nº 1
- **R. Strauss:** *Also sprach Zarathustra (Assim Falou Zaratustra)*
- **Stravinsky:** *As Quatro Estações*
- **Webern:** Passacaglia, opus 1

PARTE 6 **Os Apêndices**

Apêndice B

Linha do Tempo da Música Clássica

Canto gregoriano, Mozart, Beethoven... depois de centenas de páginas, você está perdoado se ficou confuso sobre quais eventos musicais aconteceram em que época. Aqui, para sua referência e prazer, está uma linha do tempo dos principais compositores, peças e eventos que fizeram da música clássica o que ela é hoje.

A propósito, desculpem-nos por não haver uma *linha* do tempo gráfica de verdade. A editora disse que precisaríamos de 5,5m de lombada para acomodá-la.

Primórdios da humanidade: Os seres humanos começam a fazer sons musicais com suas vozes e outros instrumentos primitivos, como flautas, apitos, tambores e rochas. Muitos milênios de loucura de criação musical se passam.

Por volta de 600 d. C.: O Papa Gregório I ("O Grande") cria um sistema para organizar as escalas musicais. O *canto gregoriano* é nomeado em sua homenagem.

1025: Guido de Arezzo começa a escrever sobre música. Eventualmente inventa grandes avanços, como a notação musical (*escrever notas* — que conceito!), bem como *solfejar* as sílabas ("dó, ré, mi, fá...").

1066: Os normandos conquistam a Inglaterra.

1098: Nasce Hildegard von Bingen, uma das primeiras compositoras notáveis.

1215: Rei John I (o único) da Inglaterra assina a Carta Magna. Alguém provavelmente toca alguma música para a ocasião.

Por volta de 1400: O Renascimento italiano começa a engrenar.

1492: Colombo navega o oceano azul.

1517: Martin Luther prega suas 95 teses na porta de uma igreja em Wittenberg.

1533: Surgem os madrigais italianos: várias melodias cantadas simultaneamente por diferentes vozes de um coro.

1587: Claudio Monteverdi (1567–1643) publica seu primeiro livro de madrigais.

1601: Shakespeare escreve *Hamlet*.

1607: A colônia Jamestown é fundada na América. Monteverdi escreve *Orfeu*, sua primeira ópera, na Itália.

1620: Os peregrinos chegam em Cape Cod e assinam o Pacto do Mayflower.

1643: Luís XIV se torna o Rei Sol da França aos cinco anos.

Por volta de 1650: Começa a era Barroca.

1678: Antonio "Quatro Estações" Vivaldi nasce na Itália.

1685: Johann Sebastian Bach nasce em Eisenach, Alemanha. George Frideric Handel nasce em Halle, Alemanha.

1709: Bartolomeo Cristofori inventa o primeiro piano (*gravicembalo col piano e forte*).

1717: Handel escreve sua *Música Aquática* e a apresenta em um barco flutuando pelo rio Tâmisa atrás do Rei George.

1722: Bach escreve seu *Cravo Bem Temperado*.

1732: Franz Joseph Haydn nasce, na Áustria, perto da Eslováquia e da Croácia.

1742: O Messias, de Handel, estreia em Dublin, Irlanda.

1750: Bach morre. O período clássico começa mais ou menos nessa época.

1756: Wolfgang Amadeus Mozart nasce em Salzburg, Áustria.

1770: Ludwig van Beethoven nasce em Bonn, Alemanha.

1776: A Declaração da Independência dos Estados Unidos é assinada.

1785: Mozart escreve seu Concerto para Piano nº 22 em Mi bemol Maior.

1787: Começa a Convenção Constitucional Americana. Mozart escreve *Don Giovanni*.

1789: Começa a Revolução Francesa. George Washington se torna o primeiro presidente dos Estados Unidos.

1791: Mozart morre aos 35 anos em Viena depois de começar seu *Réquiem*. Haydn escreve sua Sinfonia nº 94 (*Surpresa*).

1798: Nasce Franz Schubert, líder dos *Lieder*.

1804: Napoleão se autoproclama imperador da França. Beethoven, percebendo que Napoleão é um tonto cheio de si, rasga a página de título de sua Terceira Sinfonia (*Heroica*), originalmente dedicada a Napoleão. Nasce a era romântica.

1805: Nasce Fanny Mendelssohn, uma pianista e compositora talentosa destinada a ser ofuscada por Felix, seu irmão mais novo.

1806: Beethoven escreve sua Quarta Sinfonia.

CONFIRA

1807: Beethoven escreve sua Quinta e Sexta Sinfonias.

1809: Haydn morre em Viena aos 77 anos. Felix Mendelssohn nasce em Hamburgo, Alemanha.

1810: Robert Schumann nasce em Zwickau, Saxônia.

1812: Os Estados Unidos entram em guerra com a Grã-Bretanha. Napoleão é derrotado na Rússia. Beethoven escreve sua Sétima e Oitava sinfonias.

1815: O metrônomo é inventado. Napoleão é derrotado novamente na Batalha de Waterloo.

1819: Nasce Clara Wieck, a futura esposa de Robert Schumann e uma grande compositora.

1823: Beethoven termina sua Nona Sinfonia, usando vozes solo e um coro pela primeira vez nessa forma. Franz Schubert escreve seu ciclo de canções *Die schöne Müllerin* (*A Bela Moleira*).

1826: Felix Mendelssohn, 17 anos, escreve sua Abertura para *Sonho de uma Noite de Verão*. Carl Maria von Weber morre.

1827: Beethoven morre.

1828: Schubert morre. As casas funerárias prosperam.

1829: A *Symphonie Fantastique*, de Hector Berlioz (1803–1869), estreia em Paris. Mendelssohn redescobre a *Paixão Segundo São Mateus*, de Bach, e rege sua primeira apresentação em 100 anos.

1833: Johannes Brahms nasce em Hamburgo, Alemanha.

1838: As escolas públicas norte-americanas ensinam música pela primeira vez, em Boston. Robert Schumann escreve suas peças para piano *Kinderszenen* (*Cenas da Infância*) e *Kreisleriana*.

1840: Peter Tchaikovsky nasce em Votkinsk, Rússia.

1842: As orquestras filarmônicas de Nova York e de Viena são fundadas. Richard Wagner (1804–1883) escreve sua primeira ópera de sucesso, *Rienzi*. Mikhail Glinka (1804–1857) escreve sua primeira ópera, *Ruslan e Ludmila*.

1847: Felix Mendelssohn more em Leipzig.

1848: A Grande Fome chega à Irlanda. Ouro é descoberto na Califórnia. Karl Marx e Friedrich Engels escrevem *O Manifesto Comunista*.

1851: Hermann Melville escreve *Moby Dick*. Robert Schumann escreve uma grande Terceira Sinfonia.

1856: Robert Schumann morre em um hospício aos 46 anos.

1861: Começa a Guerra Civil norte-americana. Os servos são emancipados na Rússia. A ópera *Tannhäuser*, de Wagner, estreia em Paris.

1867: Nasce Amy Beach, a primeira compositora norte-americana de sucesso.

1868: Johannes Brahms escreve seu *Réquiem Alemão*.

1874: Modest Mussorgsky (1839–1881) escreve a ópera *Boris Godunov*, bem como *Quadros de uma Exposição*.

1875: Bedrich Smetana (1824–1884) escreve seu ciclo de poemas sinfônicos *Má Vlast (Minha Terra)*. Edvard Grieg (1843–1907) compõe música incidental para a peça *Peer Gynt*, de Henrik Ibsen. Antonín Dvořák (1841–1904) escreve sua *Serenata para Cordas*.

1877: Johannes Brahms termina sua Primeira Sinfonia aos 43 anos e, então, escreve sua Segunda Sinfonia em uma questão de meses. Thomas Edison inventa o fonógrafo.

1882: Igor Stravinsky nasce, na Rússia.

1885: Brahms completa sua Quarta Sinfonia.

1887: Nadia Boulanger nasce, na França — destinada a ser professora e inspiração para vários compositores e maestros, incluindo Aaron Copland, Elliott Carter e Philip Glass.

1888: Nikolai Rimsky-Korsakov (1844–1908) escreve *Scheherazade*. Vincent van Gogh pinta *Girassóis*.

1889: Richard Strauss (1864–1949) escreve o poema sinfônico *Don Juan*. Gustav Mahler (1860–1911) escreve sua Primeira Sinfonia.

1892: Dvořák chega a Nova York.

1893: Tchaikovsky escreve sua Sexta Sinfonia (*Patética*) e morre uma semana depois de reger sua estreia.

1894: Nicolas II, o último czar russo, é coroado em Moscou. Dvořák escreve sua Nona Sinfonia (*Do Mundo Novo*). Claude Debussy (1862–1918) escreve *Prelúdio para a Tarde de um Fauno*.

1897: Brahms morre em Viena aos 64 anos.

1899: Jean Sibelius (1865–1957) escreve seu poema sinfônico nacionalista *Finlândia*. Scott Joplin (1868–1917) escreve *The Maple Leaf Rag*.

1900: Nasce Copland.

1901: Sergei Rachmaninoff (1873–1943) escreve seu Segundo Concerto para Piano depois de passar por hipnose para superar seu bloqueio de composição. Mahler escreve sua Quarta Sinfonia.

1905: Debussy termina *La Mer*, seu retrato do mar em três movimentos.

1907: Música é transmitida pelo rádio pela primeira vez. Mahler se torna o maestro da Metropolitan Opera, em Nova York.

APÊNDICE B **Linha do Tempo da Música Clássica** 337

1909: Continuando seu grande sucesso como maestro, Mahler se torna maestro da Filarmônica de Nova York.

1910: Maurice Ravel (1875–1937) escreve o balé *Daphnis et Chloé*, bem como a *Suíte Mamãe Gansa*. Igor Stravinsky escreve seu balé *O Pássaro de Fogo* para o Ballets Russes. A Oitava Sinfonia (*Sinfonia dos Mil*) de Mahler é apresentada pela primeira vez. Nasce Samuel Barber.

1913: *A Sagração da Primavera*, de Stravinsky, estreia em Paris, causando tumulto — e a I Guerra Mundial começa um ano depois.

1917: Os bolcheviques dominam a Rússia. Os Estados Unidos entram na I Guerra Mundial.

1918: Sergei Prokofiev (1891–1953) escreve sua Primeira Sinfonia (*Clássica*). A I Guerra Mundial acaba. Leonard Bernstein nasce, em Massachusetts.

1922: Arnold Schoenberg (1874–1951) desenvolve sua técnica de 12 tons. Carl Nielsen (1865–1931) escreve sua Quinta Sinfonia. James Joyce termina *Ulysses*. Benito Mussolini se torna o ditador da Itália depois da revolução fascista.

1924: Joseph Stalin se torna o ditador da Rússia com a morte de Vladimir Lenin. George Gershwin (1898–1937) escreve *Rhapsody in Blue*.

1926: Dmitri Shostakovich (1906–1975) escreve sua Primeira Sinfonia como prova final para o Conservatório de Leningrado (agora São Petersburgo).

1929: A bolsa de valores cai, levando os Estados Unidos para a Grande Depressão. William Faulkner escreve *O Som e a Fúria*.

1935: Alban Berg (nascido em 1885) escreve seu Concerto para Violino e morre (nessa ordem). Gershwin escreve sua ópera jazzística *Porgy and Bess*. Barber escreve seu Adagio para Cordas, destinado um dia a fazer todo mundo chorar como a trilha sonora de filmes tristes.

1937: Shostakovich escreve sua Quinta Sinfonia como "A Resposta de um Artista Soviético a uma Crítica Justa".

1939: Começa a II Guerra Mundial. Prokofiev escreve música para o filme *Alexander Nevsky*.

1944: Aaron Copland escreve seu balé *Appalachian Spring*.

1945: Acaba a II Guerra Mundial.

1948: John Cage (nascido em 1912) escreve suas Sonatas e Interlúdios para Piano Preparado.

1953: James Watson e Francis Crick desenvolvem o primeiro modelo de uma molécula de DNA. Prokofiev morre em Moscou em 5 de março, no mesmo dia que Stalin.

1957: A União Soviética lança seu primeiro Sputnik. Bernstein lança *West Side Story.*

1969: Astronautas norte-americanos andam na lua pela primeira vez.

1971: Stravinsky morre.

1981: Barber morre.

1982: Philip Glass (nascido em 1937) escreve a música original para o filme *Koyaanisqatsi.*

1987: John Adams (nascido em 1947) escreve sua ópera *Nixon in China.*

1990: Bernstein e Copland morrem.

2012: John Williams recebe sua 48ª indicação ao Oscar por sua música para o filme *Lincoln*, amplamente baseada no estilo norte-americano de Copland.

2019: A tradução da segunda edição de *Música Clássica Para Leigos* é publicada.

340   PARTE 6 **Os Apêndices**

Apêndice C
Glossário

accelerando (italiano)**:** Uma marcação de partitura que significa "acelerar gradualmente". Abreviação: accel.

acessível: Refere-se à música fácil de se escutar e entender.

acorde: Um som feito por três ou mais notas tocando ao mesmo tempo.

adagio (italiano)**:** Vagaroso, calmo.

afinação: Uma nota específica. A frequência exata de um som, definida pelo número de vibrações por segundo.

allegretto (italiano)**:** Razoavelmente depressa.

allegro (italiano)**:** Depressa, rápido.

andante (italiano)**:** Como quem passeia.

andantino (italiano)**:** Um pouco mais rápido que andante.

atonal: Refere-se à música que não está em nenhum tom específico. Soa estranha e dissonante para muitas pessoas.

Barroco (francês)**:** O período da história da música de meados de 1600 a meados de 1700, caracterizado por música passional e rebuscada escrita em formas muito restritas.

batida: O quantidade de tempo que você leva para bater o pé uma vez.

brio (italiano)**:** Rapidez, espírito.

cadência: Uma progressão simples de harmonias, de um acorde para o outro, terminando com um acorde natural de descanso.

cadência imperfeita: Uma progressão de acordes que parece que vai terminar feliz no acorde final, mas não termina.

cadenza (italiano)**:** Um momento perto do fim de um movimento do concerto somente para o solista, geralmente uma parte de notas rápidas e difíceis, originalmente criada para exibição.

cantata (italiano)**:** Uma peça musical para coro e orquestra, normalmente sobre um assunto religioso.

canto gregoriano: Uma melodia simples e sinuosa, normalmente com letra em latim, originalmente cantada em uníssono por monges sem acompanhamento instrumental.

ciclo de canções: Uma série de canções geralmente agrupadas por tema.

Clássico: O período da história da música de meados de 1700 ao início de 1800. A música desse tempo é mais vaga e emocionalmente reservada do que a música dos períodos barroco e romântico.

concerto (italiano)**:** Uma peça musical em que um músico (o "solista") se senta ou fica em pé na parte frontal do palco tocando a melodia enquanto o resto da orquestra o acompanha.

contraponto: Duas, três, quatro ou mais linhas melódias tocadas ao mesmo tempo.

compasso: Uma unidade básica de tempo musical, geralmente contendo duas, três ou quatro batidas.

crescendo (italiano)**:** Ficando progressivamente mais alto.

decrescendo (italiano)**:** Ficando progressivamente mais fraco. O mesmo que *diminuendo.*

desenvolvimento: A seção do meio de um movimento na forma sonata em que o compositor desenvolve os temas musicais, variando-os e fazendo associações musicais interessantes.

diminuendo (italiano)**:** Ficando progressivamente mais fraco. O mesmo que *decrescendo.*

dinâmicas: A altura ou suavidade de uma composição musical, ou as marcações na partitura que indicam volume.

342 PARTE 6 **Os Apêndices**

dissonante (italiano): Áspero, discordante. Sons em que parece que as notas estão erradas.

divertimento (italiano): Uma suíte de peças de danças geralmente escrita como música de fundo para uma função social.

entonação: Afinação; estar afinado ou desafinado.

escala: Uma série de notas ascendentes e descendentes (como as teclas brancas no piano) tocadas em sequência.

exposição: A primeira seção de um movimento na forma sonata. Seu propósito é introduzir, ou expor, as duas melodias (ou temas) principais.

fantasia: Uma peça em que o compositor fica liberado da maioria da restrições e convenções normais da forma musical.

forte (italiano): Alto.

fortissimo (italiano): Muito alto.

fuga (italiano): Uma composição escrita para três ou mais linhas musicais ou vozes. Cada voz tem uma música similar, mas elas entram em momentos diferentes, criando um contraponto umas com as outras.

glissando: Italiano para "deslizando". Uma técnica musical em que um instrumento desliza para cima ou para baixo entre as notas em vez de parar em cada nota individual.

harmonia: O acorde específico que toca no fundo enquanto uma melodia está tocando. Também é o estudo da progressão de acordes.

Impressionista: Um estilo nas artes visuais e na música em que o artista tenta retratar as impressões criadas por visões, sons, fragrâncias e gostos.

interpretação: Uma combinação de ideias pessoais sobre o tempo, equilíbrio instrumental, níveis de volume, comprimento de notas, fraseamento e ritmo dramático na apresentação.

intervalo: A distância entre notas musicais.

larghetto (italiano): Menos lento que Largo.

largo (italiano): Muito vagaroso.

Leitmotif (alemão; pronuncia-se "LAIT-mo-Tif"): Um tema musical atribuído a um personagem ou ideia principal de uma ópera; inventado por Richard Wagner em seu *Ciclo Anel* e usado com grande sucesso por John Williams nos filmes *Star Wars*.

lento (italiano): Devagar.

Lied (alemão; pronuncia-se "LIID"): Uma canção. Plural: *Lieder*.

linha suplementar: Uma linha escrita acima ou abaixo da pauta musical.

madrigal (italiano): Uma peça musical do período renascentista escrita para pelo menos três vozes, com melodias sobrepostas, geralmente sem acompanhamento.

maestoso (italiano): Majestosamente.

marcha (ou **two-step**): Uma peça musical para marchar, na qual cada compasso tem duas batidas.

mezzo forte (italiano; abreviação: *mf*): Literalmente "meio forte".

mezzo piano (italiano; abreviação: *mp*): Literalmente "meio suave".

minimalismo: Um estilo de música envolvendo trechos muito repetitivos, com mudanças rítmicas e harmônicas sutis.

minueto: Uma velha dança da corte em que cada compasso tem três pulsos. Um precursor da valsa.

moderato (italiano): Moderadamente.

motivo ou **motif:** Uma pequena ideia musical, frequentemente formada por apenas duas ou três notas.

movimento: Uma das seções contrastantes de uma sinfonia, concerto, sonata ou peça de câmara. Movimentos geralmente são separados por uma pausa.

música dodecafônica: Música composta por regras matemáticas autoimpostas, na qual cada nota é usada o mesmo número de vezes.

344   PARTE 6 **Os Apêndices**

música programática: Música *sobre* alguma coisa ou que conta uma história. Músicas programáticas geralmente têm a forma de poema sinfônico.

Neoclássico: Literalmente "novo clássico". Um estilo musical usado por alguns compositores do século XX, como Sergei Prokofiev. Um retorno às restrições e equilíbrio do estilo clássico, mas com várias "notas erradas" adicionadas.

ópera: Um drama musical, como em: "Ele está o dia inteiro no quarto lendo aquele livro novo de que gostou tanto, *Opera For Dummies*."

oratório (italiano): Uma peça musical para cantores solo, coro e orquestra, com letra normalmente retirada da Bíblia.

orquestração: A arte de arranjar uma peça musical para uma orquestra. Também é o estudo dos instrumentos e seus sons.

pausa: Um marcador de posição na partitura em momentos em que as notas não devem ser tocadas.

pauta: As cinco linhas paralelas (e os espaços entre elas) nas quais os compositores escrevem suas notas.

pianissimo (italiano; abreviação: *pp*)**:** Muito suave.

pianississimo (italiano; abreviação: *ppp*)**:** Extremamente suave.

piano (italiano; abreviação: *p*)**:** Suave.

poema sinfônico: Uma obra orquestral de forma livre que escreve algo ou conta uma história.

prestissimo (italiano)**:** Rapidíssimo.

presto (italiano)**:** Muito depressa, veloz.

progressão de acordes: Uma sequência de mudança de acordes, um depois do outro. O mesmo que *progressão harmônica*.

progressão harmônica: Veja *progressão de acordes*.

quarteto de cordas: (1) Um grupo consistindo em dois violinos, uma viola e um violoncelo. (2) Música escrita para esse grupo.

rapsódia: Uma composição musical com uma forma muito livre.

recapitulação: A terceira seção de um movimento na forma sonata, em que o compositor reafirma seus temas.

Renascimento: O período da história que vai de cerca de 1400 a meados de 1600.

Romântico: Um período da música, arte e literatura (entre 1800 e início de 1900) frequentemente caracterizado pela expressão despudorada da emoção.

rondó (italiano): Uma forma musical em que uma melodia recorrente alterna com temas contrastantes.

rubato: Italiano para "roubado". Uma técnica expressiva de usar leves variações de tempo, criando um declínio e fluxo musical. Uma característica muito importante da música romântica.

rulo (rufar): Uma técnica executada em um instrumento de percussão em que o músico bate no instrumento com duas baquetas alternadamente em uma velocidade impressionante.

scherzo: Italiano para "piada". Um movimento rápido e turbulento, normalmente o terceiro, em uma sinfonia ou sonata.

serenata (italiano): Uma suíte normalmente escrita como música de fundo para uma função social.

sinfonia: (1) Uma peça musical para um grande corpo de instrumentos, normalmente consistindo em quatro movimentos diferentes e uma forma prescrita. (2) Uma orquestra que toca sinfonias.

solfejo (francês): Um sistema de cantar sílabas padronizadas em certas notas da escala ("dó, ré, mi, fá...").

sonata: Italiano para "soar". Uma composição para demonstrar o som e a técnica de um instrumento específico, às vezes com acompanhamento de piano.

sonatina (italiano): Uma sonata curta, normalmente sem desenvolvimento.

Sprechstimme: Alemão para "voz falada". Uma técnica em que um cantor não lida com notas como na música tradicional, mas as toca subindo e descendo entre elas.

suíte: Uma série de movimentos, geralmente de música dançante.

346   PARTE 6 **Os Apêndices**

tempo (italiano): Velocidade.

tonal: Refere-se à música que está em um tom identificável.

trinado: A alternância rápida entre duas notas adjacentes.

trio (italiano): Um grupo de três instrumentos, uma obra escrita para esse grupo ou a seção mediana contrastante de um minueto ou scherzo.

valsa: Uma dança de salão alegre na qual cada compasso tem três pulsos.

vibrato: Uma vibração que produz variações quase imperceptíveis no tom de uma nota, adicionando um calor incrível ao tom de um instrumento.

vivace (italiano): Vivo.

348   PARTE 6 **Os Apêndices**

Índice

A
abertura, 106
acorde
    definição, 339
    insignificantes, 283
    maior, 283
    menor, 283
    progressão harmônica, 284
    visão geral, 282
adagio, 126, 339
afinação
    definição, 339
alaúde, 205
allegretto, 339
allegro, 339
andamento, 293
ária, 105
articulação, 129
atonal, 84, 306, 339

B
balé, 106
bandeirola, 254
bandolim, 205

C
cadência, 339
    imperfeita, 339
    interrompida, 59
caixa, 239
campana, 245
cantata, 25, 105, 340
castanholas, 244
categorias musicais
    aberturas, 106
    árias, 105
    balés, 106
    concertos, 95
    danças, 98
    divertimentos, 99
    fantasias, 101
    óperas, 105
    operetas, 105
    oratórios, 104
    poemas sinfônicos, 102
    prelúdios, 106
    quartetos de cordas, 108
    rapsódias, 101
    serenatas, 99
    sinfonias, 91
    sonatas, 95
    sonatinas, 95
    suítes, 98
    temas musicais e variações, 100
cítara, 205
clarinete, 214
clave de Fá, 263
clave de Sol, 261
colcheia, 254
compasso, 251, 340
compositores
    emotividade, 10
    estrutura, 9
    habilidade de emocionar o ouvinte, 12
    memorabilidade
      ganchos, 11
    originalidade, 10
    sinceridade, 9
    variedade e ritmo, 11
comprimento de notas
    colcheia, 254
    fermata, 257
    mínima, 253
    pausa, 253
    pontuadas, 255
    semibreve, 254
    semicolcheia, 255
    semínima, 252
concertino, 129
concerto
    aplausos, 119
    cadenza, 97
    definição, 306, 340
    ensaio geral aberto para o público, 118

estrutura, 96

Lá 440, 129, 130

maestro, 131

piano, 182

programas, 123

spalla, 129

contrabaixo, 199

contraponto

definição, 307, 340

cordas

cravo, 184

harpa, 201

piano, 180

corne-inglês, 214

crescendo, 144, 292, 307, 340

D

decrescendo (diminuendo), 292, 340

dissonante, 84, 340

divertimento, 340

dodecafonismo, 84

E

entonação, 340

escala, 340

exposição, 340

F

fagote, 218

fermata, 257

ff (fortissimo), 341

f (forte), 341

flauta, 208

flautim (piccolo), 210

forma rondó

definição, 126, 343

final da sinfonia, 94

formas das canções, 104

de verso, 104

não estrófica, 104

forma sonata, 9

frequência, 130, 259

fuga

definição, 341

visão geral, 140

fusa, 254

G

glissando, 202

harpa, 202

tímpano, 237

trombone, 230

gongo, 244

H

harmonia

definição, 343

progressão harmônica, 284

visão geral, 282

harpa, 201

quartetos de cordas, 108

sinfonia Surpresa, 27

visão geral, 26

história da música

começo da música, 13

estilo moderno do século XX, 75

estilo Romântico, 43

I

impressionismo, 76, 154, 341

instrumentos da família dos metais

atraso ao tocar, 232

boquilha,

limpando, 228

nota perdida, 222

saliva, 223

tocando, 222

trombone, 228

trompa, 223

trompete, 226

tuba, 230

visão geral, 221

volume, 232

instrumentos de corda, 196, 203

alaúde, 205

balalaica, 205

bandolim, 205

banjo, 205

cítara, 205

contrabaixo, 199

harpa, 201

violino, 190

violoncelo, 198

visão geral, 189

instrumentos de transposição

clarinete, 215
saxofone, 218
internet como recurso musical, 320
interpretação
definição, 341
maestro, 131
intervalo
definição, 341

L
larghetto, 341
largo, 341
leitura à primeira vista, 323
lento, 341
linha suplementar, 341

M
madeiras,
clarinete, 214
corne inglês, 214
fagote, 218
flauta, 208
flauta alto, 211
flauta baixo, 211
flautim (piccolo), 210
oboé, 211
saxofone, 217
visão geral, 208
maestro
descrição do trabalho, 134
relacionamento entre a orquestra e o
maestro, 173
melodia, 268
construindo, 281
sonata, 92
membrana
pandeiro, 244
tímpano, 237
metrônomo, 131
mf (mezzo forte), 342
minimalismo, 89, 342
minueto, 92, 93, 342
moderato, 342
motivo (motif), 53, 342
movimento, 342
seção de desenvolvimento, 340
movimento Música do Futuro, 56
mp (mezzo piano), 342

música clássica
descobrindo, 8
determinando preferências pessoais, 8
hábitos de compositores altamente
eficazes, 9
linha do tempo, 333
música dodecafônica, 342
música programática, 107
músicos profissionais
audição, 161
desafios, 302
ensaios, 169
exigências contratuais, 172
por que vale a pena, 174
profissionais casados, 160

N
notação
4/4 padrão, 252
orquestração, 294
tons, 261
nota pedal, 140

O
oboé, 211
obras-primas para coleção musical, 327
oitava, 179
ópera, 17, 105
definição, 105, 342
opereta, 105
oratório, 342
organistas, 25
órgão, 185
composições para, 187
de tubos, 185
manuais, 186
pedais, 186
puxador,
visão geral, 185
orquestra
audição, 161
envolvendo-se com, 317
equipe de fora do palco, 170
exigências contratuais, 172
músicos profissionais, 169
o pequeno mundo da, 160
profissionais casados, 160
relacionamento entre a orquestra e o
maestro, 173

Índice   351

orquestração
    definição, 294, 308, 342
    notação, 294
    orquestrador, 294
ostinato, 142
ouvido absoluto, 269

P

palheta
    clarinete, 214
    corne inglês, 214
    oboé, 211
pandeiro, 243
    rulo de, 244
    soalhas,
partitura
    batida,
    compassos,
    comprimento de notas, 253
    fermata, 257
    leitura à primeira vista, 252
    marcações de dinâmica, 290
    pauta, 250
        linhas suplementares, 263
    pontos de referência, 263, 264
pausa, 342
pauta, 250, 342
pedais
    harpa, 202
    órgão, 186
    piano, 182
percussão
    bumbo, 238
    caixa, 239
    campana, 245
    castanholas, 244
    gongo, 244
    matraca, 246
    pandeiro, 243
    pratos, 238
    tantã, 244
    tímpano, 236
    triângulo, 241
    visão geral, 235
    xilofone, 240
piano, 178
    afinar, 181
    amplitude dinâmica, 178

    bemóis, 260
    concertos, 182
    cordas, 180
    dando nomes às notas, 178
    de cauda, 180, 181
    de quarto de cauda, 180
    oitavas, 179
    olhando dentro, 180
    pedais, 182
    pedal surdina (una corda), 182
    pedal sustain, 182
    sustenidos, 260
    sustentação menor, 180
    teclado sensível ao toque, 178
    teclas brancas, 178
    teclas pretas, 178, 180, 260
    vertical, 180, 181
    visão geral, 177
pizzicato, 144, 194
platinelas, 244
poema sinfônico
    visão geral, 102
porta-baquetas, 235
p (piano), 342
pp (pianissimo), 342
ppp (pianississimo), 342
pratos, 238
prelúdios, 106
presto, 343
processo de subir a escala, 178
programa, 122
progressão de acordes (progressão
  harmônica), 343
pulso, 251

Q

quarta, 273
quarteto de cordas, 343
quinta, 274

R

rapsódia, 102, 343
recapitulação, 343
registro, 186
ritmo, 250
    batida,
    comprimento de notas, 253
    dividindo o tempo, 250

leitura à primeira vista, 252
rondó, 94
rubato, 343

S
saxofone, 217
scherzo, 92, 93, 343
semibreve, 254
semicolcheia, 254
semifusa, 254
semínima, 251
serenata, 343
serialismo (dodecafonismo), 84
serviços de rádio digital, 322
sétima, 275
sexta, 274
sinfonia, 91
    definição, 91, 343
    final, 94
    forma sonata, 92
    história da, 92
    movimento allegro vivace, 126
    movimento andante con moto, 126
    movimento con moto moderato, 126
    movimento saltarello: presto, 126
    primeiro movimento, 92
    segundo movimento, 93
    terceiro movimento, 93
solfejo, 15, 343
solista, 95, 124
sonata, 92
    definição, 95, 343
    melodia feminina, 92
    melodia masculina, 92
    temas (melodias), 92
sonatina, 95, 343
spalla, 129
staccato, 150
suíte, 99, 344
suítes balé, 107

T
tantã, 244
teclados
    cravo, 183
    órgão, 185
    piano, 177
    sintetizador, 187

temas musicais e variações, 100
tempo, 250
    definição, 308, 344
    interpretação do maestro de, 131
    marcações de, 293
teoria musical
    escala, 280
        fragmento, 281
    harmonia, 282
    intervalos
        oitava, 275
        quartas, 273
        quinta diminuta (trítono), 278
        quintas
        segunda maior, 271, 276
        segunda menor, 276
        sétima maior, 275
        sétima menor, 279
        sexta maior
        sexta menor, 278
        terça maior, 272
        terça menor, 277
        visão geral, 271
    melodia, 281
    notas de passagem, 287
    ritmo, 250
    tom, 259, 269
    visão geral, 249
terça, 272
tercinas, 150
termos musicais
    atonal, 306
    cadência, 306
    concerto, 306
    contraponto, 307
    crescendo, 307
    entonação, 307
    exposição, 307
    orquestração, 308
    repertório, 308
    rubato, 308
    tempo, 308
tietes, 318
tímpano
    rufar, 237
    visão geral, 236
tom
    decifrando as armaduras de clave, 265

determinando, 269

frequência, 259

meio tom, 276

notação, 261

um tom, 276

tonal, 344

tonguing, 227

treinamento auditivo, 323

triângulo, 241

trinado, 98

cadenza, 98

definição, 344

triângulo, 242

trio, 94, 344

trombone, 228

concertos, 230

deslizando, 230

obras orquestrais, 230

posições de vara, 230

primeira posição, 229

segunda posição, 229

sétima posição, 229

visão geral, 228

trompa, 223

bombas de afinação, 224

campana, 224

concertos, 225

obras orquestrais, 225

trompa natural, 224

válvulas, 224

visão geral, 223

trompete, 226

concertos, 227

obras orquestrais, 228

surdinas, 227

tonguing, 227

válvulas de pistão, 226

visão geral, 226

tuba, 230

concertos, 232

obras orquestrais, 232

visão geral, 230

V

valsa

batida, 251

definição, 344

vibrato

definição, 344

viola, 196

violão, 203

trastes, 203

violino

amostras musicais, 195

arcadas, 191, 193

arco, 191

talão, 193

breu, 191

cavalete, 190

cordas

cordas soltas

afinando, 192

cravelhas, 190

espelho, 190

estandarte, 190

pestana, 190

tocando, 192

arcada livre, 194

método de tocar pizzicato, 194

vibrato, 193

violoncelo, 198

vivace, 126, 344

voz humana como instrumento, 220

X

xilofone

baquetas, 240

CONHEÇA OUTROS LIVROS DA PARA LEIGOS!

Negócios - Nacionais - Comunicação - Guias de Viagem - Interesse Geral - Informática - Idiomas

Todas as imagens são meramente ilustrativas.

SEJA AUTOR DA ALTA BOOKS!

Envie a sua proposta para: autoria@altabooks.com.br

Visite também nosso site e nossas redes sociais para conhecer lançamentos e futuras publicações!
www.altabooks.com.br

/altabooks ▪ /altabooks ▪ /alta_books

ALTA BOOKS
EDITORA

Este livro foi impresso nas oficinas gráficas da Editora Vozes Ltda.,
Rua Frei Luís, 100 – Petrópolis, RJ.